D1755795

DER KOI DOKTOR

Der Leitfaden für gesunde Koihaltung

Publishing

Intro

Titelbild:
'Genuß'
© Johan Leurs 2004

© Nichts aus dieser Ausgabe darf auf welche Weise auch immer mit Hilfe von Ausdrucken, Fotokopien, Mikrofilm, Tonband oder elektronisch vervielfältigt und/oder veröffentlicht werden, und ebenso wenig ohne vorhergehende, schriftliche Erlaubnis der Herausgeber/ Autoren in einem Datensystem gespeichert werden. Obwohl dieses Buch sehr sorgfältig zusammengestellt wurde, tragen weder Autoren, noch Gestalter und Herausgeber die Verantwortung für Schäden, die durch eventuelle Fehler und/oder Unvollständigkeiten in dieser Ausgabe entstehen.

Sollten sie trotz aller Sorgfalt Unstimmigkeiten in diesem Buch finden oder Anregungen für Verbesserungen haben, sind wir ihnen für Hinweise an folgende E-mail-Adresse dankbar:
DER-KOI-DOKTOR@KIKO-KOI-FARM.DE

Alle Rechte der Inhalte aus den zugeschickten E-mails gehen in das Eigentum der Verfasser dieses Buches über und dürfen von diesen in der nächsten Auflage nach belieben ganz oder teilweise verwendet werden.

Der Autor haftet nicht für eventuellen Schaden an den Fischen und/oder am Material bei Anwendung dieses Buches.
Dem Koihalter wird nahegelegt, sich über die gesetzlichen Bestimmungen seines Heimatlandes zum Einsatz von Medikamenten zu informieren und diese zu beachten.

Vorwort

"Der Koi-Doktor" richtet sich an all diejenigen, denen die Gesundheit ihrer Koi am Herzen liegt. Ich verfolge dabei nicht die Absicht, wenig sachdienliche, wissenschaftliche Abhandlungen niederzuschreiben. Das Ziel dieses Buches ist es, brauchbare Informationen für die Koihaltung zu geben und dies auf einfache und klar verständliche Weise. Aus einigen tausend Fotos, habe ich ca. 300 für dieses Buch ausgewählt. Wohl wissend, dass ein Foto meist aussagekräftiger ist als eine umfangreiche Beschreibung.

Dieses Buch ist auch auf Holländisch, Französisch und Englisch erschienen.

Ein Wort des Dankes

- an meine Gattin, Tierärztin Natalie Van Hoe, für ihr Verständnis, ihre Unterstützung und ihren zeitlichen Einsatz -
- an unzählige Freunde, welche mir umfangreiches Bildmaterial zur Verfügung gestellt haben -
- an Dr. Annemie Decostere, Herrn Marcel Louwet, Herrn Edwig Boeykens und Herrn Johan Leurs für die Unterstützung auf meinem Weg zum "Koidoktor" -
- an alle, (Händler, Kunden,...) die mir beim Verfassen dieses Buches geholfen haben -
- an Herrn Emmanuel Lammens (lic. Germanische Philologie) für die Originalübersetzung -
- an Herrn Peter Kirchknopf (Betriebswirt, KIKO-KOI-FARM) und Frau Christiane Bugert, für Lektorat, Übersetzung und die komplette Überarbeitung der Deutschen Ausgabe / 2. Auflage.

ISBN: 9080856622
Zweiter Druck: November 2004

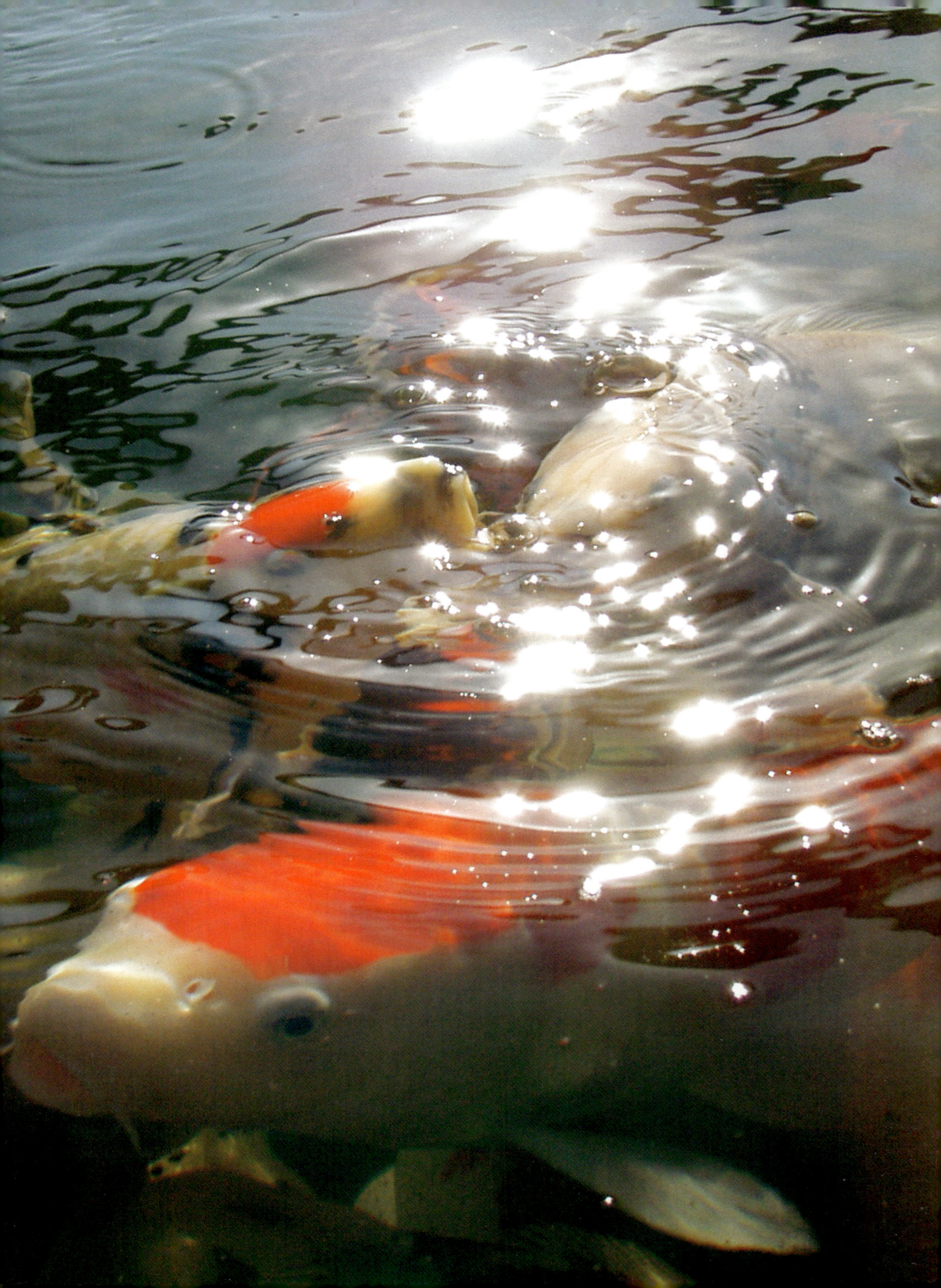

Inhalt

1. WASSERQUALITÄT

EINFÜHRUNG

WICHTIGSTE WASSERPARAMETER

Temperatur ...14
- In welcher Temperatur halte ich meine Koi? ...14
- Welche Probleme treten häufig in der Winterperiode auf? ...15
- Ist es ratsam die Koi bei niedrigen Temperaturen zu füttern? ...16
- Wie kommt es, dass Koi oftmals im Frühjahr erkranken? ...16
- Welche Auswirkung hat die Temperatur auf den Stoffwechsel der Koi? ...16
- Welches sind die Vor- bzw. Nachteile eines beheizten Teiches? ...16
- Die Wechselbeziehung von Wassertemperatur zu anderen Wasserparametern. ...17

Sauerstoffgehalt (O_2) ...17
- Unter welchen Umständen führt Sauerstoffmangel zum Tod? ...17
- Wie stellt man die Diagnose eines Sauerstoffmangels und welche ...? ...18
- Zusammenhang des Sauerstoffgehaltes mit anderen Wasserparametern. ...18
- Kann das Wasser auch zuviel Sauerstoff binden? ...19

Ammonium (NH_4^+) und Ammoniak (NH_3) ...20
- Woher kommen diese? ...20
- Wie stellt man die Diagnose? Welche Symptome kann man erkennen? ...20
- Zusammenhang mit anderen Wasserparametern ...21
- Was tun bei einer NH_3–Vergiftung? ...21

Nitrit (NO_2) ...22
- Wie stellt man die Diagnose? Welche Symptome kann man erkennen? ...22
- Zusammenhang mit anderen Wasserparametern ...22
- Was kann man bei einer NO_2 Vergiftung tun? ...22

Nitrat (NO_3) ...23
- Wie stellt man die Diagnose? Welche Symptome kann man erkennen? ...23
- Zusammenhang mit anderen Wasserparametern. ...23
- Was kann man im Fall einer NO_3-Vergiftung tun? ...23

Säuregrad (pH) ...23
- Was versteht man unter Säuregrad? ...23
- Welcher pH-Wert ist für Koi am besten geeignet? ...24
- Zusammenhang mit anderen Wasserparametern. ...24
- Pharmakologischer Nutzen des Säuregrads. ...25
- Wie erhöht man den Säuregrad des Wassers? ...25

Härte ...25
- Was versteht man unter Gesamthärte oder GH? ...25
- Was versteht man unter der Karbonathärte oder KH? ...26
- Was versteht man unter dem "Puffersystem"? ...26
- Wie macht man das Wasser härter oder weicher? ...26
- Die pharmakologische Bedeutung der Wasserhärte. ...26

FILTERUNG DES WASSERS

Mechanische Filterung ...27
Chemische Filterung ...28
Biologische Filterung ...29
- Wie läuft der Stickstoffkreislauf ab? ...29
- Unter welchen Umständen entwickeln sich Filterbakterien am besten? ...29
- Wie lange dauert es bis ein Filter gereift ist? ...30
- Ist ein gereifter biologischer Filter sehr pflegeaufwendig? ...31
- Wie groß muß ein biologischer Filter sein? ...31
- Muss der biologische Filter im Winter weiterlaufen? ...31
- Welche Auswirkungen können Arzneimittel auf den biologischen Filter haben? ...32

GIFTIGE STOFFE
- Wie kann man eine Vergiftung erkennen? ...32
- Wie gewinnt man Proben fürs Labor? ...32

Chlor/Chloramin ...32
- Ab welcher Dosis ist Chlor gefährlich? ...32
- Zusammenhang mit anderen Wasserparametern. ...33
- Was kann man bei einer Chlorvergiftung unternehmen? ...33

Metalle ...33
- Wie gefährlich ist eine Kupfervergiftung? ...33
- Wie gefährlich ist eine Eisenvergiftung? ...34
- Welche anderen gefährliche Metalle gibt es? ...34

Pestizide/ Herbizide ...34
Heilmaßnahmen ...34
Sonstige Gifte ...35

Inhalt

2. ANATOMIE UND PHYSIOLOGIE DES KOI

ÄUSSERE ANATOMIE

- Was ist über die Sinnesorgane des Koi bekannt? ...38
- Welche Funktion hat die Haut? ...39
- Was entscheidet über die Farbe des Koi? ...39
- Welchen physiologischen Nutzen haben die Muskeln? ...39
- Kann man Männchen und Weibchen äußerlich unterscheiden? ...40
- Wie groß kann ein Koi werden? ...40
- Wie alt kann ein Koi werden? ...40

INNERE ANATOMIE

- Hat ein Koi Zähne? ...41
- Hat der Koi einen Magen? ...41
- Leber, Gallenblase und Pankreas. ...41
- Welche Funktion hat die Schwimmblase? ...42
- Fortpflanzungsorgane. ...42
- Blutkreislauf. ...43
- Ausscheidung / Urinsystem. ...44
- Atmungssystem und Osmoregulation. ...44
- Wofür ist die Hypophyse zuständig? ...45
- Kann ein Fisch Schmerz empfinden? ...45
- Ist ein Koi lernfähig? ...45

3. DIAGNOSE UND UNTERSUCHUNG

EINLEITENDE UNTERSUCHUNG

- Fragen, welche sich während der Anamnese stellen. ...48
- Was kann man aus der Verhaltensbeobachtung und ... lernen? ...48
- Welche Umgebungsfaktoren werden untersucht? ...49

EINGEHENDERE UNTERSUCHUNG

Untersuchung auf Parasiten ...49

- Was muß ein gutes Mikroskop leisten? ...50
- Wie entnimmt man eine Haut- oder Kiemenprobe? ...50
- Wann nimmt man eine Kotprobe? ...51
- Ist eine Behandlung erforderlich wenn man einen Parasit entdeckt hat? ...51

Bakteriologische Untersuchung ...51

- Wann ist eine bakteriologische Untersuchung angezeigt? ...52

Inhalt

- Wie geht man bei einer bakteriologischen Untersuchung vor? ...52
- Auf welche Schwierigkeiten stossen wir bei der Bestimmung einer Kultur? ...54
- Wie und warum wird ein Antibiogramm angelegt? ...55
- Ist eine Kultur anzulegen die schnellste Methode um Bakterien zu entdecken? ...55

Mykologische Untersuchung ...56

Virologie ...56

Blutuntersuchung ...56
- Wie erhalten wir eine Blutprobe? ...56
- Welche Blutwerte sind normal? ...57

Zytologische und Histo-pathologische Untersuchung ...57

Röntgen-Untersuchung ...57

Ultraschall-Untersuchung ...60

Endoskopie ...60

Toxikologische Untersuchung ...60

AUTOPSIE

- Wie tötet man einen Koi ohne ihm unnötige Schmerzen zuzufügen? ...60
- In welcher Reihenfolge geht man bei einer Autopsie vor? ...61

4. ANSTECKENDE KRANKHEITEN

PARASITEN

- Wie entsteht eine parasitäre Infektion? ...64
- Sollen Fische total parasitenfrei sein? ...65
- Warum kann eine Behandlung zur Vorbeugung ohne vorhergehende Untersuchung gefährlich sein? ...65
- Welche Symptome erkennen wir bei einer parasitären Infektion? ...66
- Gibt es eine Medizin mit der man alle Parasiten töten kann? ...67
- Welche Parasiten kommen am häufigsten vor? ...67

Protozoene Flagellate ...67
- Costia (=Ichthyobodo necator) ...67
- Hexamita und Spironucleus ...68
- Oodinium ...69
- Trypanosoma ...69

Protozoene Ciliate ...70
- Weiße Pünktchen ...70
- Trichodina ...72
- Chilodonella ...73

Inhalt

- Tetrahymena ...73
- Gestielte Glockentierchen ...74

Protozoene Sporozoon und Myxozoa ...74
- Coccidia ...74
- Pleistophora ...75
- Myxobolus ...76

Metazoa (= mehrzellige) ...76
- Trematoda (= Saugwürmer) ...76
  - Monogenea : Gyrodactylus und Dactylogyrus ...76
  - Digenea ...78
- Cestoda (= Bandwürmer) ...79
- Nematoda (= Schlauchwürmer) ...79
- Acanthocephala (= Hakenwürmer) ...79
- Annelida (= Gliederwürmer) ...80
- Crustacea (= Schalentiere) ...81
  - Argulus Foliaceus oder Karpfenlaus ...81
  - Lernea Cyprinacea oder Ankerwurm ...82

PILZE

- Wie entsteht eine Pilzinfektion? ...83
- Welche Symptome kann man bei einer Pilzinfektion erkennen? ...83
- Welches sind die wichtigsten Pilzsorten bei Teichfischen? ...83

Saprolegnia ...84
Branchiomyces ...85
Ichtyophonus ...85
Dermocystidium koi ...85

BAKTERIEN

- Wie entsteht eine bakterielle Infektion? ...88
- Welche Symptome kann man bei einer bakteriellen Infektion erkennen? ...88
- Wie kann man eine bakterielle Infektion am besten behandeln? ...91
- Welches sind die gefährlichsten Bakterien für Teichfische? ...92

Aëromonas hydrophyla ...92
Aëromonas salmonicida ...93
Pseudomonas ...94
Vibrio ...94
Flavobacterium columnaris ...94

Mycobacterium	...97
Andere Bakterien	...98

VIREN

Karpfenpocken	...99
Koi Herpes Virus	...99
Lymphocystis	...102
Frühlingsvirämie	...102

5. NICHT ANSTECKENDE KRANKHEITEN

TUMORE

· Wie entstehen Tumore?	...106
· Welche unterschiedlichen Tumore gibt es?	...107
· Können Tumore operiert werden?	...108

SCHWIMMBLASENERKRANKUNGEN

· Wie entsteht eine Schwimmblasenerkrankung?	...108
· An welchen Symptomen erkennt man eine Schwimmblasenerkrankung?	...109
· Wie überprüft man ob ein Schwimmblasenproblem vorliegt?	...109
· Wie behandelt man ein Schwimmblasenproblem?	...110

LAICHVERHÄRTUNG

· Wie entsteht eine Laichverhärtung im Eierstock?	...110
· Welche Symptome sind typisch dafür, dass der Koi die Eier nicht abgeben kann?	...111
· Wie bemerken wir den Eierstau?	...111
· Wie kann man die Laichverhärtung behandeln?	...111

DEFORMATIONEN

Inhalt

6. AUS DER KOI PRAXIS

1.	HAUTVERFÄRBUNG	...116
2.	SANKE MIT GESCHWOLLENEM BAUCH	...119
3.	ALTER UND GRÖßE BEIM KOI	...120
4.	OPERATION AM KOIMUND	...120
5.	ZÜCHTUNG UND AUFZUCHT VON KOI	...123
6.	DIE VERWENDUNG VON OZON (O_3) IM KOITEICH	...126
7.	UV-LAMPE	...128
8.	BETÄUBUNG UND SCHMERZAUSCHALTUNG	...129
9.	ÜBERMÄSSIGER ALGENWUCHS	...131
10.	SHIRO MIT GESCHWOLLENEM BAUCH	...133
11.	DER STÖR	...134
12.	DIE GOLDORFE	...136
13.	DIE SCHLEIE	...137
14.	FANGEN UND TRANSPORTIEREN VON KOI	...137
15.	KOI MIT BAUCHWASSERSUCHT	...138
16.	QUARANTÄNE	...140
17.	TEICHGESTALTUNG	...141
18.	FISCHRÄUBER	...142
19.	KOIFUTTER	...142
20.	BLUTUNTERSUCHUNG EINES SANKE	...143
21.	SANKE MIT GESCHWOLLENEM BAUCH	...145
22.	WAS IST EIN JAPANISCHER MUDPOND?	...146
23.	ZOONOSE	...147
24.	HIKUI	...147
25.	FLÜSSIGKEITEN IN DER SCHWIMMBLASE	...149
26.	KOI MIT VERFORMTER WIRBELSÄULE	...150
27.	ABGEMAGERTER KOI	...151
28.	BESCHÄDIGTE FLOSSEN	...151
29.	KOI MIT GRANULOM	...152
30.	ALLERGISCHE REAKTIONEN	...153

7 THERAPEUTIK

VORGEHENSWEISE BEI DER BEHANDLUNG

Behandlung im Wasser	...157
Behandlung durch Futterbeigaben	...157
Zwangsfütterung	...158
Injektion	...158
Offene Wundbehandlung	...159

ARZNEIMITTEL

- Acriflavine ...160
- Antibiotika ...160
- Chloramin T (Halamid®) ...164
- Corticosteroiden (Dexamethason®) ...164
- Diflubenzuron(Dimilin®) ...164
- Fenbendazol (Panacur®) und Flubendazol (Flubenol® 5%) ...164
- Formalin 40% ...164
- Formalin/Malachitgrün ...165
- Jod (Betadine®) ...165
- Kaliumpermanganat (KMnO4) ...165
- Kupfersulfat ...166
- Levamisol (Concurat®) ...166
- Lufenuron (Program®) ...166
- Malachitgrün ...166
- Mebendazol (Telmin®) ...167
- Methylenblau ...167
- Metronidazol (Flagyl®) ...167
- Niclosamid (Yomesan®) ...167
- Phenoxetol ...167
- Praziquantel (Droncit®) ...167
- Trichlorfon (Masoten®) ...168
- Vitamine ...168
- Wasserstoffperoxyd (H2O2) ...168
- Salz ...168

ALTERNATIVE BEHANDLUNGSMETHODEN

- Das Immunsystem anregende Mittel ...169
- Manuelle Entfernung von Parasiten ...169
- Veränderung des Umfeldes ...170
- Temperaturveränderung ...170
- UV-Lampe und Ozon ...170
- Kenntnis und Beseitigung der Zwischenwirte von Krankheiten ...170
- Pflanzen und Kräuter ...170
- Probiotika ...170
- Parasitenfressende Fische ...171
- Mechanische Filterung ...171
- Blutegel fangen ...171
- Den Teich austrocknen ...171

BEHANDLUNG UND VORBEUGUNG VOR KRANKHEITEN

- Impfung ...171
- Quarantäne ...171
- Hygiene ...171
- Wasserqualität, Diät und Umfeld ...171

Wasserqualität

1. WASSERQUALITÄT

EINFÜHRUNG

Die Gesundheit von Fischen hängt im wesentlichen von der Qualität des Wassers ab, in welchem wir sie halten. Eine gute Wasserqualität sicherzustellen ist die wichtigste Regel bei der Koihaltung. Eine schlechte Wasserqualität ist der Auslöser für Krankheiten. Um das Fischsterben zu stoppen oder im ersten Schritt zu verhindern, ist es äußerst wichtig dass wir uns ein größtmögliches Wissen über die wichtigsten Wasserparameter, sowie ihre Beziehung zueinander aneignen. Gesunde Fische leben in einem unstabilen Gleichgewicht zwischen Ihrer Umgebung und etlichen Krankheitskeimen. Cypriniden (karpfenartige Fische) sind von Natur aus unempfindliche Fische, die sich an gemäßigte Veränderungen in der Wasserqualität leicht anpassen können. Plötzliche Veränderungen oder eine permanent schlechte Wasserqualität dagegen verursachen Stress, wodurch vermehrt das Hormon Kortisol produziert wird. Durch diese Belastungen nimmt die Immunabwehr des Koi ab und das unstabile Gleichgewicht verändert sich zugunsten der Krankheitskeime. Je nach Grad der Störung ist dies sogar tödlich. In diesem Kapitel werde ich versuchen, die wichtigsten Parameter und ihre Beziehung zueinander so gut wie möglich zu erläutern. Dieses Wissen hilft dem Koiliebhaber die Gesundheit seiner Koi zu erhalten oder wiederherzustellen.

WICHTIGSTE WASSERPARAMETER

TEMPERATUR

In welcher Temperatur halte ich meine Koi?

Jede Fischsorte bevorzugt ihre eigene Temperatur. Diese Temperatur kann erhebliche Abweichungen aufweisen: von –2°C für bestimmte in eisigem Wasser lebende Fische, bis +50°C für bestimmte Wüstenfische. Im Allgemeinen kann der Koi bei einer Wassertemperatur von 2°C bis 35°C überleben. Eine langsame Temperaturveränderung stellt kein Problem für ihn dar. **Plötzliche Temperaturschwankungen jedoch können sehr gefährlich sein. Eine Temperaturschwankung von über 5°C am Tag kann bereits Probleme verursachen.** Diese plötzliche Temperaturschwankungen treten zumeist in kleineren Teichen auf. Je größer das Wasservolumen ist, desto stabiler die Temperatur.

Wasserqualität

Ein Großartiger Anblick: Klares Wasser in Kombination mit gesunden, aktiven Koi!

Welche Probleme treten häufig in der Winterperiode auf?

Während einer Winterperiode von ca. zwei Monaten, kann ein Koi bei einer Wassertemperatur von mindestens 2°C überleben. Die Körpertemperatur von kaltblütigen Fischen unterscheidet sich im Durchschnitt nur ein halbes Grad Celsius von der Ungebungstemperatur. Der Stoffwechsel wird bei diesen niedrigen Wassertemperaturen stark vermindert. Das ebenfalls stark reduzierte Immunsystem erlaubt es bestimmten Krankheitserregern, wie sie z.B. Pilzerkrankungen (*Saprolegnia*) darstellen während der Winterperiode einfacher auszubrechen. Ein anderes, bevorzugt im Winter auftretendes Problem ist das umkippen der Koi, verursacht durch eine zu niedrige Wassertemperatur. Oft liegt die Ursache bei einer Funktionsstörung der Schwimmblase. Die Koi erwecken den Eindruck, als ob sie Tod auf dem Teichgrund liegen.

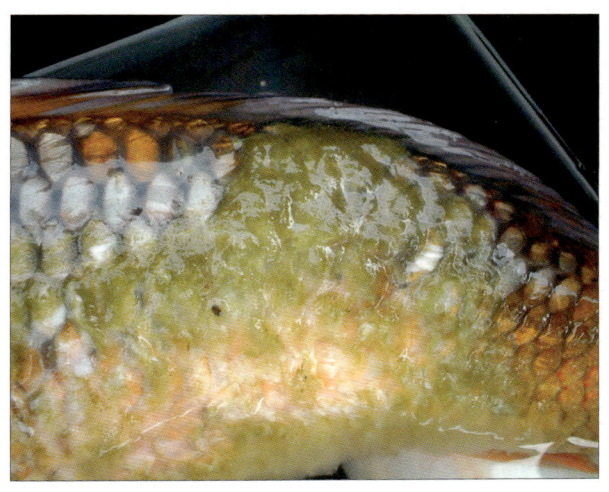

Pilz

Bei näherer Betrachtung schrecken die Koi plötzlich auf und flitzen durch das Wasser davon. Diese Koi muss man soweit wie möglich in Ruhe lassen. Eine andere Möglichkeit ist, sie im Winter in die Innenhälterung zu nehmen. Viele Koiliebhaber sind bereits dazu übergangen ihre empfindlichsten Koi in der Winterzeit zu sich ins Haus zu holen.

Schwimmblasenproblem

Wasserqualität

Unter 4°C wird die Wasseroberfläche in Eis umgewandelt, welches ein niedrigeres spezifisches Gewicht besitzt als Wasser und dadurch auf der Wasseroberfläche bleibt. Für einen Koi-Teich wird eine minimale Tiefe von 1,5 Metern empfohlen damit die Koi ohne Probleme im wärmeren Wasser unter der Eisfläche überleben können. Während der Käteperiode lässt man die Koi am besten in Ruhe. Erschütterungen veranlassen die Koi an der Wasseroberfläche zu schwimmen, wodurch es passieren kann das sie dort zu Tode erfrieren. Den Teich eisfrei zu halten ist von höchster Wichtigkeit. Ist die Teichoberfläche zugefroren sammeln sich langsam giftige Gase unterhalb der Eisfläche an. Den Teich kann man am besten mit einer Heizung eisfrei halten. Die Eisschicht aufzuschlagen ist keine Lösung. Das darunter befindliche Wasser wird als nächstes vereisen und letztendlich den kompletten Teich auskühlen.

Ist es ratsam die Koi bei niedrigen Temperaturen zu füttern?

Im Prinzip darf man Koi solange füttern, wie sie hungrig sind. Die meisten Koi hören zwischen 10°C und 6°C auf um Futter zu betteln. Durch die herabgesetzte Verdauungsfunktion ist es nicht ratsam die Koi unter 6°C zu füttern. Für einen Koi mit einer normalen Fettreserve ist das überhaupt kein Problem. Füttert man doch bei extrem niederen Temperaturen kann das Futter nur ungenügend verdaut werden. Dies kann zu einer Darmverstopfung führen. Wenn die Temperaturen dann wieder über 6°C steigen können wir damit beginnen, den Koi leicht verdauliches Futter zu geben.

Wie kommt es, dass Koi oftmals im Frühjahr erkranken?

Unter einer Wassertemperatur von 10°C ist das Immunsystem des Koi erheblich geschwächt. Allerdings ist auch die Bakterienentwicklung eingeschränkt. **Bei steigender Wassertemperatur vermehren und wachsen Bakterien und Parasiten rasend schnell, während es ungefähr eine Woche dauert bis das Immunsystem des Koi wieder optimal funktioniert.** Während dieser Woche ist der Koi sehr anfällig für Infektionen. Es ist oftmals der Fall, dass die Temperatur im Frühling rauf und runter geht (Fahrstuhltemperatur). Das etwas trägere Immunsystem hat Schwierigkeiten sich so rasch darauf einzustellen. Dies führt im Frühling zu einer größeren Anfälligkeit gegenüber Krankheiten.

Welche Auswirkung hat die Temperatur auf den Stoffwechsel der Koi?

Allgemein wird vermutet, dass sich der Stoffwechsel des Koi bei einer Erhöhung der Temperatur um 10°C verdoppelt. Ab einer Wassertemperatur von 20°C wird der Laichvorgang angeregt. Ein Koi kann eine Wassertemperatur bis 35°C überleben, ein Goldfisch schafft es sogar bis 40°C.

Welches sind die Vor- bzw. Nachteile eines beheizten Teiches?

Im laufe der letzten Jahre werden immer mehr Teiche beheizt. **Es ist jedoch gut, dem Koi für einen oder zwei Monate eine Ruhepause bei einer Temperatur zwischen 6°C und 8°C zu geben.** Auf diese Weise vermeidet man extreme Temperaturwechsel im Winter. Ein Koi, welcher permanent in beheiztem Wasser gehalten wird wird schneller Erwachsen. Das heißt allerdings nicht, dass er größer wird als ein Koi, welchem eine jährliche Ruhepause gegönnt wird. Zudem kann der Stoffwechsel darunter leiden, wenn der Koi jahrein jahraus in beheiztem Wasser gehalten wird.
Die Auswirkungen sind ein erhöhtes Tumorrisiko, Stoffwechselfehlfunktionen und Eierstau beim weiblichen Koi. Das Weibchen kann die Eier nicht abgeben. Wenn um den März herum der Frühling kommt ist es am besten die Temperatur auf 14°C zu erhöhen, jedoch maximal 4°C

wöchentlich. Während des Herbstes ist es am besten die Temperatur stabil zu halten bevor man langsam auf die Ruhetemperatur heruntergeht.
Auf diese Weise vermeidet man die im Frühling und Herbst mehrfach auftretenden Temperaturschwankungen. Bei dieser Vorgehensweise kann sich das Immunsystem des Koi gut darauf einstellen.

Die Wechselbeziehung von Wassertemperatur zu anderen Wasserparametern.

Transportkisten

Je kälter das Wasser, desto höher der Sauerstoffgehalt und desto ungiftiger wirkt sich Ammoniak aus. Dieses Wissen kann man sich beim Transport nutzbar machen, speziell von Japan nach Europa. Zumeist sorgt der Transporteur dafür, dass das Wasser kühl genug ist. Üblicherweise wird dies dadurch bewerkstelligt, dass man Eisbrocken in die Transportbehälter legt. Neben einem höheren Sauerstoffgehalt und einem niedrigeren Ammoniakgehalt wirkt sich eine niedrige Wassertemperatur vorteilhaft aus. Die Vorteile sind die beruhigende Wirkung und eine reduzierte Schadstoffabgabe durch den Koi. Bei Beachtung dieser Punkte können mehr Koi in verhältnismäßig wenig Wasser transportiert werden.

SAUERSTOFFGEHALT (O_2)

Der im Wasser gelöste Sauerstoff, sprich der Sauerstoffgehalt ist eine der wichtigsten Einflussgrößen im Teich. Sauerstoffmangel ist eine der häufigsten Todesursachen beim Koi.

Unter welchen Umständen führt Sauerstoffmangel zum Tod?

Der Sauerstoffgehalt des Wassers hängt von einigen wichtigen Faktoren ab:
· Je höher die Wassertemperatur, desto niedriger der Sauerstoffgehalt im Wasser. Während der warmen Sommermonate ist der Sauerstoffgehalt des Wassers niedriger.
· Je geringer der Luftdruck, desto weniger Sauerstoff kann das Wasser binden. Bei stürmischem Wetter, welches einem Gewitter vorausgeht, ist der Luftdruck niedrig. Dies ist auch die Ursache für die gleichzeitig auftretende Reduzierung des Sauerstoffgehaltes im Wasser.
· Sind Pflanzen oder Algen im Teich vorhanden, ist der Sauerstoffgehalt morgens am niedrigsten. Diese verbrauchen während der Nacht Sauerstoff. Um Gründe für ein Fischsterben zu untersuchen ist zu empfehlen den Sauerstoffgehalt gleich morgens zu messen.
· Je mehr organischer Abfall vorhanden ist, desto niedriger ist der Sauerstoffgehalt. Bei übermäßigem Füttern bzw. bei einer

Luftpumpe

Wasserqualität

Überbesetzung wird der Sauerstoffgehalt sinken. Die zahllosen nitrifizierenden (salpeterbildenden) Bakterien, die das organische Material zersetzen, verbrauchen sehr viel Sauerstoff.

· Schnell fließende Gewässer haben einen höheren Sauerstoffgehalt als langsam fließende oder sogar stehende Gewässer wie Teiche. Bei einem leistungsfähigen Filtersystem wird der Teichinhalt mindestens alle 3 bis 4 Stunden durch die Filteranlage geleitet. Zusätzlich zu seiner Funktion als bakteriologischer Filter dient dies auch als Sauerstoffquelle. Aus diesem Grund ist dafür sorge zu tragen, dass die wasserführende Pumpe Tag und Nacht und dies über Sommer und Winter durchläuft.

Große Sterblichkeit nach Sauerstoffmangel

· Je salzhaltiger das Wasser ist, desto niedriger sein Sauerstoffgehalt. Aus diesem Grund enthält Meerwasser auch weniger Sauerstoff als Süßwasser. **Als Fazit lässt sich feststellen, dass die Gründe des Fischsterbens überwiegend die Folge des Sauerstoffmangels nach einer warmen, gewittrigen Nacht, in einem überbesetzten, ungenügend gefilterten Teich mit einem zu hohen Salzgehalt sind.** Wenn diese Faktoren ganz oder teilweise zutreffen ist es empfehlenswert den Sauerstoffgehalt mittels Venturi, Sauerstoffpumpen, Springbrunnen usw. zu erhöhen, besonders nachts.

Wie stellt man die Diagnose eines Sauerstoffmangels und welche Symptome erkennt man?

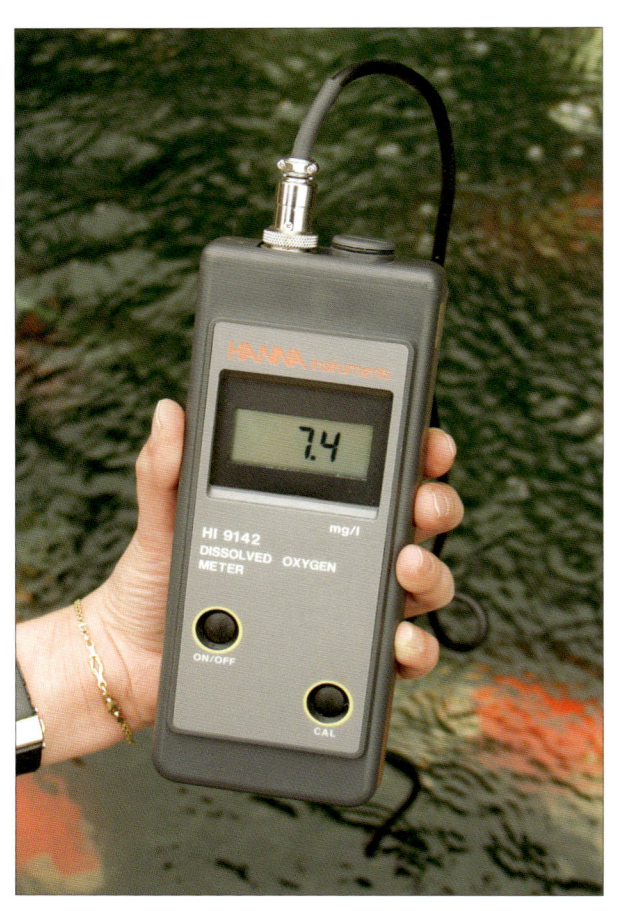

Sauerstoffmesser

Man kann den Sauerstoffgehalt genau messen mit Hilfe eines digitalen Sauerstoffmeters. Als Faustregel kann man annehmen, daß Kaltwasserfische minimal 6 mg/l O_2 benötigen. Aus dem Verhalten der Koi kann man jedoch auch etliches ableiten. Fische die sich im Wasser mit einem niedrigen Sauerstoffgehalt befinden, sind träge und hängen oft an der Wasseroberfläche und in der Nähe vom Wassereinlauf. **Bei Sauerstoffmangel sterben die großen Fische zuerst, da diese am meisten Sauerstoff benötigen.**

Zusammenhang des Sauerstoffgehaltes mit anderen Wasserparametern.

Die gegenseitige Abhängigkeit von anderen Wasserwerten ist auch ein wichtiger Punkt. Je mehr Sauerstoff wir ins Wasser einbringen, desto niedriger der CO_2 - Gehalt sowie die Karbonhärte (KH) und desto höher der Säuregrad (pH).

Wasserqualität

Kann das Wasser auch zuviel Sauerstoff binden?

Eine Übersättigung des Wassers mit Gasen (außer Sauerstoff hauptsächlich Stickstoff), kann zur sogenannten Gasbläschenkrankheit führen. Diese 'Luftbläschen' befinden sich auch häufig im Körper der Fische.

Wenn sie im Herzen oder in den großen Blutgefäßen Verstopfungen auslösen, kann dies, hauptsächlich bei kleineren Fischen, zum plötzlichen Tod führen.
Man erkennt dann ganz deutlich die Gasbläschen im Bereich der Kiemen, Augen, Flossen und am Mund.

Gasblasen auf der Rückenflosse

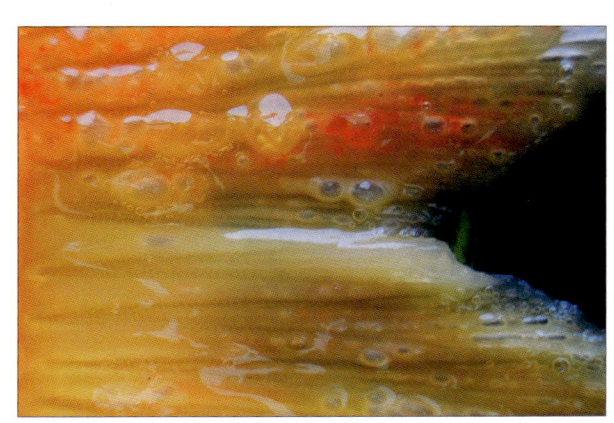

Gasblasen auf der Schwanzflosse

Die Gasbläschenkrankheit kann beispielsweise durch eine undichte Stelle im Ansaugrohr der Pumpe entstehen. Auch ein plötzlicher Temperaturanstieg verringert die Löslichkeit von Gasen im Wasser, wodurch Gasbläschen entstehen. Zur Behandlung kann man die Fische vorläufig umsetzen. Danach muss man das Wasser kräftig in Bewegung bringen, sodass die Gase austreten können. Es kann einige Wochen dauern, bevor ein Koi wieder von der Gasblasenkrankheit wieder geheilt ist.

AMMONIUM (NH_4^+) UND AMMONIAK (NH_3)

Woher kommen diese?

Fische sind als erstes als die Verursacher von Ammonium zu nennen. **Es ist wichtig zu wissen, daß 75% des gesamten Ammoniums das ausgeschieden wird, aus den Kiemen der Fische stammt und nur 25% von Urin und Ausscheidungen.** Das bedeutet, daß Fische ständig Ammonium ausscheiden, sogar wenn man sie nicht füttert, wie z.B. während der Winterperiode. Ein geringer Teil des Ammoniums stammt nicht von den Fischen direkt, es bildet sich durch Nahrungsreste und faulendes, organisches Material.

Wie stellt man die Diagnose? Welche Symptome kann man erkennen?

Den Ammoniakgehalt kann man mit Hilfe eines im Handel erhältlichen Kits, oder mit Hilfe eines Spektralphotometers messen. Dieser darf nicht höher als 0.01 mg/l sein. Ab 0.2 mg/l besteht, von den anderen Wasserparametern abhängig, eine große Gefahr für die Fische. **Die kleinen und jungen Fische sind die ersten, welche an NH_3-Vergiftung sterben.** Wie wir bereits gesehen tritt dies genau entgegengesetzt zu den Problemen des Sauerstoffmangels auf, bei welchem zuerst die großen Fische sterben. Die Fische die einen Ammoniakschock überlebt haben, können folgende Symptome aufweisen:

- Gleichgewichtsstörungen infolge einer Beschädigung des zentralen Nervensystems. Es kommt manchmal vor, daß Fische nach einer Schädigung durch Ammoniak längere Zeit auf der Seite liegen.
- Sich auflösende Flossen und Kiemen infolge der vorangegangenen Schädigung der Schleimhäute durch NH_3. Dies ist oft eine verzögerte Reaktion, die erst eine Woche später auftritt.
- Erhöhte Empfindlichkeit gegen ansteckende Krankheiten.
- Äußere und innere Blutungen.

Ausgefranster Flossenrand durch NH_3-Beschädigung

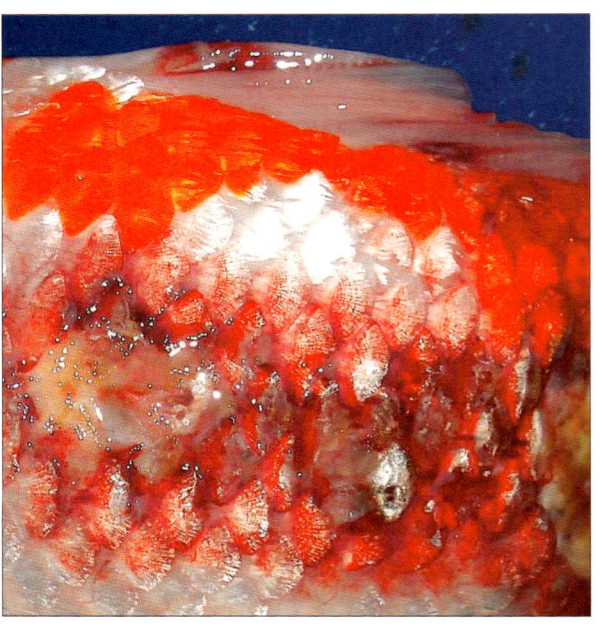

Schwere Ammoniakvergiftung

Wasserqualität

Zusammenhang mit anderen Wasserparametern

Ammonium (NH_4^+) ist eigentlich selbst gar nicht so giftig. Das gefährliche daran ist, dass es gemäss folgender Formel in sehr giftiges Ammoniak umgesetzt werden kann (NH_3).

$$NH_4^+ + OH^- <-> NH_3 + H_2O$$

Das Gleichgewicht verschiebt sich in Richtung des sehr giftigen Ammoniaks bei:
- hohem pH-Wert
- hoher Wassertemperatur
- niedrigem Salzgehalt

unschädliche Ammonium nicht in sehr giftiges Ammoniak umgewandelt wird. Bei einer vergleichbaren Menge zu transportierender Fische, jedoch mit einem pH-Wert 8, würde sich mehr Ammoniak bilden, was zu einem Massensterben führen würde. Hieraus erkennen wir nochmals, dass der Zusammenhang zwischen den verschiedenen Wasserwerten von erheblicher Wichtigkeit ist. Einen hohen pH-Wert (± 8) dagegen finden wir z.B. in einem Meerwasseraquarium. Hier besteht daher auch eher die Gefahr einer NH_3-Vergiftung als bei Süßwasser, bei welchem der pH-Wert neutral ist.

pH	Temperatur in °C													
	4	6	8	10	12	14	16	18	20	22	24	26	28	30
7.0	0.11	0.13	0.16	0.18	0.22	0.25	0.29	0.34	0.39	0.46	0.52	0.60	0.69	0.80
7.4	0.29	0.34	0.40	0.46	0.54	0.63	0.73	0.85	0.98	1.14	1.31	1.50	1.73	1.98
7.8	0.72	0.84	0.99	1.16	1.35	1.57	1.82	2.11	2.44	2.81	3.22	3.70	4.23	4.83
8.2	1.79	2.10	2.45	2.86	3.32	3.85	4.45	5.14	5.90	6.76	7.72	8.80	9.98	11.29
8.6	4.37	5.10	5.93	6.88	7.95	9.14	10.48	11.97	13.61	15.41	17.37	19.50	21.78	24.22
9.0	10.30	11.90	13.68	15.67	17.82	20.18	22.73	25.46	28.36	31.40	34.56	37.83	41.16	44.53
9.4	22.38	25.33	28.67	31.80	35.26	38.84	42.49	46.18	49.85	53.48	57.02	60.45	63.73	66.85
9.8	42.00	46.00	50.00	53.94	57.78	61.47	64.99	68.31	71.40	74.28	76.92	79.33	81.53	83.51
10.2	64.53	68.15	71.52	74.63	77.46	80.03	82.34	84.41	86.25	87.88	89.33	90.60	91.73	92.71

Tabelle : % Ammoniak : je höher die Temperatur und der Säuregrad, desto mehr giftiges Ammoniak wird gebildet. (Emerson et al., 1975)

Dieses Wissen ist wichtig für den Transport von Koi aus Japan. Wie oben bereits beschrieben wurde, werden sind kühlere Wassertemperaturen anzuraten. Aus obiger Tabelle können wir ersehen, dass man vor allem den Säuregrad während des Transports so niedrig wie möglich halten muss. In den meisten Fällen schwankt der pH-Wert um 6.5 mit der Folge, daß das ziemlich

Was tun bei einer NH_3 –Vergiftung?

Einen hohen Ammoniakgehalt kann man auf die Schnelle verringern, indem man mindestens 1/3 des Wassers wechselt. Stellen Sie aber unbedingt sicher, daß das frische Wasser den PH-Wert und die Wassertemperatur nicht erhöht. Sicherheitshalber sollte man diesen

Wasserqualität

Teilwasserwechsel alle 12 Stunden wiederholen. Außerdem kann Zeolith verwendet werden, welches das vorhandene Ammoniak sofort absorbiert. Wegen der Kiemenschädigungen ist eine gute Belüftung ratsam. Langfristig ist es nützlich einen guten biologischen Filter einzusetzen (siehe Kapitel Nitrifikation). Bei einem geringeren Fischbestand und reduziertem Futterangebot nimmt auf lange Sicht der Ammoniakgehalt ab.

NITRIT (NO_2)

Die *Nitrosomonas* Bakterie setzt Ammoniak in Nitrit um.

Wie stellt man die Diagnose? Welche Symptome kann man erkennen?

Der Nitritgehalt des Wassers kann mit Hilfe eines im Handel erhältlichen Kits oder einem Spektralphotometer gemessen werden. Nitrit ist nicht so giftig wie Ammoniak. Der Nitratgehalt sollte nicht höher als 0.1 mg/l sein, ab 2 mg/l und höher ist er tödlich. Ein hoher Nitritgehalt verursacht Methämoglobinämie im Blut, was bedeutet dass das Hämoglobin nicht mehr in der Lage ist den Sauerstoff zu binden. Die Fische sterben an Sauerstoffmangel. Bei der Obduktion sehen wir, dass die Kiemen oftmals blass oder bräunlich verfärbt sind.

Bräunlich blasse Kiemen durch Nitritvergiftung

Normale Farbe der Kiemen

Zusammenhang mit anderen Wasserparametern

Nitrit ist weniger giftig bei einem hohen pH-Wert (im Gegensatz zu Ammoniak!), härterem Wasser und einem hohen Salzgehalt. **Wir können hieraus schließen, dass ein höherer Nitritgehalt im Meerwasser (pH ± 8, Salzgehalt ± 35 g/l) nicht so schlimme Auswirkungen hat wie im Süßwasser.** Tatsächlich ist ein Nitritgehalt von 50 mg/l in Meerwasser nicht tödlich, während (wie hier zuvor bereits erwähnt) ein Wert von 2 mg/l bei Süßwasser für die Fische bereits tödlich sein kann.

Was kann man bei einer NO_2 Vergiftung tun?

Wenn der Nitritgehalt im Wasser zu hoch ist, ist es notwendig das Wasser zu erneuern und etwas Salz (3g NaCl/l) hinzuzugeben. Das Chlorid-Ion kämpft mit dem Nitrit, um von den Kiemen aufgenommen zu werden. Falls sich Zeolith im Wasser befindet, darf nie Salz hinzugefügt werden, da ansonsten das dort gebundene Ammoniak wieder ans Wasser abgegeben wird. Auf längere Sicht muss ein guter biologischer Filter aufgebaut werden. Auch hier sind eine gute Durchlüftung und Abstimmung der richtigen Futtermenge entscheidend. Eine zu hohe Besatzdichte ist ebenfalls zu vermeiden. Durch eine Ozon-Behandlung wird Nitrit schließlich zu Nitrat oxidiert.

NITRAT (NO$_3$)

Die *Nitrobacter* Bakterie setzt Nitrit in Nitrat um.

Wie stellt man die Diagnose?
Welche Symptome kann man erkennen?

Ideale Nitratwerte liegen unter 20 mg/l. Ein Nitratwert über 50 mg/l kann der Gesundheit des Fisches nicht direkt schaden, aber Wachstumsstörungen bei kleineren Fischen verursachen, ebenso wie Farbverluste und eine Schwächung des Immunsystems hervorrufen und unliebsamen Algenwuchs verursachen. Ab 300 mg/l kann Nitrat tödlich sein.

Kinder entfernen die Fadenalgen

Zusammenhang mit anderen Wasserparametern.

Nitrat ist in salzhaltigem Wasser und bei einem niedrigen pH-Wert giftiger. Auch bei einem plötzlichen Sauerstoffmangel nimmt ein hoher Nitratwert an Gefährlichkeit zu. Das Nitrat wird in diesem Fall wieder in das hochgiftige Nitrit umgewandelt.

Was kann man im Fall einer NO$_3$-Vergiftung tun?

Bei einem übermäßigen Nitratgehalt muss man das Wasser wechseln. Hierbei muss man jedoch erst den Nitratgehalt des Leitungswassers kontrollieren. Durch Überdüngung in der Landwirtschaft hat dieser in manchen Gegenden so stark zugenommen, daß die 50 mg/l - Grenze überschritten wird. Pflanzen im Teich oder Aquarium helfen uns ebenfalls den Nitratgehalt zu senken. Da Koi die Angewohnheit haben Pflanzen zu fressen oder zu zerstören, muss man diese schützen. Der Gebrauch von schwimmenden Matten, welche mit Pflanzen bewachsen sind, ist eventuell eine Lösung. Schließlich besteht auch noch die Möglichkeit mit Hilfe eines Ionentauschers den Nitrat-Gehalt des Wassers zu senken.

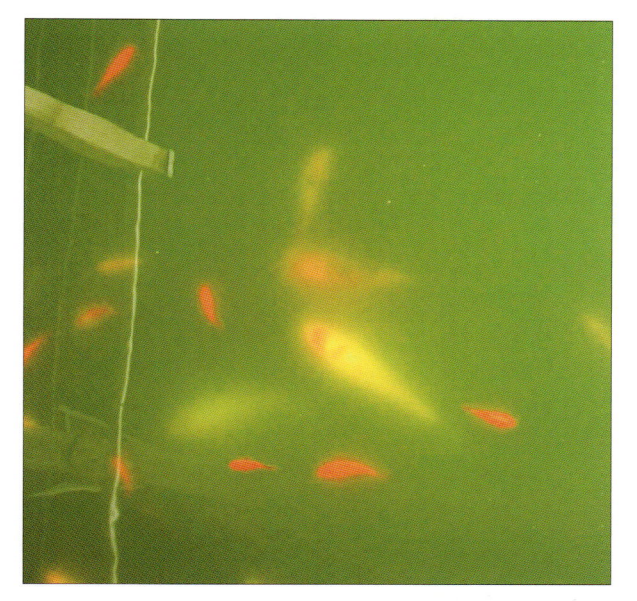

Schwebealgen

SÄUREGRAD (pH)

Was versteht man unter Säuregrad?

Der pH-Wert gibt an ob das Wasser mehr im sauren oder basischen Bereich ist. Die Werte bewegen sich im Bereich zwischen 0 und 14, wobei 7 neutral ist. Ein pH-Wert unter 7 gibt eine saure Umgebung an während ein pH-Wert über 7 eine basische (alkalische) Umgebung anzeigt. Diese pH-Skala ist logarithmisch aufgebaut, dies bedeutet daß Wasser mit einem pH-Wert von 5 zehnmal saurer ist als Wasser mit einem pH-Wert von 6.

Wasserqualität

Welcher pH-Wert ist für Koi am besten geeignet?

Im Aquarien-Bereich ist der pH-Wert von großer Bedeutung. Tropischen Fische haben sich im Laufe der Entwicklung an den pH-Wert des Wassers ihrer Herkunftsgewässer angepasst. So bevorzugt ein Diskus beispielsweise einen pH-Wert zwischen 5 und 6, während ein Platy und die meisten Meeresfische einen pH-Wert zwischen 8 und 8.5 bevorzugen. **Der ideale pH-Wert für unsere Koi liegt zwischen 6,8 und 7,5. Solange die Veränderung des Säuregrades langsam erfolgt (nicht mehr als 0,5 Grad je Tag), können Koi sogar im Wasser bei einem pH-Wert zwischen 5 und 10 überleben.** Es sind die plötzlichen Schwankungen, die man unter allen Umständen verhindern muss. Wenn man sich einen neuen Koi anschafft, der einen pH-Wert von 8,5 gewohnt ist und setzt ihn in Wasser welches lediglich einen pH-Wert von 6,5 aufweist, dann erleidet dieser durch den hundertfachen pH-Unterschied einen Schock. Dies schädigt die Schleimhaut und verursacht Stress was zu ernsthaften Folgeschäden führt. Darum ist es wichtig, die neuen Fische langsam an die neue Umgebung zu gewöhnen. Das kann man am besten tun, indem man den neuen Koi erst eine halbe Stunde in einer separaten Wanne im Transportwasser schwimmen lässt, und nach und nach Teichwasser hinzufügt.

Zusammenhang mit anderen Wasserparametern.

Wie bereits erwähnt wurde, ist ein Koi, was den pH-Wert selbst angeht, ziemlich anpassungsfähig. Das Verhältnis zwischen pH-Wert und den anderen Wasserwerten kann diese Anpassungsfähigkeit jedoch mindern. Wie bereits zuvor erwähnt wirkt sich ein hoher pH-Wert in Verbindung mit dem entsprechenden Ammoniakgehalt drastisch aus. Der pH-Wert sinkt bei:

- niedrigem Sauerstoffgehalt. Daraus ergibt sich, daß der pH-Wert bei einem hohen Sauerstoffgehalt steigt, da das Wasser in diesem Fall weniger CO_2 (Kohlenstoffdioxid) enthält.

- hohem CO_2-Gehalt. CO_2 entsteht durch die Atmung der Fische und Pflanzen (u.a. Algen) und den bakteriologischen Umformungsprozessen. CO_2 ist der wichtigste Nahrungsstoff für Pflanzen und Algen. Da diese Pflanzen nachts viel CO_2 abgeben, ist der pH-Wert morgens am niedrigsten und am Abend immer am höchsten. In grünem Wasser (mit vielen Schwebealgen) kann es manchmal vorkommen, das der pH-Wert morgens bei 7 liegt und im Laufe des Tages bis auf 9 ansteigt. Da die Pflanzen im Herbst weniger CO_2 aufnehmen, ist der CO_2-Gehalt in dieser Jahreszeit höher. Dies erklärt auch warum der pH-Wert im Herbst generell niedriger ist als im

Wasserqualität

CO2 ist die wichtigste Substanz für Pflanzen und Tiere

Frühjahr und Sommer. Beim Transport der Koi reichert sich das Wasser mit CO_2 an, was gleichzeitig den pH-Wert niedrig hält.
  - Niedrige kurzfristige Karbonhärte (KH, siehe unten). Je niedriger die KH, desto geringer werden die sauren Ionen gepuffert.

Pharmakologischer Nutzen des Säuregrads.

Die Messung des pH-Wertes ist für die Anwendung bestimmter Heilmittel wichtig. So nimmt z.B. bei einem niedrigeren pH-Wert die Giftigkeit von Chloramin T zu. Andere Heilmittel, wie z.B. Tugon oder Oxytetracyclin-HCl sind bei einem niedrigen pH-Wert ausgewogener und wirken länger.

Wie erhöht man den Säuregrad des Wassers?

Ein hoher pH-Wert hat zwei wichtige Nachteile, zum einen den verstärkten Algenwuchs und was noch gefährlicher ist, die Präsenz von Ammoniak. Darum ist es oft ratsam, den pH-Wert zu senken. Dies erreicht man mit:
  - Zugabe von Grundwasser, Regenwasser oder Quellwasser
  - indem man über Torf filtert
  - Zugabe von Säuren.

Es gibt heutzutage Geräte die automatisch Salzsäure ins Wasser abgeben bis der gewünschte pH erreicht ist.

HÄRTE

Was versteht man unter Gesamthärte oder GH?

Die Gesamthärte wird durch die Kalzium- und Magnesiumsalze bestimmt und wird in "Deutsche Härtegrade" (°d GH, oft als °dH abgekürzt) angegeben. Die GH wird folgendermaßen unterteilt:

0-4°dH	Sehr Weich
4-8°dH	Weich
8-12°dH	Mittelhart
12-25°dH	Hart
>25°dH	Sehr Hart

In weichem Wasser verbraucht ein Koi mehr Energie um seinen Salz-/Wasserausgleich zu erreichen. Dies ist der Grund weshalb man bei geschwächten Fischen etwas Salz ins Wasser geben kann um den osmotischen Druckausgleich zu erleichtern.

In hartem Wasser treten in erhöhtem Maß Nierensteine auf und die Weibchen haben ein erhöhtes Risiko Laichverhärtung zu bekommen. **Japanische Züchter bevorzugen niedrige GH-Werte. Die Japanischen Schlammteiche (mudponds) enthalten kaum Minerale.**

Der optimale GH-Wert in Japan schwankt zwischen 2 und 3°dH. Weiches Wasser sorgt für schnelleres Wachstum und eine bessere Ausprägung der roten Farbe ("Hi"). Nach Meinung der Japaner aktiviert weiches Wasser auch das Immunsystem der Koi. Der Nachteil von weichem Wasser ist, daß die weiße Farbe nicht so klar wird und die Schwarze ("Sumi") sich langsamer entwickelt. Darum werden Koi, die an einer Show teilnehmen sollen, erst für einige Wochen in hartem Wasser gehalten, sodaß die Farben Schwarz und Weiß optimal hervortreten.

Was versteht man unter der Karbonathärte oder KH?

Die KH setzt sich aus Karbonat (CO_3^{2-}=Karbonsäure oder Karbonation) und Hydroxykarbonat (HCO_3^-=Hydroxykarbonsäure oder Wasserstoffkarbonat) zusammen und wird auch in "Deutsche Härtegrade" (°d KH, oft als °dH abgekürzt) angegeben. Ein durchschnittlicher KH liegt auch zwischen 8 und 12°dH. Die Japaner glauben, daß ein KH-Wert zwischen 1 und 4°dH für die Koihaltung optimal ist. Vom GH-Wert kann man nicht auf den KH-Wert schließen, da es zwei total verschiedene und voneinander nicht abhängige Werte sind. Die Karbonathärte ist sehr wichtig für die Pufferwirkung des pH-Wertes im Teichwasser. **Der KH muss gerade hoch genug sein um einen stabilen pH-Wert zu gewährleisten.** Da unsere Koi-Teiche in Europa kleiner sind als die großen und mit einem besseren Sättigungsgleichgewicht ausgestatteten japanischen Mudponds, können bei uns auch größere Schwankungen im Säuregrad vorkommen. Eine wirksame Maßnahme um diese Schwankungen zu reduzieren ist es den KH-Wert (zwischen 4 und 8°dH) zu erhöhen.

Was versteht man unter dem "Puffersystem"?

Die Karbonathärte ist ein wesentlicher Faktor des äußerst wichtigen Puffersystems des Wassers. Dieses hilft große pH-Schwankungen zu vermeiden. Stellen Sie sich vor, das Wasser besäße keine Pufferwirkung, dann würde jeder Zusatz von Säure (H^+-Ion) eine sofortige pH-Senkung verursachen. Die sich aus diesem Szenario ergebenden Konsequenzen wären für die Fische katastrophal. Wie man aus der nachfolgenden Formel erkennen kann sorgen das Karbonat (CO_3^{2-}) und das Wasserstoffkarbonat (HCO_3^-) für einen Pufferungseffekt.

$$H_2O + CO_2 <-> H^+ + HCO_3^- <-> 2H^+ + CO_3^{2-}$$

Hieraus können wir entnehmen, daß das saure H^+ Ion sich zuerst mit den Karbonationen verbindet. Erst wenn diese verbraucht sind, bildet sich CO_2 was zur Senkung des pH-Wertes führt. **Daraus ist abzuleiten, daß hartes Wasser (hoher KH-Wert) eine ausgezeichnete Pufferwirkung besitzt. In Teichen mit weichem Wasser dagegen (niedriger KH) sind plötzlich auftretende pH-Schwankungen zwischen Tag und Nacht unvermeidlich.**

Wie macht man das Wasser härter oder weicher?

Die Wasserhärte kann erhöht werden, indem man Kalziumsalze hinzufügt oder eine Tüte Muschelkalk oder Kalkstein in den Filter hängt. Wenn man nur den KH-Wert erhöhen will, gibt man Natriumhydrogencarbonat ($NaHCO_3$) ins Wasser. Das Wasser kann weicher gemacht werden, indem man es über Torf oder einen Ionentauscher filtert. In kleineren Wasservolumen wie z.B. Aquarien bietet es sich an demineralisiertes oder abgekochtes Wasser hinzufügen.

Die pharmakologische Bedeutung der Wasserhärte.

Einige Arzneimittel wie z.B. Formalin, Chloramin und Kupfersulfat sind in weichem Wasser giftiger. Auf der anderen Seite ist die Wirkung in hartem Wasser geringer. In hartem Wasser erleiden die Fische nicht so schnell eine Vergiftung durch Schwermetalle, da diese durch zahlreichen Ione gebunden und somit neutralisiert werden.

Wasserqualität

FILTERUNG DES WASSERS

Unter Filterung versteht man, daß Abfallstoffe aus dem Wasser entfernt werden. Da es sich bei unserem Teich um ein geschlossenens System handelt ist dies ein wichtiger Punkt für die Erzielung guter Wasserwerte. Unzulängliches Filtern führt zu schlechter Wasserqualität, unerwünschtem Algenwuchs, schlechtem Wachstum der Pflanzen, zu Krankheit oder sogar zum Tod der Fische. Wir können drei Methoden der Filterung unterscheiden, diese sind die mechanische, die chemische und die biologische Filterung. Oftmals werden diese drei Filtermethoden gleichzeitig eingesetzt.

MECHANISCHE FILTERUNG

Alle Filtermedien nutzen mehr oder weniger eine mechanische Filterung. Bei der mechanischen Filterung werden die schwebenden Schmutzteilchen im Filtermedium zurückgehalten und so aus dem Wasser entfernt. Auf diese weiße wird verhindert, daß der Schmutz in den biologischen Teil des Filters gerät (siehe rechts). Je feiner dieses Filtermedium ist, desto besser die mechanische Filterung. Es ist jedoch zu beachten, je feiner das Filtermedium ist desto stärker muss die Pumpe sein. Außerdem ist das Risiko einer Verstopfung wesentlich größer. Mechanische Filter werden am Anfang des Filterungsprozesses eingesetzt. Um einen Wasserstau zu verhindern, ist es empfehlenswert diesen mechanischen Filter regel-mäßig zu reinigen. Früher benutzte man oft Bürsten als mechanisches Filtermedium. Der Nachteil dieser

Diverse Filtermedien

Wasserqualität

Bürsten ist, daß die Reinigung sehr arbeitsaufwendig ist und wöchentlich geschehen muss. Viele Koi-Teiche haben auch einen Sandfilter, einen Vortex oder ein Absetzbecken als mechanischen Vorfilter. Ein Vortex ist eine runde Tonne in dem das Wasser rotiert. Durch den Whirlpooleffekt werden die schwereren Schmutzteilchen angezogen und direkt zur Kanalisation abgeführt. Ein Absetzbecken ist ein großes, viereckiges Gefäß mit äußerst geringer Zirkulation. Die Schmutzteilchen sinken zum Boden und werden abgeführt. Der Nachteil von Vortex und Absetzbecken ist, dass ihre Effizienz von der Strömungsgeschwindigkeit des Wassers abhängt. Bei einer zu hohen Geschwindigkeit zieht es den Schmutz weiter in den Filter. **In letzter Zeit werden immer häufiger Siebe als mechanische Filter eingesetzt. Einige Siebe können Schmutzteilchen, die größer als 20 Mikrometer sind, aus dem Wasser filtern.** Um noch kleinere Teilchen abfangen zu können, kann man einen Eiweißabschäumer benutzen. In modernen Koi-Filtern, wird der mechanische Filter so konstruiert, dass er so wenig wie möglich Platz einnimmt. Des weiteren wird die Wartung der Filter immer einfacher.

Der Nexus

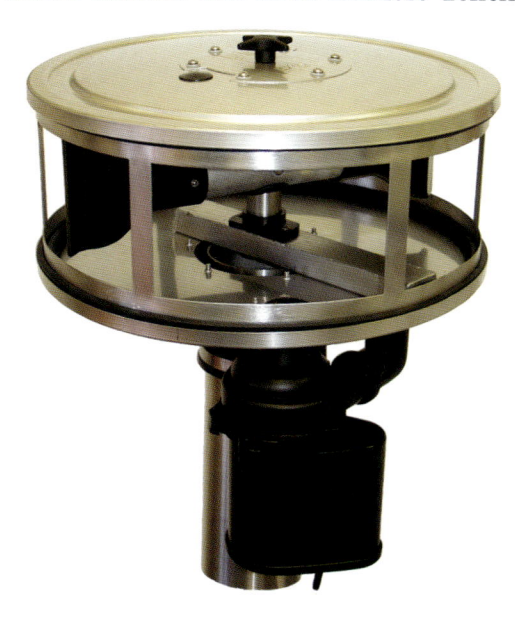

'The Answer' als mechanischer Filter

CHEMISCHE FILTERUNG

Bei der chemischen Filterung absorbieren große Moleküle chemische Stoffe und reinigen auf diese Weise das Wasser. Das am gebräuchlichsten chemische Filtermedium ist Aktivkohle. Sie ist in der Lage eine Vielzahl chemischer Stoffe aus dem Wasser zu absorbieren: Ammoniak, Phosphate, organische Abfallprodukte oder Arzneimittel. Versäumen sie nicht die Aktivkohle während dem Einsatz von Medikamenten aus dem Filter zu entfernen. Der Nachteil von Aktivkohle ist,

Aktivkohle

dass die Fähigkeit der Absorption nicht von Dauer ist und sie durch Ausspülung auch nicht mehr brauchbar gemacht werden kann. Dies ist der Grund, weshalb von Züchtern in Quarantänebecken und in größeren Teichen eher Zeolith-Steine als chemisches Filtermedium verwendet werden. Zeolith filtert Ammonium aus dem Wasser und hat den Vorteil, dass man es wiederverwerten kann. Der gesättigte Zeolith wird in einer Salzlösung (5 g/l) gesäubert. Bevor man die Steinchen zurück in den Filter tut, werden sie erst gründlich mit Teichwasser ausgespült um das Salz zu entfernen. Wenn man Zeolith verwendet, kann man nicht gleichzeitig Salz einsetzen. Da das Ammoniak und andere absorbierte Stoffe wieder aus dem Zeolith herausgelöst würden und dann in den Teich zurückfließen.

BIOLOGISCHE FILTERUNG

Die biologische Filterung beruht auf der Fähigkeit bestimmter Bakterien giftige Abfallstoffe in weniger schädliche Stoffe zu verwandeln.

Wie läuft der Stickstoffkreislauf ab?

Im Stickstoffkreislauf wandeln Filterbakterien das giftige Ammoniak (NH_3) in Nitrit (NO_2) (durch *Nitrosomas* spp.) und danach ins weniger gefährliche Nitrat (NO_3) um (durch *Nitrobacter* spp.). Da diese Bakterien aerob sind, kann dieser Prozess nur bei einem genügend hohen Sauerstoffgehalt ablaufen. Nitrat wird schließlich von den Pflanzen aufgenommen und anaerob in Stickstoffverbindungen umgewandelt. Diese anaerobe Bakterienkulturen befinden sich in den untersten Schichten von Filter und Teich. In der Natur ist dieser Kreislauf meistens im Gleichgewicht, aber im Koi-Teich ohne Pflanzen ist es oft schwierig den Nitratgehalt unter Kontrolle zu halten. In pflanzenlosen Teichen ist ein regelmäßiger Wasserwechsel notwendig: erhöhter Nitratgehalt führt schnell zu Algenwuchs. Ein Wasserwechsel von 25% ist anzuraten.

Der Stickstoffkreislauf läuft gemäß folgender Darstellung ab:

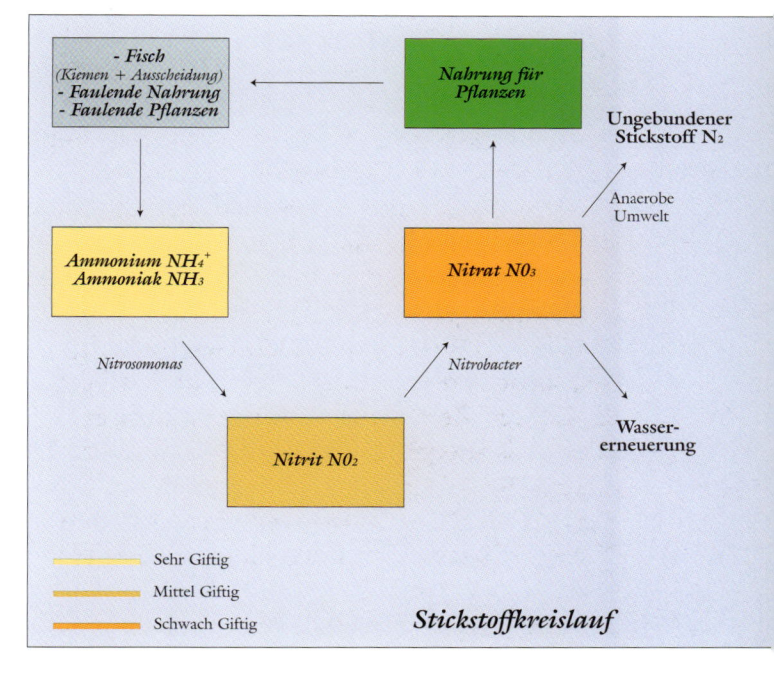

Stickstoffkreislauf

Unter welchen Umständen entwickeln sich Filterbakterien am besten?

Die nitrifizierenden Bakterien haften und wachsen auf den Filtermedien. Diese Filtermedien haben eine größtmögliche Oberfläche, sodaß möglichst viele Bakterien sich darauf ansiedln können. Die gebräuchlichsten Filtermedien sind poröse Steinchen, Japanmatten, Biokugeln usw.

Wasserqualität

Heut zutage verwendet man immer häufiger kleine Kunstoffkörner ("Beads"), die mittels Sauerstoffströmung in Bewegung gehalten werden.
Diese Beads besitzen eine Filteroberfläche von ca. 1500 m^2/m^3, was ein mehrfaches von Japanmatten darstellt.

'Beads'

Biologische Filter welche mit diesen Beads gefüllt sind, sind sehr einfach zu verwenden und pflegeleicht, reich an Sauerstoff, kompakt und energiesparend. Außerdem sorgen sie für eine gute mechanische Filterung. Tatsache ist, dass ein Teich ohne Filter bereits einen minimalen biologischen Filter besitzt, dank der nitrifizierenden Bakterien die sich auf Steinen, Boden und Wänden ansiedeln. Die meisten nitrifizierenden Bakterien befinden sich in den obersten Schichten des Filters, da sich hier der meiste Sauerstoff befindet. Einen guten Filter erkennt man an der guten Belüftung. Filterbakterien vermehren sich am besten an warmen dunklen Stellen und weniger gut an kalten hellen Orten.

Wie lange dauert es bis ein Filter gereift ist?

Im Gegensatz zu den meisten Bakterien, vermehren sich nitrifizierende Bakterien sehr langsam. Sie teilen sich nur alle 15 Stunden, während andere Bakterien sich alle zwei Stunden teilen.

Es ist wichtig zu wissen, das es ein (bei 25°C) bis zwei (bei 10°C) Monate dauern kann, bevor sich bei Süßwasser ein biologischer Filter vollständig entwickelt hat. (siehe Graphik). Während dieser Periode sind viele Krankheiten auf die schlechte Wasserqualität zurückzuführen ("Frisch angelegter Teich Syndrom"). Ein Filter erreicht erst nach einem Jahr die maximale Reife.
Um den Filter nicht zu überfordern, sollte man zu Beginn nicht zu viele Fische in den Teich einsetzen. Darüber hinaus darf man den Fischen in den ersten Wochen nicht zuviel Futter geben. Während dieser ersten kritischen Monate, muss man die Ammoniak-, Nitrit- und Nitrat-Werte des Wassers regelmäßig kontrollieren und nötigenfalls anpassen indem man Teilwasserwechsel durchführt.
Um den Reifeprozess des biologischen Filters zu beschleunigen, kann man ihn mit gefriergetrockneten Nitrifikationsbakterien/Enzymen oder mit Filtermaterial aus einem bereits gereiften Filter impfen. Mit der zuletzt genannten Methode besteht jedoch das Risiko ansteckende Organismen mit umzusiedeln.

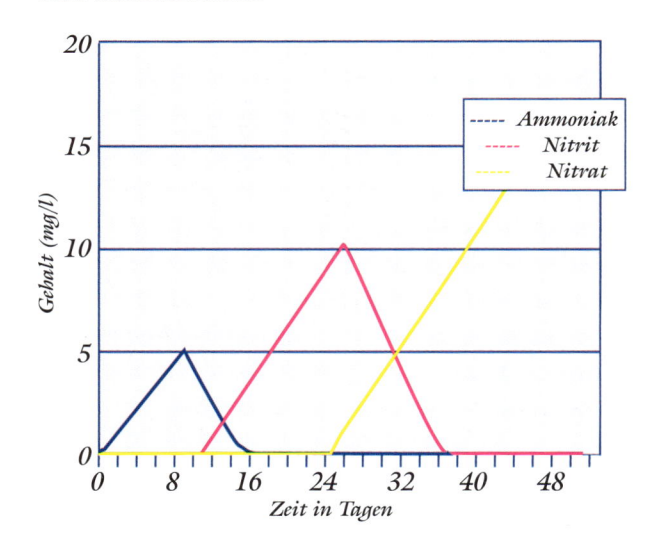

Graphik: Ammoniak-Gehalt, Nitrit und Nitrat im Laufe der Zeit. Bei 20°C erreicht das Ammoniak nach 12 Tagen, das Nitrit erst nach 34 Tagen seinen Höchststand. Der Nitratgehalt beginnt nach einem Monat zu steigen.

Wasserqualität

Ist ein gereifter biologischer Filter sehr pflegeaufwendig?

Ein gut gereifter, biologischer Filter muss selten oder nie gereinigt werden. Sollte man es aber doch als notwendig erachten, dann darf man es nie zu gründlich machen und auch nie alle vorhandenen Filtermaterialien auf einmal säubern, da die nitrifizierenden Bakterien ansonsten weggespült werden. Für die Filterreinigung sollte man in jedem Fall nur Teichwasser verwenden. Reinigungsmittel und stark chlorhaltiges Leitungswasser töten die nitrifizierenden Bakterien.

Wie groß muß ein biologischer Filter sein?

Heutzutage werden die Filtermaterialien immer poröser (siehe oben). Hierdurch erhält man mit kleineren Filtern eine größere Leistungsfähigkeit. Ein guter biologischer Teichfilter besitzt ca. 20% der Wasseroberfläche und besteht meistens aus verschiedenen Kammern. Eine optimale Pumpkapazität hat man, wenn das Wasser mindestens einmal in drei Stunden das Filtersystem durchfließt.

Muss der biologische Filter im Winter weiterlaufen?

Es ist besser den Filter im Winter nie ganz auszuschalten. Wenn Wasser nicht bewegt wird gefriert es schneller. Darüber hinaus sterben die aeroben nitrifizierenden Bakterien bereits nach ein paar Stunden aufgrund des Sauerstoffmangels ab. Nach dem Winter haben wir einen 'abgestorbenen' Filter, der hauptsächlich aus anaeroben Bakterien besteht. Diese Anaeroben Bakterien bilden das sehr giftige H_2S- Gas. Dieses Gas hat den typischen "faule Eier Geruch" und verursacht Atembeschwerden, in höherer Konzentration ist es sogar tödlich. Wenn man diesen Geruch bemerkt muss sowohl der Teich als auch der Filter gründlich gereinigt werden.

Die Größe des benötigte Filtersystems hängt stark von der Anzahl der Fische im Teich ab!

Welche Auswirkungen können Arzneimittel auf den biologischen Filter haben?

Einige Arzneimittel, wie z.B. Methylenenblau vernichten die nitrifizierenden Filterbakterien. Vor allem die Anwendung von Antibiotikum ist für den biologischen Filter sehr schädlich. Unter anderem ist dies ein guter Grund beim Einsatz von Medikamenten zurückhaltend vorzugehen. Es ist unabdingbar die richtige Diagnose zu stellen und nur dann Medikamente zu verwenden, wenn dies wirklich notwendig ist. Eine präventive medikamentöse Behandlung ohne vorhergehende mikroskopische Untersuchung, ist aus diesem Grund abzulehnen.

GIFTIGE STOFFE

Koihalter erzählen oft die Geschichte vom bösen Nachbarn, oder anderen Feinden, die ihre Fische vergiftet haben. Meistens ist diese nicht wahr. Über die Hälfte dieser Fälle, bei denen plötzlich großes Fischsterben auftritt, ist auf schlechte Wasserqualität zurückzuführen (Ammoniak, Sauerstoff). In einigen Fällen jedoch ist eines der in der Folge beschriebenen Gifte im Teich vorhanden.

Wie kann man eine Vergiftung erkennen?

Eine starke Vergiftung verursacht Massensterben ohne vorhergehende Symptome. Das ist meistens auf die Verbrennung der Kiemen und der oftmals damit einhergehenden Sauerstoffknappheit, durch das Gift selbst, zurückzuführen. Eine niedrigere Dosis kann verschiedene unspezifische Symptome verursachen:
- Atembeschwerden aufgrund einer Schädigung der Kiemen
- Verhaltens- und Gleichgewichtsstörungen aufgrund des angegriffenen Nervensystems
- Schwellung von Bauch (Ascites, Bauchwassersucht) und Augen (Exoftalmie, hervorquellende Augen) durch eine gestörte Osmoregulation
- Hautschädigung und Farbverlust
- Schlechtes Wachstum und verminderte Fortpflanzungsfähigkeit
- Missbildungen und Tumore
- Reduzierung des Immunsystems…

Wie gewinnt man Proben fürs Labor?

Vermutet man eine Vergiftung sollte man schleunigst eine Wasserprobe entnehmen und diese in einem darauf spezialisierten Labor untersuchen lassen. Um eine bestmögliche Analyse zu erhalten, muss die zuvor ausgespülte Flasche bis zum Flaschenhals gefüllt werden. Es darf keine Luft mehr vorhanden sein. Man muss mindestens einen Liter abfüllen. Die Flasche sofort einschicken oder für maximal einige Stunden im Kühlschrank aufbewahren. Die verstorbenen Fische müssen sofort eingefroren werden, um sie danach histopathologisch und toxikologisch untersuchen zu lassen.

CHLOR/CHLORAMIN

Chlor und Chloramin (=Chlor + Ammoniak) benutzt man um das Trinkwasser zu desinfizieren. Im Durchschnitt liegen dieser Wert zwischen 0.5 und 2 mg/l. Diese Werte können jedoch schwanken. Das Wasserwerk kann aus Angst vor einer drohenden Verseuchung des Trinkwassers den Chlorgehalt im Leitungswasser so erhöhen, dass es für die Fische gefährlich ist. **Gewöhnlich ist der Chlorgehalt im Leitungswasser im Sommer am höchsten, da das Risiko der Wasserverseuchung gerade dann am höchsten ist.** Obwohl für den Menschen ziemlich unschädlich, reagieren karpfenartige Fische auf einen erhöhten Chlorgehalt sehr stark.

Ab welcher Dosis ist Chlor gefährlich?

Bei einer Dosis von über 10 mg/l sterben die Koi innerhalb einiger Stunden infolge von Kiemen- und Hautverbrennung. Ein Wert von 1 mg/l kann tödlich sein, wenn diese Dosis über mehrere Wochen vorhanden ist. Ein geringer Gehalt von 0.01 mg/l kann bereits chronischen Stress verursachen. Die Fische verlieren ihre Farbe und auch das Kiemengewebe verblasst. Ideale Chlorwerte liegen unter 0.002 mg/l.

Zusammenhang mit anderen Wasserparametern.

Die Giftigkeit von Chlor steigt bei:
- höher Temperatur
- niedrigem pH-Wert
- niedrigerem Sauerstoffgehalt
- hoher organischer Wasserverschmutzung

Was kann man bei einer Chlorvergiftung unternehmen?

All zu oft kommt es vor, das der Chlorgehalt nach einem größeren Wasserwechsel oder in einem neu gefüllten Teich gefährlich hoch ist. Dies veranlasst die Fische in Folge der Kiemenschädigung an der Oberfläche nach Luft zu schnappen. Damit das Chlor ausdünstet, muss man den neu gefüllten Teich erst einige Tage gut belüften und das Wasser umwälzen lassen, bevor man die Fische einsetzt. Die beste Möglichkeit ist jedoch das Wasser beim befüllen des Teiches aus einer größeren Höhe in den Teich sprühen zu lassen. Auf diese Weise ist das Wasser maximal der Luft ausgesetzt, wodurch das Chlor noch schneller verdunsten kann. Außer der Belüftung oder Filterung über Aktivkohle, kann man auch Natriumsulfat (Na_2SO_4) ins Wasser geben. Dieses entchlort das Wasser sofort. Beim Gebrauch von Na_2SO_4 muss man jedoch beachten, dass nach dem Entchloren von Chloramin Ammoniak austritt (= Chlor + Ammoniak). Dieses kann wiederum mit Zeolith entfernt werden.

METALLE

Wie gefährlich ist eine Kupfervergiftung?

Kupfer ist für den Fisch nur in kleinen Mengen notwendig um Enzyme zu produzieren. Eine Vergiftung kann durch Medikamente (Kupfer-

Klarer Fall von Eisenverunreinigung... Das hält kein Fisch aus.

sulfat), Anti-Algenmittel, einen zu hohen Kupfergehalt des Grundwassers oder durch kupferne Wasserleitungsrohre (Boiler) verursacht werden. Messungen haben ergeben, dass in den ersten einige hundert Litern Leitungswasser, ein Kupfergehalt von bis 2 mg/l vorhanden sein kann. Danach sinkt er auf 0.01 mg/l. Darum sollte man vor allem bei kleinen Teichen oder Aquarien das Wasser aus der Leitung in den Abfluss fließen lassen und erst dann an die Befüllung gehen. Wenn das Wasser weich und mehr im sauren Bereich ist wirkt Kupfer giftiger. In hartem Wasser wird das vorhandene Kupfer durch die zahlreichen Karbon-Ionen gebunden. Durch diese Verbindung verliert das Kupfer seine Giftigkeit. Ab 0.1 mg/l kann Kupfer für Koi bereits giftig sein. Je jünger ein Koi, desto empfindlicher ist er gegen Kupfer. Die Schädigung findet vor allem in der Leber, Niere und den Kiemen statt, was eine verminderte Sauerstoffaufnahme zur Folge hat. Darüber hinaus sorgt Kupfer für eine allgemeine Verschlechterung des Immunssystems. Außer durch Wassererneuerung und Absorbierung (Anlagerung) durch Aktivkohle, kann man den Kupfergehalt verringern, indem man Chelatoren (wie z.B. EDTA) hinzufügt. Das vorhandene, freie Kupfer wird dadurch sehr schnell gebunden.

Wasserqualität

Wie gefährlich ist eine Eisenvergiftung?

Stellen sie sich die Frage, ob die verwendeten Materialien auch zusammenpassen und fischverträglich sind.

Bei Fischen spielt Eisen eine große Rolle bei der Produktion von Hämoglobin, das für die Sauerstoffaufnahme wichtig ist. Pflanzen benötigen Eisen für die Produktion von Chlorophyll. Leitungswasser enthält praktisch kein Eisen. Außerdem wird Eisen schnell durch Sauerstoff gebunden, wodurch es ausgelöst wird. Das benötigte Eisen erhält der Koi durch das Futter. Ab 0.2 mg/l kann Eisen giftig sein, vor allem in weichem und saurem Wasser. Bei erhöhtem Eisengehalt, wird das Wasser bräunlich. Das kommt oft bei Grundwasser vor. Außer einer sofortigen, giftigen Wirkung auf die Kiemen und die inneren Organe, verdrängt Eisen auch andere Spurenelemente wie z.B. Mangan.

Welche anderen gefährliche Metalle gibt es?

Untersuchungen haben ergeben, daß Vergiftungen mit Blei, Quecksilber (Farbdämpfe, zerbrochenes Thermometer), Zink (galvanisierter Behälter), Chrom oder Kadmium das Immunsystem schädigen (Girard, 1993). Diese Schwermetalle kann man nur durch spezielle Untersuchungen feststellen.

PESTIZIDE/HERBIZIDE

Manchmal verwenden Wasserwerke für kurze Zeit eine minimale Dosis an Insektiziden, um die Wasserlaus in den Leitungen zu bekämpfen. Diese Dosis kann für Fische bereits schädlich sein.
Eine weitere Gefahr geht oft vom Nachbarn oder Landwirt aus, der in der direkten Umgebung des Teiches düngt.
Nach starkem Regenfall gelangen diese organischen Phosphate in den Teich. Darüber hinaus gelangen Pestizide ins Grundwasser. In hoher Konzentration verursachen diese Pestizide Lähmungen oder führen direkt zum Tod. Bei niedrigeren Konzentrationen, reichern sich die Pestizide in den Organen an und verursachen Wachstumsstörung, Fruchtbarkeitsstörung oder Missbildungen wie z.B. Krümmung der Wirbelsäule. Vor allem Orfen sind da sehr empfindlich.

Krümmung der Wirbelsäule

HEILMAßNAHMEN

Bevor man Medikamente anwendet, muss man die Wasserqualität und die Kondition der Fische kontrollieren. Viele Heilmittel, wie z.B. Formaldehyd schädigen direkt die Kiemen, können indirekt auch den Sauerstoffgehalt des Wassers verringern. Das bedeutet, dass die richtige Dosis bei sehr geschwächten Fischen, oder bei schlechter Wasserqualität doch giftig sein kann. Darum ist es auch sehr wichtig, während der Behandlung das Wasser zusätzlich mit Sauerstoff anzureichern.

Wasserqualität

Die Giftigkeit von Heilmitteln hängt vom Sauerstoffgehalt, der Temperatur, dem Säuregrad und der Härte des Wassers ab. So ist z.B. eine Wasserbehandlung mit 10 mg/l Chloramin T vollkommen ungefährlich bei 10°C, einem hohen pH-Wert (8) und einer hohen Wasserhärte (15°dH). Dieselbe Wasserbehandlung dagegen bei 20°C, einem niedrigen pH-Wert (6) und einer niedrigen Wasserhärte (4) ist tödlich. Auch die Kombination von bestimmten Mitteln (z.B. Formaldehyd und Kaliumpermanganat) ist oft sehr giftig. Bei anderen Mitteln hängt die Giftigkeit von ihrer Verabreichungsform ab. So ist das Antibiotikum Oxytetracyclin giftig für die Leber wenn dieses in die Bauchdecke injiziert wird, obwohl es im Futter nicht giftig ist. Andere Antibiotika dagegen wie Gentamicin und Sulfonamid, sind für die Niere sehr giftig.

SONSTIGE GIFTE

Durch die zunehmende Verschmutzung durch Gewerbe und Haushalte, kommen in unserem Grundwasser bestimmte Gifte vor. Sie greifen die Schleimhaut des Fisches an, wodurch dieser noch anfälliger wird für Infektionen. Zufallsverunreinigungen, Unfälle usw.... führen oft zu direktem Massensterben. So wurden in Koi-Teichen bereits verschiedene Gifte vorgefunden, von Rattengift oder PCB bis Waschmittel, Öl, ...

Ein gesunder Teich ist wirklich das schönste.

Anatomie und Physiologie des Koi

Anatomie und Physiologie

2. ANATOMIE UND PHYSIOLOGIE DES KOI

Um bestimmte gesundheitliche Probleme besser zu verstehen, ist es notwendig sich etwas intensiver mit der Anatomie und Physiologie des Koi zu befassen. Der Ursprung des Koi ist der Wildkarpfen (*Cyprinus carpio*).

ÄUSSERE ANATOMIE

Der Koi hat sieben Flossen, eine einzelne Brustflosse, eine Schwanzflosse, eine Afterflosse, sowie ein Paar Brustflossen und ein Paar Bauchflossen. Die Lachsartigen (z.B. Forelle,...) erkennt man an der zusätzlichen "Fettflosse" zwischen der Rückenflosse und der Schwanzflosse. Die Flossen sind für den Fisch von gravierender Wichtigkeit, um im Wasser das Gleichgewicht zu halten. Direkt vor der Afterflosse befinden sich die getrennten Öffnungen des Anus, der Geschlechtsorgane und der Harnwege. Der Kiemendeckel oder Operculum ist eine harte, knochenartige Platte, die das Kiemengewebe schützt und den Mechanismus der Atmung regelt.

Barteln und Nasenlöcher

Was ist über die Sinnesorgane des Koi bekannt?

Koi besitzen zwei Paar Barteln in verschiedenen Längen. Dies hilft sie von Goldfischen zu unterscheiden, die keine Barteln haben.
Die Barteln sind mit Geschmacksknospen besetzt. Um das Futter damit besser aufzuspüren, wühlen die Koi im Grund. Die paarigen Nasenlöcher sind durch eine u-förmige Röhre miteinander verbunden. Sie sind mit Geruchsnerven besetzt. Aus diesem Grund finden die Koi ihr Futter immer problemlos. Koi bemerken Bewegungen mit den Augen. Sie können ihre Augen unabhängig voneinander in jede Richtung drehen. Da Fische keine Augenlider haben, schlafen sie mit offenen Augen. Fische sollen hauptsächlich die Farben gelb und grün am besten unterscheiden können. Das Augenlicht ist trübe, aber es wird nicht zur Futtersuche benötigt. Auch blinde Fische finden sofort ihr Futter, da das Geruchsorgan hierbei eine wichtigere Rolle spielt. Fische haben kein äußeres Ohr. Durch Geräusche verursachte Schwingungen werden von der Schwimmblase erkannt und über die 'Weberknöchelchen' zum Innenohr weitergeleitet.

An beiden Seiten des Rumpfes befinden sich eine Reihe von Schuppen, die mit dem Nervensystem der Fische verbunden sind. **Über diese Seitenlinie erkennt der Fisch Ton- und Druckänderungen, was für seine Richtorientierung im Wasser wichtig ist.**

Anatomie und Physiologie

Welche Funktion hat die Haut?

Der gesamte Körper des Fisches ist mit einer Schleimschicht bedeckt. Diese Schleimschicht besteht aus abgestorbenen Zellen, Zellmaterial und Schleim. Außerdem enthält er Abwehrstoffe (IgM) und Lysozyme, was eine antibakterielle Wirkung hat. Wenn diese Schleimschicht geschädigt wird, tritt häufig eine Hautinfektion auf. Es ist also wichtig, daß man beim Umgang mit den Fischen diese Schleimschicht nicht schädigt. Außer der Abwehr gegen Infekte hat die Schleimhaut auch noch einige andere Funktionen wie z.B. das geschmeidige und hydrodynamische Bewegen im Wasser. Unter der Schleimschicht befindet sich die Haut. Diese besteht aus 3 Teilen, nämlich aus Epidermis, Dermis und Hypodermis. Die Epidermis besteht aus Epithelzellen, die den Fisch "wasserdicht" machen. Diese Epithelzellen teilen sich oft und schnell, wodurch eine Wunde schneller heilt. Neben den Epithelzellen enthält die Epidermis noch andere wichtige Zellen:
- "Schleimbecherzellen", welche Schleim erzeugen
- Alarmzellen, die bei einer Schädigung der Haut "Alarm geben",
- weiße Blutzellen die bei einer Entzündung anzahlmässig stark zunehmen.

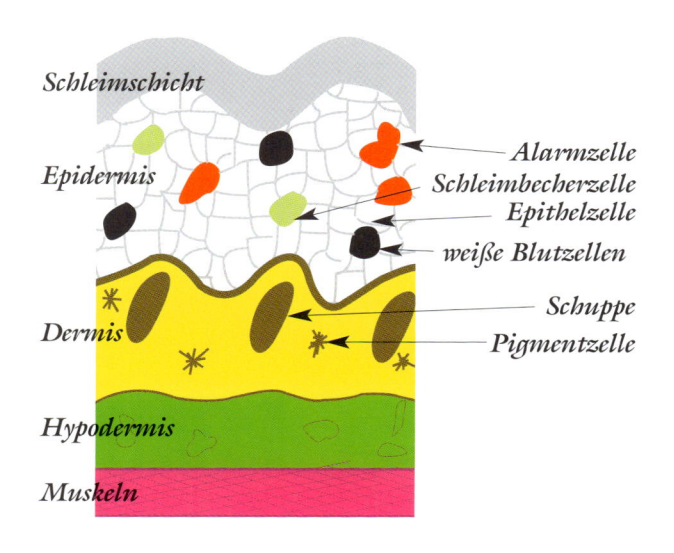

Schematische Darstellung der Haut

Die Dermis besteht aus einer festen, faserigen Struktur, die u.a. Pigmentzellen enthält. Die Schuppen wachsen aus dieser Dermis. Ein Koi besitzt ca. 1.200 Schuppen. Wenn eine Hautschädigung die Dermis durchbohrt, wird an dieser Stelle auch keine neue Schuppe mehr wachsen.
Die Hypodermis hat eine weichere Struktur und verbindet die Haut mit den darunterliegenden Muskeln bzw. Knochen. In Folge dieser weichen, gut durchbluteten Struktur, kann sich eine bakterielle Infektion hier leicht ausbreiten.

Was entscheidet über die Farbe des Koi?

Die Pigmentzellen in der Dermis sind ausschlaggebend für die Farbgebung des Koi. Es gibt vier verschiedene Arten von Pigmentzellen:
- Die Melanophoren sind für die schwarze und braune Farbgebung zuständig.
- Die Erythrophoren beeinflussen die rote und orange Farbgebung.
- Die Xanthophoren steuern die gelbe Farbgebung.
- Die Iridophoren enthalten keine Farbpigmente, sondern Kristalle die im Licht reflektieren und zu Glanzschuppen führen ("ginrin").

Diese Pigmentzellen arbeiten hauptsächlich auf genetischer Basis. Sie sind aber auch abhängig von Umgebungsfaktoren wie Wasserqualität und Futter.

Welchen physiologischen Nutzen haben die Muskeln?

Unter der Haut befinden sich die Muskeln. Diese Muskeln bestehen hauptsächlich aus weißen Muskelfasern, die wenig durchblutet sind. Nur in der Nähe der Flossen finden wir gut durchblutete rote Muskelfasern. Dies zu wissen ist wichtig, da man an dieser Stelle die Spritzennadel ansetzen muss, um Arzneimittel zu spritzen, welches dann in den Blutkreislauf gelangen kann. Außerdem sollte man beim Spritzen darauf achten, daß die Nadel zwischen zwei Schuppen injiziert wird, um die Haut so wenig wie möglich zu schädigen.

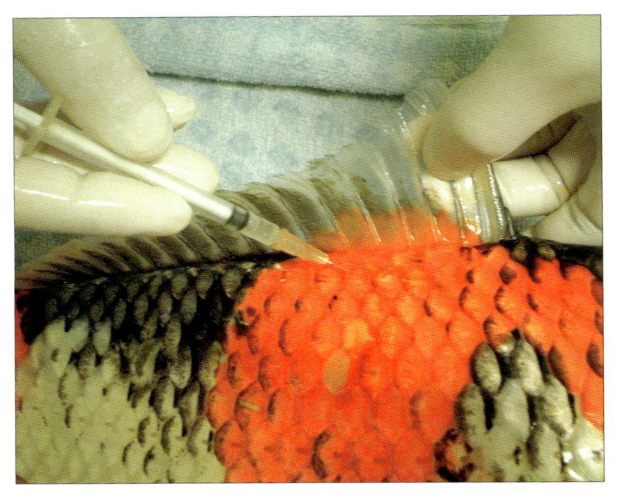

Anatomie und Physiologie

Intramuskuläre Injektion in den Rückenmuskel

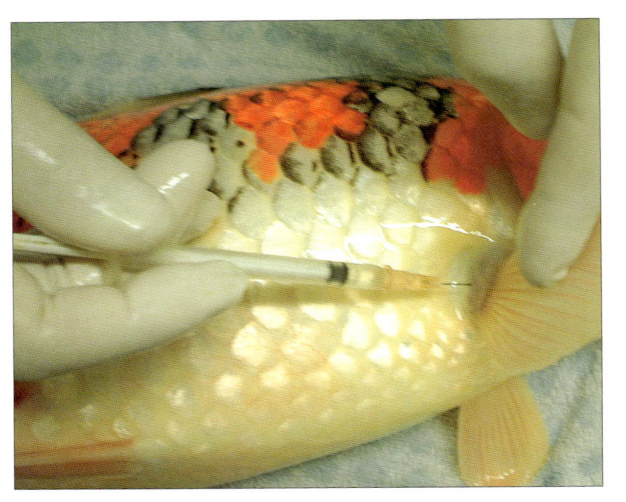

Intramuskuläre Injektion in Höhe der Brustflosse

Kann man Männchen und Weibchen äußerlich unterscheiden?

Bei einem Koi der kleiner als 20 cm ist, ist eine Unterscheidung kaum möglich.
Bei geschlechtsreifen Fischen kann man einige Unterschiede erkennen.

- Ein Weibchen wird größer und voluminöser, vor allem während der Sommermonate, wenn der Unterleib durch die Laichbildung schwillt.
Der Bauch fühlt sich etwas weicher an. Männchen dagegen, behalten ihre Stromlinienform. Ein Männchen überschreitet nur selten die 70 cm-Grenze.
- Generell sind die Farben der Männchen intensiver und besser entwickelt.
- Während der Fortpflanzungszeit bildet sich bei den Männchen Laichausschlag am Kopf und an den Brustflossen. Diese kleinen Knoten werden oft zu Unrecht als "Weiße Pünktchenkrankheit" angesehen. Um das Geschlecht zu bestimmen, nehmen wir die Brustflosse zwischen Daumen und Zeigefinger und bewegen sie hin und her. Wenn es sich glatt anfühlt, handelt es sich um ein Weibchen. Fühlt es sich rau an, dann ist es ein Männchen. Diese Technik wird in Japan oft bei zweijährigen Koi angewendet. Ab diesem Alter ist das Männchen geschlechtsreif und hat diese Knötchen ausgebildet.

- Die Kiemendeckel sind beim Männchen rauer als beim Weibchen.
- Das Männchen hat lange und spitze Brustflossen. Weibchen besitzen meistens kürzere und rundere Brustflossen.
- Das Männchen hat ein schmaleres Maul als das Weibchen.
- Die Harn- und Geschlechtsöffnung ist beim Weibchen T-förmig, während sie beim Männchen I-förmig ist.

Ungefähr 5% der Koi sind Hermaphrodit (Zwitter), da sie sowohl männliche (Testikel) als auch weibliche (Ovarium) Geschlechtsorgane besitzen. Manchmal können sich diese Koi selbst fortpflanzen.

Wie groß kann ein Koi werden?

Große japanische Koi (Chagoi, Magoi) überschreiten oftmals die Metergrenze.
Es hängt viel von der Blutlinie ab. Es gibt einige Merkmale, an denen man einen Koi erkennen kann, welcher noch erheblich wachsen wird. Je weiter die Brustflossen hinten am Rumpf liegen und je größer der Kopf ist, desto größer ist das Wachstumspotential.

Wie alt kann ein Koi werden?

Ein Koi kann unter idealen Bedingungen bis

Anatomie und Physiologie

zu 75 Jahre alt zu werden.
Ein Goldfisch wird nur 25 Jahre alt.
In den Japanischen Mudponds werden die Koi älter als in unseren mehr oder weniger künstlichen Teichen. Das exakte Alter eines Koi kann man erkennen, indem man die Wachstumslinien auf den Schuppen zählt. (sieh unten)

INNERE ANATOMIE

ein Koi zeitweilig das Futter wieder ausspuckt. Das kann durch den Wechsel der Schlundzähne verursacht werden.

Hat der Koi einen Magen?

Bei Larven und bei 15% aller erwachsenen Fische fehlt der Magen. Der Koi besitzt keinen Magen. Verdauungsenzyme werden im leicht verdickten Teil zwischen Speiseröhre und Darm gebildet. Diesen Teil kann man als einen "physiologischen Magen" ansehen. Bei Fischen wird nicht nach Dünn- oder Dickdarm unterschieden. Die Darmlänge bei einem ausgewachsenen Koi entspricht ungefähr dreimal seiner Körperlänge.

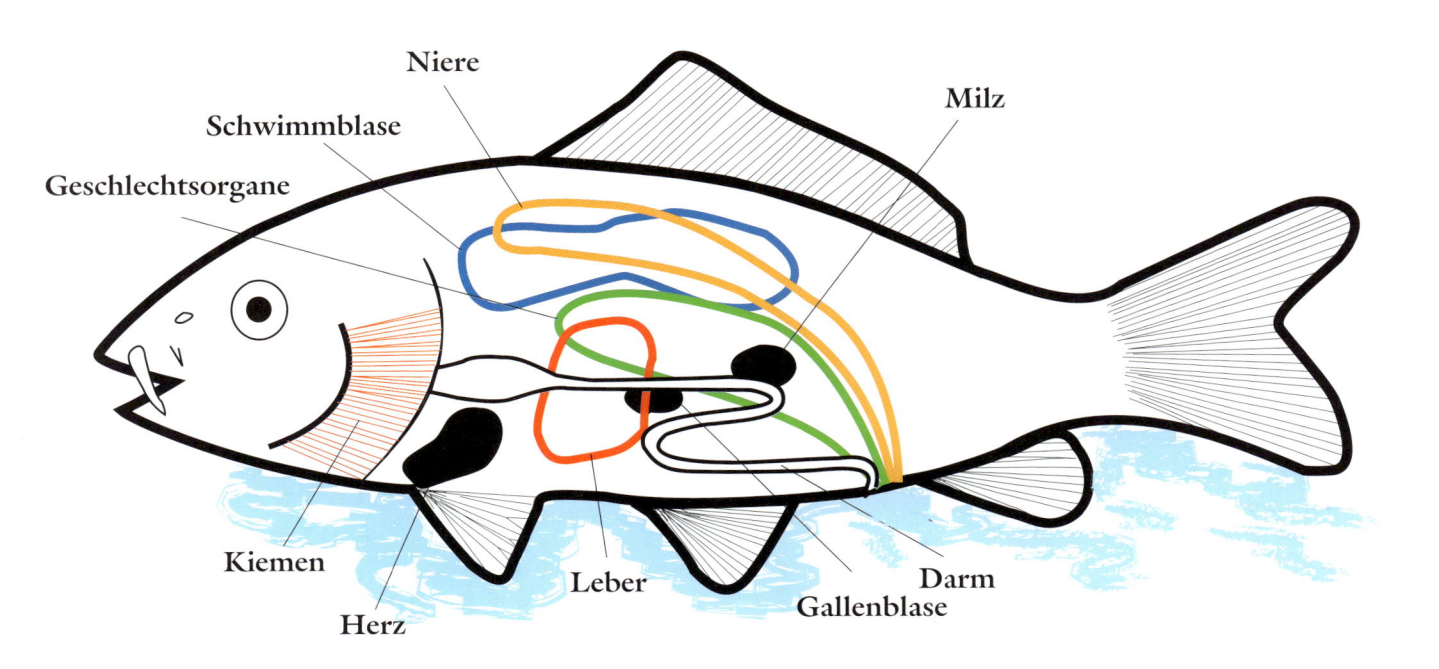

Hat ein Koi Zähne?

Ein Koi hat keine Kieferzähne, jedoch hunderte kleiner Schlundzähne, mit denen er die Nahrung zermahlen kann. Diese Zähne fallen aus und wachsen laufend neu nach. In klaren Teichen kann man sie auf dem Boden liegen sehen. **Manchmal passiert es, das**

Leber, Gallenblase und Pankreas.

Die Leber besteht aus verschiedenen Lappen, deren Größe bei jedem Fisch unterschiedlich ist. Die Farbe liegt normal zwischen braun bis rotbraun. Eine Fettleber hat einen blasseren Farbton. Außer der Hormonbildung und der Speicherung von

Röntgenfoto der Zähne   Rachenzähne   Zahnbogen

41

Anatomie und Physiologie

Glykogen und anderen Nahrungsstoffen, werden hier u.a. auch die geschädigten roten Blutzellen zersetzt, wodurch Galle produziert wird. Die Gallenblase ist mit grünem Gallensekret gefüllt und stellt die Verbindung zwischen Leber und Darm her. Bei abgemagerten Fischen ist die Gallenblase stark geschwollen. Sie kann dabei bis zum 20-fachen ihres normalen Volumens schwellen.

Stark vergrößerte Gallenblase (7 cm) bei einem Koi von 60 cm der 10 Monate nichts gefressen hat. Die normale Größe dürfte bei diesem Koi nur 1-2 cm betragen

Der Pankreas des Koi ist ein selbständiges Organ, welches Verdauungsenzyme produziert. Der Pankreas breitet sich um den Darm herum aus.

Welche Funktion hat die Schwimmblase?

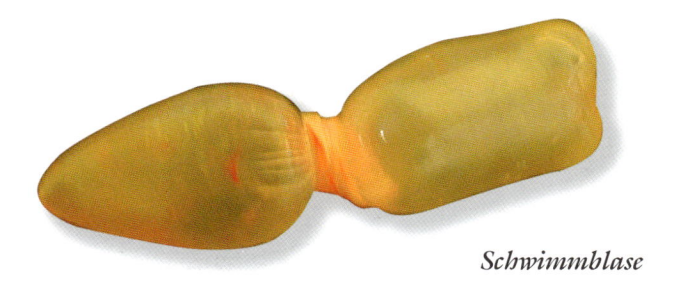

Schwimmblase

Die Schwimmblase ist eine mit Gas gefüllte Auswölbung des Darmkanals der Fische. Über ein kleines Verbindungsröhrchen zum Darm, dem Duktus Pneumaticus, regeln die Fische ihren Gasdruck, je nachdem in welcher Position sie sich im Wasser bewegen.
Bei einer Gasaufnahme der Schwimmblase steigt der Fisch im Wasser, strömt das Gas aus, sinkt er ab. Außerdem spielt die Schwimmblase bei der Atmung, der Weitergabe und Verstärkung von Schallwellen zum Innenohr eine wichtige Rolle.

Ductus Pneumaticus (Pfeil) Führt zu den Schwimmblasen

Beim Koi besteht die Schwimmblase aus zwei miteinander verbundenen Kammern. **Ein Fisch, welcher sich hauptsächlich auf dem Boden aufhält und nur mühsam eine gewisse Höhe erreicht, hat meist ein Schwimmblasenproblem.** Dieses kann auf eine Verstopfung des Verbindungsröhrchens, oder auf eine Entzündung der Schwimmblase zurückgeführt werden. Die Gourmets unter Ihnen werden wissen, dass die Schwimmblase des Karpfens in China als Leckerbissen betrachtet wird. Substanzen, welche aus ihr gewonnen werden, verwendet man um Wein und Bier klarer zu machen.

Fortpflanzungsorgane

Die Testikel sind die Fortpflanzungsorgane bei den Männchen und die Ovarien bei den Weibchen. Das Sperma der Männchen nennt man auch Hoden. Beim Weibchen kann man das ganze Jahr über Eier in den Ovarien finden, aber außerhalb der Laichzeit ist die Anzahl der fruchtbaren Eier sehr gering.

Anatomie und Physiologie

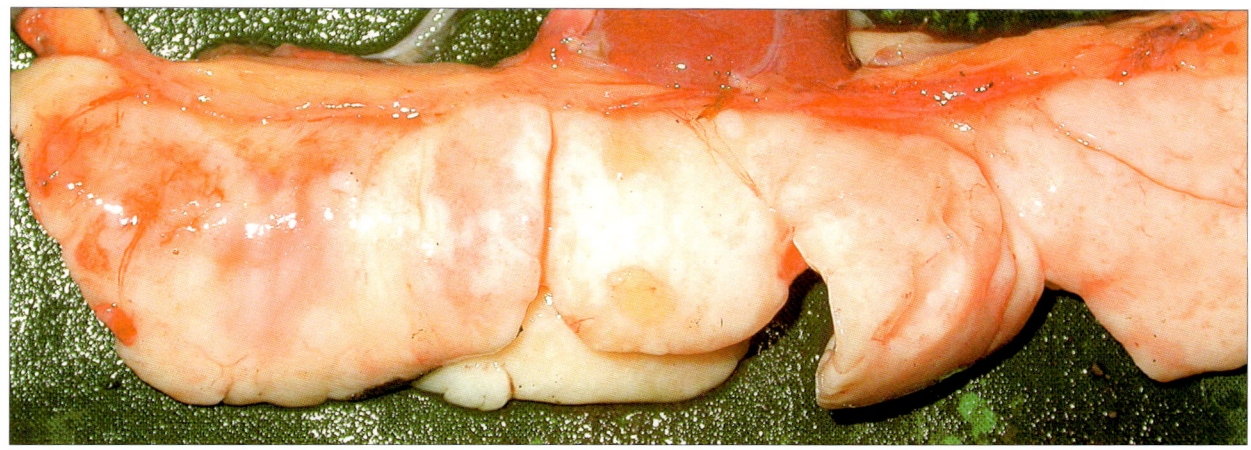

Testesgewebe

Direkt vor dem Laichen machen die Ovarien mehr als die Hälfte des Körpergewichtes der Weibchen aus.

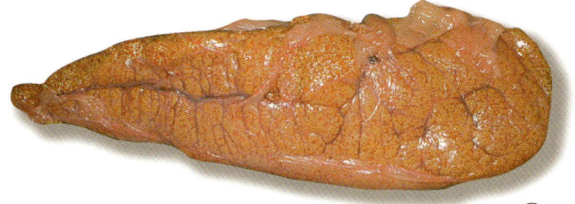

Ovarium

Blutkreislauf

Im Gegensatz zu den Säugetieren, haben Fische einen relativ unkomplizierten Blutkreislauf. Das Herz befindet sich genau hinter und unter den Kiemen. Man kann beim Koi eine Herzmassage vornehmen, indem man mit dem Daumen alle fünf Sekunden sanft auf den Bereich zwischen den Brustflossen drückt. Das Herz besteht aus vier Kammern, von denen vor allem die muskulöse Herzkammer für die Pumpkraft sorgt. Diese pumpt das sauerstoffarme Blut zu den Kiemen. Danach wird das dort mit Sauerstoff angereicherte Blut zum Gehirn und den anderen Organen geleitet. Die Blutzellen bilden sich in der Milz und im vorderen Teil der Niere. Die roten Blutzellen sind groß und haben einen Kern. Ungefähr 10% der Blutzellen sind weiße Blutzellen, die den Koi vor Entzündungen schützen. Der Koi besitzt keine Lymphknoten, hat aber ein ausgedehntes Lymphsystem, das ungefähr viermal soviel Volumen wie das Blut besitzt.

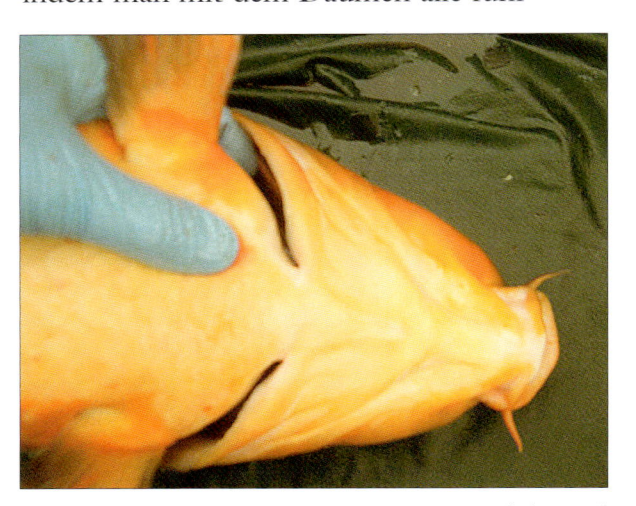

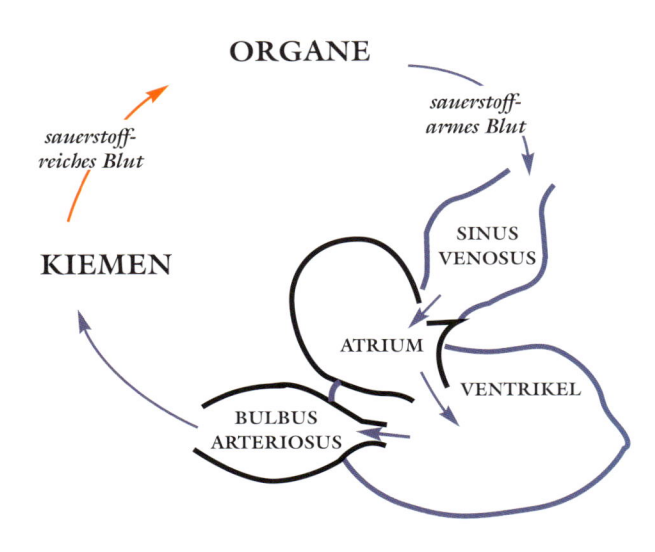

Herzmassage beim Koi

Anatomie und Physiologie des Herzes

Anatomie und Physiologie

Ausscheidung / Urinsystem.

Die Niere befindet sich ganz oben in der Bauchhöhle zwischen der Schwimmblase und der Wirbelsäule. Die zuvor beschriebene Bildung der Blutzellen geschieht im vorderen Nierenteil. Der hintere Teil ist für die Ausscheidung zuständig. Die Endstufe des Stoffwechsels beim Koi ist Ammoniak. Nun wundert es nicht mehr, dass die Ausscheidungen der Koi hauptsächlich aus Ammoniak bestehen. Zusammen mit den Kiemen spielen die Nieren eine entscheidende Rolle (siehe hier unten) in der osmotischen Regulation.

Atmungssystem und Osmoregulation.

Das Atmungssystem besteht aus vier verknorpelten Kiemenbögen an beiden Seiten, die durch einen Kiemendeckel bedeckt sind. Jeder Kiemenbogen besteht aus primären Kiemenfäden oder Lamellen, welche wiederum mit sekundären Lamellen bedeckt sind. Hierdurch entsteht eine große Oberfläche für das Atmungssystem. Der Sauerstoffaustausch erfolgt in den Sekundärlamellen. Gesunde Kiemen haben eine rote, glänzende Farbe. Blasse Kiemen können auf Blutarmut hinweisen. Bräunlich blasse Kiemen können von einer Nitritvergiftung herrühren.

eine Schädigung durch Medikamente oder Gifte. In chronischen Fällen löst sich das Kiemengewebe langsam auf. Bei einigen gefährlichen, bakteriellen (*Flavobacterium*) und viralen Krankheiten (*Koi Herpes Virus*) tritt Kiemenfäule auf. Hierbei erkennt man zerfressene, weiße Flecken auf dem Kiemengewebe.

An der Innenseite des Kiemendeckels, besitzt der Koi kleinere "Pseudokiemen",

Verschleimte Kiemen   Chronisch

die sich ebenso aus primären und sekundären Lamellen zusammensetzen. Die eigentliche Funktion dieser "Pseudokiemen" ist nicht bekannt, es wird jedoch vermutet, daß sie die Netzhaut des

Gesunde Kiemen   *Blasse Kiemen*   *Bräunlich blasse Kiemen*

Verschleimte Kiemen haben einen weißen Belag, und zwar hauptsächlich an den Kiemenspitzen. Dieser kann infolge einer parasitären Entzündung entstehen, ebenso durch schlechte Wasserqualität oder durch

Auges mit sauerstoffreichem Blut versorgen oder wegen der hohen Anzahl von Nerven eine sensorische Funktion haben. Neben der Sauerstoffaufnahme ist die Absonderung von Ammoniak ein wichtiger Prozess, der in

den Kiemen stattfindet. **Schätzungsweise 75% der Absonderung von Ammoniak des Koi erfolgt über die Kiemen. Eine weitere Funktion der Kiemen ist der osmotische Druckausgleich. Eine einfache Regel, um diesen Prozess besser verstehen zu können, ist der Satz: "Salze ziehen das Wasser an".**
Bei Salzwasserfischen wird das Wasser ständig aus dem Fisch gesaugt. Dies ist die

...te Kiemen   *Kiemenfäule*

Folge davon, daß Salzwasserfische ständig trinken, um ihren Wasserpegel im Gleichgewicht zu halten. Bei Süßwasserfischen, wie unseren Koi dagegen, stellt sich das Problem genau anders herum. Da ihre Kiemen spezielle Chloridzellen enthalten, welche dem Wasser aktiv Natrium und Chlorid entnehmen, enthält ihr Blut einen höheren Salzgehalt als das sie umgebende Wasser. Demzufolge wird das Wasser durch den osmotischen Druckausgleich ständig in den Fisch gesaugt. Süßwasserfische müssen also ständig über Niere und Kiemen Wasser ausscheiden. Haben Süßwasserfische Nieren- oder Kiemenprobleme, können sie das hereinkommende Wasser nicht mehr in genügender Weise abgeben. Das Ergebnis sind die typischen Schwellungen von Bauch (Ascites) und Augen (Exofthalmie). Hier empfiehlt sich die Zugabe von Salz (3 g/l), da es das Wasser aus dem Fisch zieht und die Schwellung auf diese Weise abnimmt. Die Nieren und Kiemen werden hierdurch

Anatomie und Physiologie

zeitweilig entlastet und man kann, sobald die Ursache des Problems entdeckt wurde, mit der richtigen Behandlung beginnen, (z.B. mit Antibiotikum) um die Fische zu heilen.

Wofür ist die Hypophyse zuständig?

Die Hypophyse oder Zirbeldrüse, liegt im vorderen Teil des Gehirns und produziert Hormone. Diese Drüse ist lichtempfindlich. Wenn sich die Tage verlängern, bildet sie mehr Hormone die das Wachstum und die Fortpflanzung fördern.

Kann ein Fisch Schmerz empfinden?

Verschiedene Studien haben ergeben, daß Fische Schmerznerven besitzen und somit auch Schmerz empfinden können. Die gleichen Untersuchungen haben jedoch auch ergeben, daß Fische über keinen *Spinus Thalamicus* verfügen. Bei Säugetieren ist dieser das empfindlichste Schmerzzentrum. Da auch die anderen Schmerzzentren nicht so stark ausgeprägt sind, wird ein Fisch den Schmerz wahrscheinlich weniger intensiv erleben. Oft schwimmen Koi mit tiefen Wunden noch in der Gruppe mit und fressen auch sehr gut. Menschen mit vergleichbaren Verletzungen hätten mehr Beschwerden und man würde ihnen das auch ansehen. Im Innern hat der Koi eine gute Benervung. Ein Koi mit einem innerlichen Problem, hat demzufolge schlimmere Schmerzen als ein Koi mit z.B. einem äußerlichen Geschwür.

Ist ein Koi lernfähig?

Ein Koi lernt schnell aus praktischen Erfahrungen. Es ist sehr einfach einem Koi beizubringen aus der offenen Hand zu fressen oder ein automatisches Futtergerät einzuschalten. Negative Erfahrungen werden jedoch genauso verzeichnet. Die Chance einen bereits einmal gefangenen Karpfen nach einem Jahr noch einmal zu fangen ist viermal geringer als die Chance, einen unerfahrenen Karpfen zu fangen.

Diagnose und Untersuchung

3. DIAGNOSE UND UNTERSUCHUNG

In diesem Kapitel möchte ich aufzeigen, wie kranke Fische untersucht werden, wie man mit der richtigen Technik Proben sammelt, um zu einer erfolgreichen Diagnose zu gelangen und eine erfolgreiche Behandlung zu erreichen. **Ein Hausbesuch beim Teichbesitzer bietet enorm viele Vorteile.** Hierbei kann man außer dem kranken Fisch auch die Umgebung sowie die anderen Fische untersuchen, wodurch man das Problem besser erkennen kann. Außerdem verhindert man auf diese Weise zusätzlichen Stress für den kranken Fisch durch Transport und Wasserschwankungen (Temperatur, Ammoniak, Sauerstoff, …). Außerdem entweichen einige Krankheitskeime dem gestressten Fisch während des Transports, sodaß dadurch eine richtige Diagnose nicht mehr gestellt werden kann.

EINLEITENDE UNTERSUCHUNG

Fragen, welche sich während der Anamnese stellen.

Während der Anamnese oder dem Erfragen der Krankengeschichte versucht man herauszufinden, worauf das Problem zurückzuführen ist. Folgende Fragen stellen sich:
- Wie lange besitzt der Koihalter den Fisch bereits?
- Hat er vor kurzem neue Fische oder Pflanzen gekauft?
· Welche Symptome gibt es?
· Wie lange besteht dieses Problem bereits?
· Wieviele Fische sind bereits betroffen?
· Wieviele Fische sind bereits gestorben?
· Wurden die Fische bereits behandelt, wenn ja mit welchem Medikament?
· Wie verhalten sich die Fische?
· Welches Filtersystem haben Sie und wie ist die Wasserqualität?
· Gab es kürzlich Veränderungen im Umfeld des Teiches?

Was kann man aus der Verhaltensbeobachtung und der äußerlichen Untersuchung der Fische lernen?

Wenn man das Verhalten der Fische einige Minuten beobachtet, kann man hieraus bereits viel ableiten. Hier einige Verhaltenweisen, die auf eine Krankheit schliessen lassen:
· Schlechter Appetit
· Absondern von der Gruppe
· Regelmäßiges abstreifen und kratzen, aus dem Wasser springen oder durch das Wasser schießen
· Beschleunigtes und unregelmäßiges Luft schnappen an der Wasseroberfläche oder beim Filtereinlauf
· Flossen am Körper halten ("Flossenkneifen")
· Verlust des Gleichgewichtes
· Träges oder apathisches Verhalten

Wenn man den kranken Fisch äußerlich untersucht, erkennt man viele Krankheitserscheinungen:
· Geschwüre oder Flossenfäule
· Blasse oder bräunliche Kiemen
· Übermäßige Schleimbildung (weißer Film)
· Weißgraue Flecken oder Tupfen auf der Haut oder auf den Kiemen
· Verlust oder Intensivierung der Farbe
· Geschwollener Bauch (Ascites), abstehende Schuppen
· Hervortretende Augen (Exophtalmie), eingefallene oder trübe Augen
· Abmagerung
· Punktblutungen oder Aderlöchchen (= kleine Blutadern im Hautbereich)
· Geschwüre, krummer Rücken, offenstehender Mund und andere Mißbildungen.

Diagnose und Untersuchung

All diese Verhaltensänderungen und äußerlichen Krankheitsbilder sind nicht typisch für eine bestimmte Krankheit. In diesem Buch werden die möglichen Ursachen für jedes dieser Symptome ausführlich erläutert.

Welche Umgebungsfaktoren werden untersucht?

Das Entstehen einer Krankheit erfordert oft das Zusammentreffen verschiedener Umgebungsfaktoren. Zuerst wird die Wasserqualität untersucht (siehe Kapitel I: Wasserqualität).

Hat dieser Filter stillgelegen oder wurde er kürzlich gereinigt? Einige weitere Umgebungsfaktoren können Krankheiten verursachen:
- Schlechte Teichform (ruhende Zonen ohne Wasserströmung) oder die Position des Teiches (Bäume, …)
- Überbesetzung
- Reiher oder Katze
- Arbeiten am Teich, Schall, Schwingungen
- Umweltgifte
- verrottetes Futter...

Ein Mikroskop ist für den Koiliebhaber unentbehrlich

Eine gute Wasserqualität zum Zeitpunkt des Krankheitsausbruchs, bedeutet noch lange nicht, daß diese zuvor optimal gewesen ist. Oft erkranken Fische infolge einer vorherigen schlechten Wasserqualität oder aufgrund großer Qualitätsschwankung derselben. Ein weiterer wichtiger Faktor, welchen es zu untersuchen gilt, ist das Filtersystem. Genügt die Größe des Filters und die Menge des Filtermaterials?

EINGEHENDERE UNTERSUCHUNG

UNTERSUCHUNG AUF PARASITEN

Einige Parasiten, wie z.B. die Karpfenlaus, sind mit bloßem Auge sichtbar. Die meisten Parasiten kann man jedoch nur anhand einer mikroskopischen Untersuchung mit einem Haut- oder

Diagnose und Untersuchung

Kiemenabstrich, einer Kot- oder Blutprobe feststellen. **Ein Fischtierarzt ohne Mikroskop ist so nützlich wie ein Kneipenbesitzer ohne Bier.**

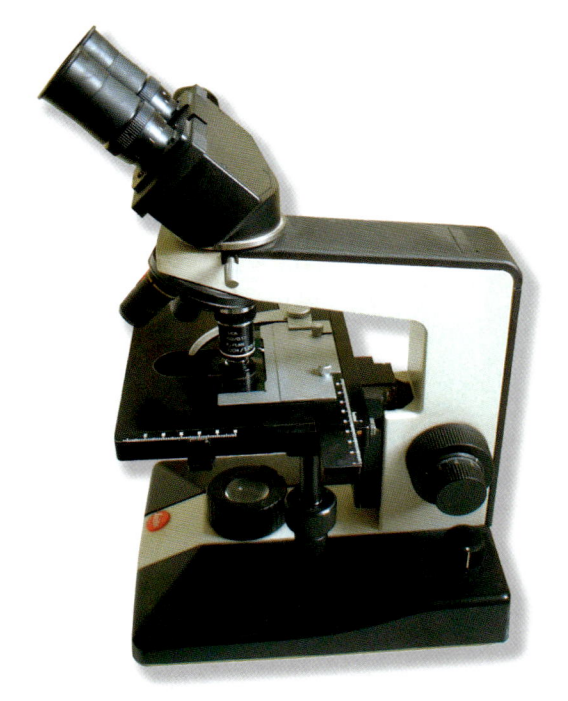

Mikroskop

Was muß ein gutes Mikroskop leisten?

Es gibt viele verschiedene Arten von Mikroskopen. Die meisten Parasiten kann man bei einer 40-fachen Vergrößerung (=10 x ocular und 4 x objectiv) erkennen. Einige kleinere Protozoen wie z.B. *Costia*, *Pleistophora*, *Myxobolus*,... kann man am besten mit einer 100-fachen Vergrößerung (= 10 x ocular und 10 x objectiv) beobachten. Die sich bewegenden Parasiten sind schneller zu sehen, da sie unabhängig von der Wasserrichtung schwimmen. 400-fache und 1000-fache Vergrößerungen sind für eine parasitologische Untersuchung nicht notwendig, wohl aber für eine bakteriologische Untersuchung.

Wie entnimmt man eine Haut- oder Kiemenprobe?

Haut- und Kiemenproben müssen bei lebenden Fischen entnommen werden. Die meisten Hautparasiten verlassen den toten Fisch bereits nach 20 Minuten. Außerdem ist es wichtig, daß wir die Probe sofort untersuchen, da die Beweglichkeit der Parasiten bereits nach einigen Minuten nachläßt bzw. ganz aufhört. Somit hat es keinen Sinn eine Probe zu nehmen und damit zum Tierarzt zu fahren, damit dieser sie untersucht. Bei einer Hautprobe schabt man mit einem Deckglas oder mit einem stumpfen Bistourimesser ein wenig von der Schleim-

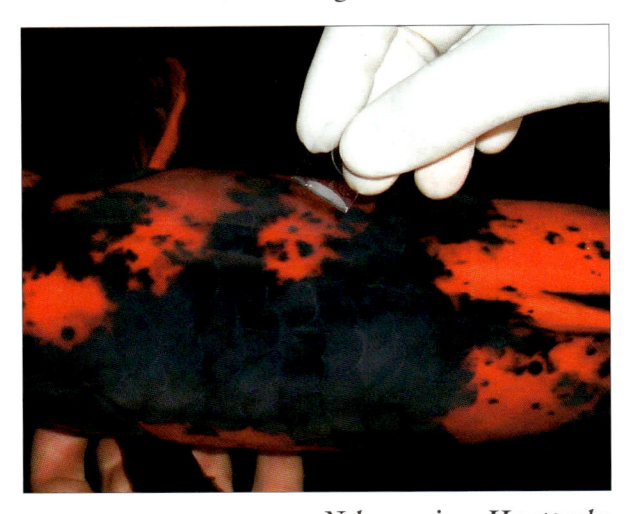

Nehmen einer Hautprobe

haut in Richtung der Schuppen ab. Die meisten Parasiten siedeln sich am Anfang der Rücken- oder Schwanzflosse an, in Höhe des Ansatzes der Brustflossen oder am Rand der Haut- oder Kiemenverletzung. Schmieren sie das Stück der abgelösten Schleimhaut auf das Trägerglas, fügen einen Tropfen Teichwasser hinzu (kein Leitungswasser wegen zu hohem Chlorgehalt) und decken sie es dann mit einem Deckglas ab. Bei der Entnahme einer Kiemenprobe nehmen wir, um Verletzungen zu vermeiden, besser größere Fische. Man hebt einen Kiemendeckel an und entnimmt mit Hilfe einer feinen Autopsieschere oder einem Deckglas eine kleine Spitze (ca. 1 mm) der Kiemen. Dies ist vollkommen unschädlich, wenn es gut ausgeführt wird. Genau wie bei der

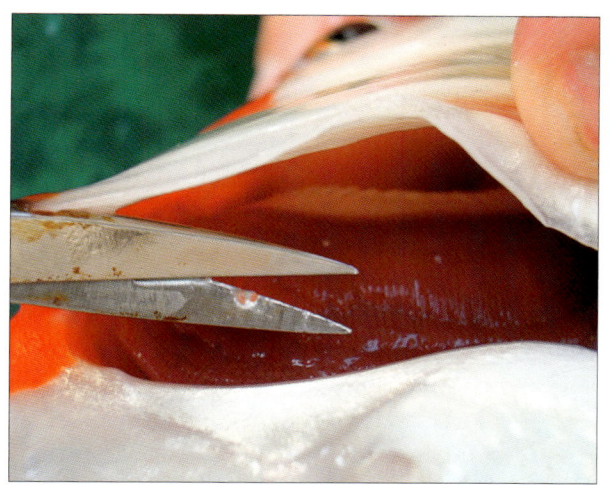

Diagnose und Untersuchung

Nemen einer Kiemenprobe mit eine Schere

Nemen einer Kiemenprobe mit einem Trägerglas

Hautprobe, legen wir die Kiemenprobe auf ein Trägerglas, fügen einen Tropfen Wasser hinzu und decken sie mit einem Deckglas ab. Man kann auch Kiemenmaterial erhalten, indem man mit einem Deckglas gegen das Kiemengewebe drückt oder auch über eine Kiemenspülung. Hierbei wird Wasser auf die Kiemen gespritzt und sofort mit einer Pipette wieder aufgesaugt.

Wann nimmt man eine Kotprobe?

Wenn wir einigen auf der Wasseroberfläche treibenden, gläsernen Kot entdecken, besteht das Risiko, daß die Koi mit Darmparasiten infiziert sind. Der frische Kot wird zwischen Deck- und Trägerglas plattgedrückt und danach mikroskopisch auf Würmer, Wurmeier und einzellige Flagellaten untersucht.

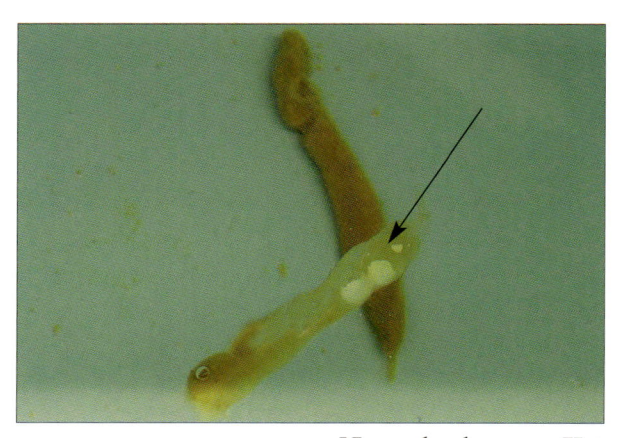

Ist eine Behandlung erforderlich wenn man einen Parasiten entdeckt hat?

Um eine zuverlässige Diagnose stellen zu können, müssen Proben von verschiedenen Fischen genommen werden. Ein enorm geschwächter Fisch wird immer Parasiten haben. **Gewöhnlich beginnt man mit der Behandlung, wenn etliche Fische die gleichen Symptome aufweisen und man die gleiche Art von Parasiten auf mehreren Fischen vorfindet.** Wenn man einen Parasiten findet bedeutet dies nicht, dass man sofort eingreifen muß. In der Praxis ist es immer besser, den Fisch seine eigene Abwehr gegen die Krankheit aufbauen zu lassen. Beobachten sie jedoch weiter und untersuchen sie regelmässig Proben.

BAKTERIOLOGISCHE UNTERSUCHUNG

Jeder Koi-Liebhaber hatte schon das Missgeschick, dass eines seiner kostbaren Schmuckstücke an einem großen Hautgeschwür mit offenen Schuppen, Flossenfäule oder Bauchwassersucht erkrankt war. In diesem Abschnitt wird die wirkungsvollste Methode, die diese Leiden

Normaler, brauner Kot sinkt zum Boden, während gläserner Kot (Pfeil) im Wasser schwimmt.

Diagnose und Untersuchung

bekämpft, untersucht - die bakteriologische Untersuchung.

Wann ist eine bakteriologische Untersuchung angezeigt?

Wenn Probleme auftreten sollte als erstes ein Haut- und Kiemenabstrich genommen werden. Bei einem außergewöhnlich dicken Bauch kann man auch etwas Bauchflüssigkeit mikroskopisch untersuchen. Einige Bakterien sind wegen ihrer spezifischen Form unter dem Mikroskop bereits ab einer 400-fachen Vergrößerung zu erkennen. Nach Einfärbung (Gram-Färbung oder Methylenblau-Färbung) wird das *Flavobacterium* mit seiner spezifischen Form (lange, dünne Stäbchen) sichtbar. Auf diese Weise kann man bereits mit Hilfe einer mikroskopischen Untersuchung eine sichere Diagnose stellen.

Auch die Tuberkulosebakterie (*Mycobacterium*) kann man mikroskopisch diagnostizieren, wenn man den Abstrich mit einer Ziehl-Nielsen-Färbung einfärbt. Die meisten Bakterien haben jedoch unter dem Mikroskop dieselbe Form (kurze, dicke Stäbchen). Die *Aeromonas* Bakterie ist dafür ein gutes Beispiel. Es gibt hunderte von verschiedenen Arten dieser Bakterie. Diese sehen unter dem Mikroskop zwar alle gleich aus, aber nur zwei davon sind für den Koi gefährlich. Darum müssen wir von diesen Bakterien Kulturen anlegen, um sie identifizieren zu können.

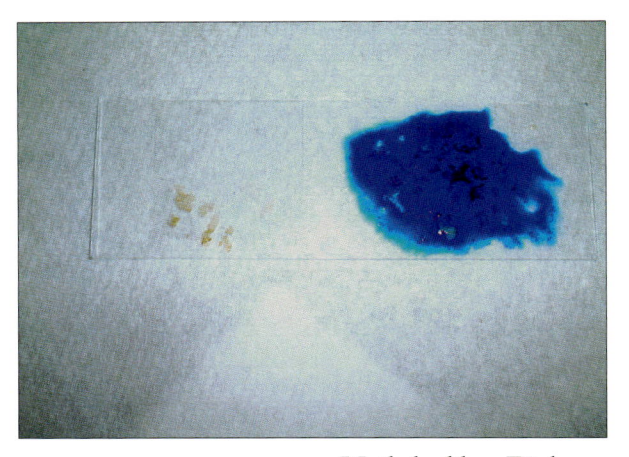

Wie geht man bei einer bakteriologischen Untersuchung vor?

Auf diesem Foto sehen wir ein Beispiel von einigen Kulturenschalen. Diese bestehen aus einer Mischung von Kohlenhydraten, Eiweißen und Fetten, die bestimmten Bakterien als Futter dienen. Die weißen Schalen (TSA-Umgebung) enthalten z.B. Nährstoffe mit denen sich die *Aeromonas*

Methylenblau-Färbung

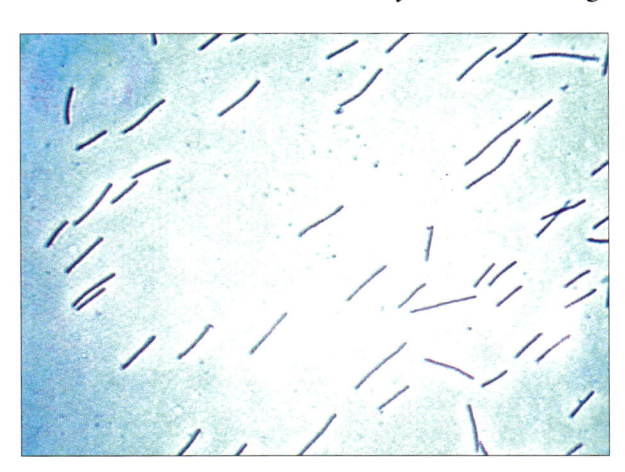

Flavobacteriumstäbchen

Kulturplatten

Bakterie entwickeln kann. Für andere Bakterien wählt man eine andere Sorte von Nährstoffen (blaue und gelbe Schalen).

Diagnose und Untersuchung

Die Probe muß an einer Stelle genommen werden, die nicht bereits durch Finger oder das Handling des Fisches verunreinigt wurde. Mit dem sterilen Wattestäbchen wird das Geschwür am Rand angetupft. Man darf nie im Zentrum des Geschwüres tupfen, da diese generell mit zahlreichen anderen Bakterien verunreinigt ist. Bei Koi mit einem geschwollenen Bauch empfiehlt es sich etwas Bauchflüssigkeit oder Blut zu entnehmen. Man kann schließlich bei der Autopsie noch eine Probe der inneren Organe nehmen. Hierbei ist es wichtig, dass der Fisch nicht länger als einige Stunden tot ist. Bereits wenige Stunden nach dem Tod besiedeln Bakterien, die in der Umwelt vorkommen, den Körper des toten Fisches.

Man kann eine Probe auch mit der Post zum Labor schicken. Hierfür verwendet man ein Wattestäbchen mit Transportmedium, in dem die Bakterien einige Tage und in gekühlter und dunkler Umgebung ein bis zwei Tage überleben können.

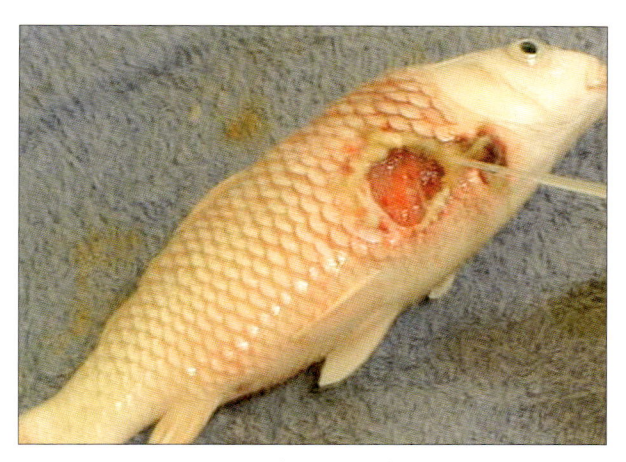

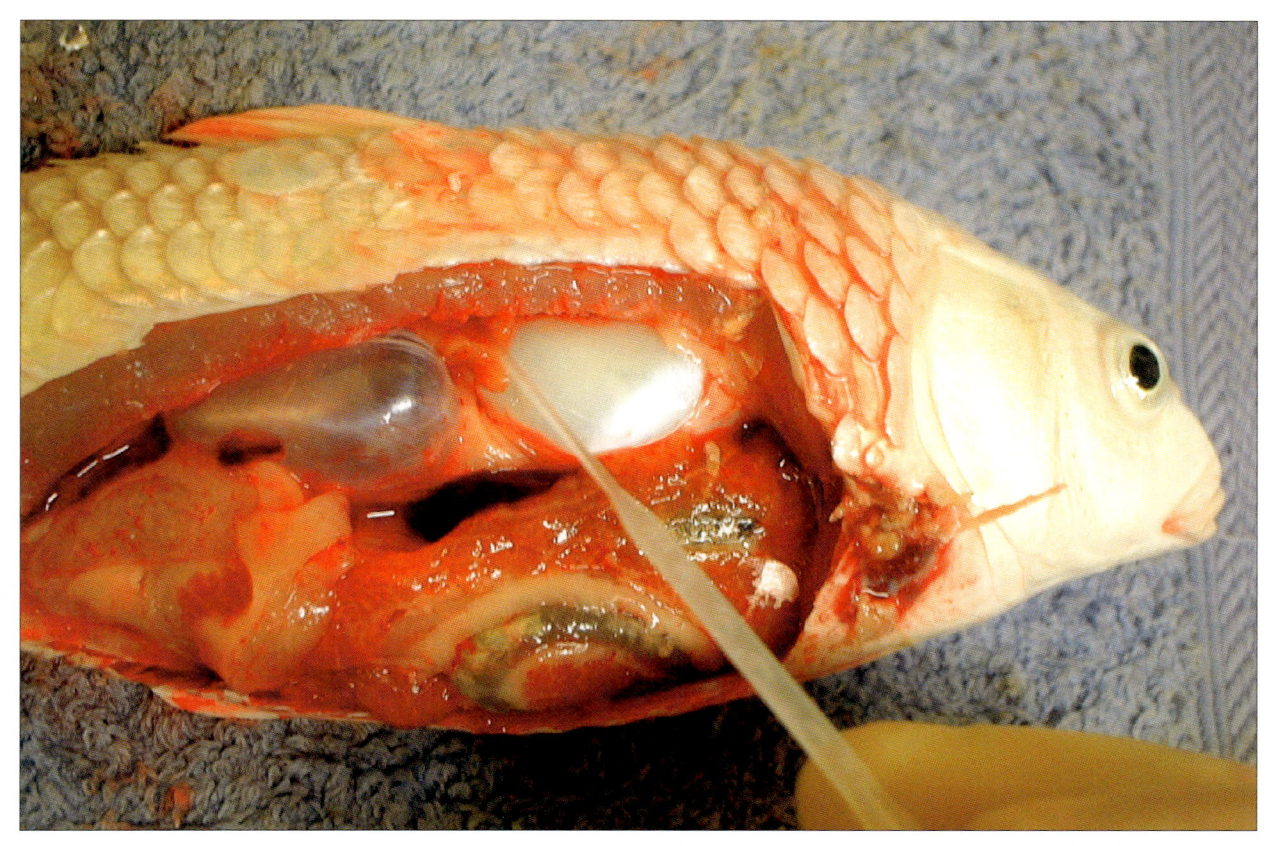

Probenahme bei einem Geschwür

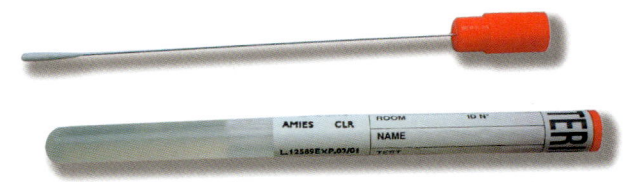

Wattestäbchen zur Probenahme

Probenahme bei Autopsie

Diagnose und Untersuchung

Nach der Probenentnahme streifen wir das Wattestäbchen auf unserer Kulturschale ab, so wie auf der Grafik unten dargestellt.
Immer wenn wir die Abstreifrichtung ändern, müssen wir ein neues steriles Wattestäbchen benutzen.

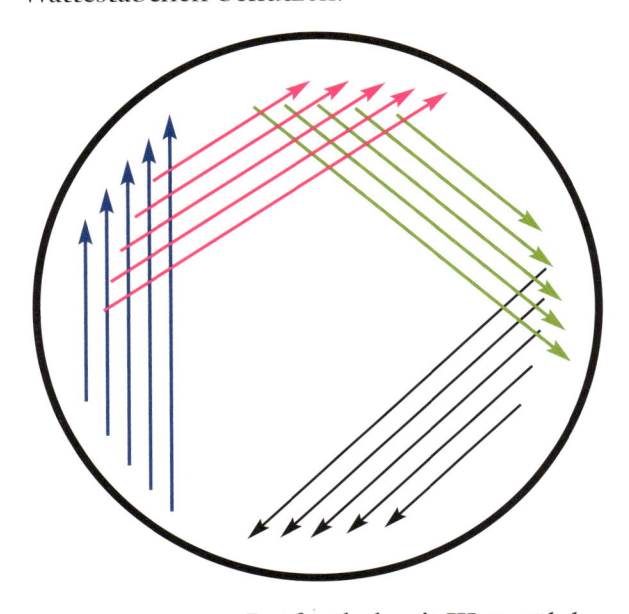

Impfmethode mit Wattestäbchen

Durch diese Impfmethode wird die Probe immer mehr verdünnt, sodaß wir schließlich die individuellen Kolonien erkennen können. Dies ist zur Identifikation der Bakterien sehr wichtig. Danach geben wir die Kulturschale für einige Tage in einen Brutschrank, um eine gleichmäßige Temperatur zu garantieren. Das Ergebnis nach zweitägiger Inkubation sehen wir auf dem Foto unten.

Wir erkennen ganz deutlich die bakteriellen Kolonien als weiße Farbflecken. Jede Kolonie besteht aus Millionen von Bakterien. Im Beispiel auf diesem Foto sehen wir deutlich zwei verschiedene Kolonien. Die weißen Flecke sind Umgebungsbakterien, während die gelben Kolonien aus *Aeromonas* Bakterien bestehen. Die Identifikation bestimmter Bakterien geschieht schließlich anhand der Wachstumseigenschaften, bestimmter Bakterienfarben, der Beweglichkeit der Bakterien und anhand einiger Chemietests (Oxidase Test, ELISA –Test, API-Test, …).

Auf welche Schwierigkeiten stossen wir bei der Bestimmung einer Kultur?

Im Idealfall isolieren wir nur die spezifischen Bakterien, welche für die Krankheit verantwortlich sind. Das ist freilicher einfacher gesagt als getan. **Jeder Fisch hat schließlich auch eine gesunde bakterielle Flora. Das bedeutet, dass wir auf einer angelegten Kultur immer Bakterien finden werden. Es kommt darauf an, die pathogenen Bakterien (damit werden die Bakterien gemeint, die wirklich gefährlich sind) von den nichtpathogenen Bakterien zu unterscheiden.**
Es ist sehr wichtig daß die Probennahme sorgfältig geschieht (siehe oben) und daß steril gearbeitet wird, um Verunreinigungen zu verhindern. Ein anderes Problem ist, dass man einige pathogene Bakterien mit den Chemietests nicht mit 100% -iger Sicherheit

Brutschrank 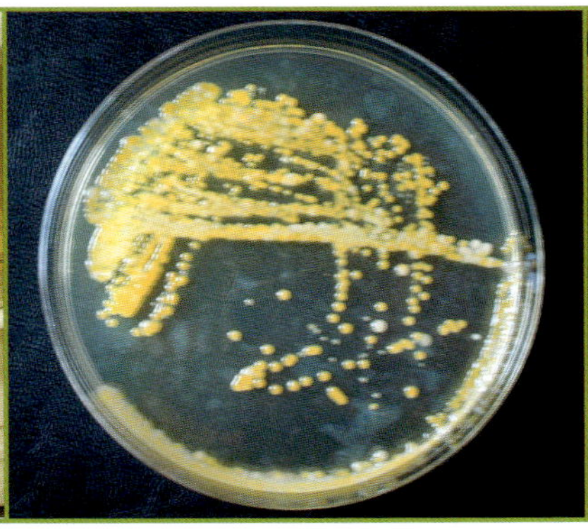   *Nach zweitägiger Inkubation* 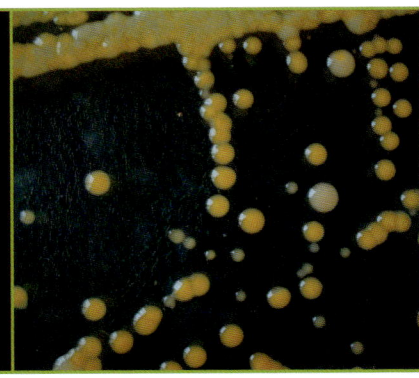   *Detail bakterielle Kolonien*

Diagnose und Untersuchung

identifizieren kann. In diesen Fällen ist es so, daß die Identifizierung der isolierten Bakterien nicht so wichtig ist, sondern das Ergebnis des Antibiogrammes.
Dieses Antibiogramm zeigt uns, mit welchem Antibiotikum man diese Bakterien bekämpfen kann.

Wie und warum wird ein Antibiogramm angelegt?

Bei bakterieller Infektion ist ein Antibiogramm auf jeden Fall anzuraten. Zuerst gibt man verschiedene Antibiotika auf die Kulturschalen. Dann impft man diese mit den Bakterienkolonien. Der Sinn der Sache ist es herauszufinden, welches Antibiotikum die Bakterie bremsen kann. Auf dem Foto unten sehen wir ein Beispiel für ein Antibiogramm vor der Inkubation, und darunter einen Tag nach der Inkubation. Wir erkennen hier ganz deutlich, daß das Bakterium teilweise resistent ist (widerstandsfähig). Die einzige Stelle an der es sich nicht entwickelt, ist rund um die weißen Scheibe (siehe Pfeil). Diese enthält das Antibiotikum Florfenicol. Florfenicol ist also in diesem Fall das wirkungsvolle Antibiotikum. Es hat keinen Sinn, das grüne oder blaue Antibiotikum zu verwenden, da die Bakterie dagegen immun ist.

Die Zahl der resistenten Bakterien ist in den letzten Jahren dramatisch angestiegen. Wenn man zwanzig verschiedenen Antibiotika testet, sind meistens nur vier wirksam.

Der Grund hierfür ist der, dass oft wahllos ein Antibiotikum verwendet wird. Bei einem zufällig verwendeten Antibiotikum ist es wahrscheinlich, dass z.B. 90% der Bakterien absterben. Was oft vergessen wird, ist, daß die übrigen 10% der Bakterien resistent werden. Sie vermehren sich, bis schließlich alle Bakterien resistent sind.

Ist eine Kultur anzulegen die schnellste Methode um Bakterien zu entdecken?

Außer der mikroskopischen Untersuchung im Anschluß an eine eventuelle Färbung (Gram-Färbung, Methylenblau), gibt es noch einige schnellere diagnostische Tests, um Bakterien zu entdecken.

Die gefährliche *Aeromonas salmonicida* Bakterie kann man anhand immunologischer Tests (Immunofluoreszens oder ELISA, beruht auf der Bestimmung von Abwehrstoffen im Blut) oder genetischer Tests (PCR Technik, beruht auf der Suche nach einer Gen-Sequenz) finden.
Der Nachteil davon ist, daß diese schnellen Tests noch nicht für alle Bakterien entwickelt wurden und dass sie manchmal zu einem falschen positiven Ergebnis führen.

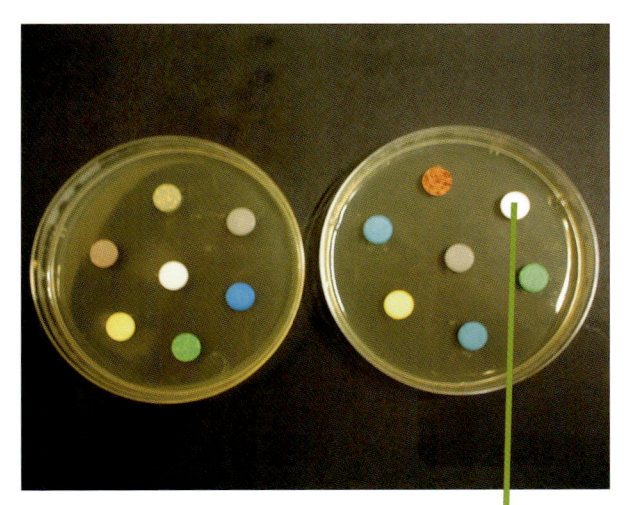

Anlegen Antibiogramm

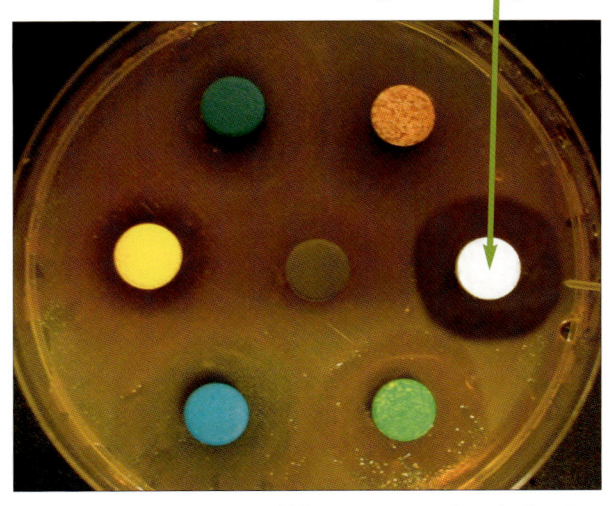

Antibiogramm nach Inkubation

Diagnose und Untersuchung

MYKOLOGISCHE UNTERSUCHUNG

Die meisten Pilze sind mit bloßem Auge zu erkennen. Anhand einer Haut-oder Kiemenprobe kann man mikroskopisch untersuchen, um welchen Schimmel es sich dabei handelt. Bei Zweifel lege man auf bestimmten Medien eine Kultur an (Sabouraud agar). Nach zweitägigem Wachstum kann der Pilz anhand seiner Hyphe und Zoosporangien identifiziert werden.

VIROLOGIE

Eine Virusisolation kann nur in einem spezialisierten Laboratorium stattfinden. Am besten werden lebende Fische zur Untersuchung verwendet. Fische die gerade verstorben sind und eingefroren wurden, führen im allgemeinen auch noch zu zuverlässigen Ergebnissen. Für einige Viren (z.B. *Koi Herpes Virus* oder Frühlingsviraemie) kann man für PCR, ELISA, immunofluorescenz Techniken mit einer Blutprobe weiterkommen. Eine eindeutige Diagnose ist jedoch nur durch Isolierung des Virus auf Zellkulturen möglich.

BLUTUNTERSUCHUNG

Die Blutuntersuchung wurde bei Fischen jahrelang unterschätzt und als Folge davon nur ungenügend angewendet. Dies kommt vor allem durch die geringe Kenntnis hierüber und die sehr großen Unterschiede der Blutwerte zwischen den verschiedenen Fischarten. **So zeigt das Blutbild einer Forelle und eines Koi z.B. genauso große Unterschiede wie zwischen Hund und Mensch.** Auch innerhalb der gleichen Fischsorte sind die Blutwerte von vielen Faktoren abhängig. Das Alter des Koi bestimmt teilweise das Blutbild, genauso wie bestimmte Umgebungsfaktoren. So ist z.B. der Kalzium- und der Gesamteiweissgehalt bei Weibchen während der Fortpflanzungszeit erhöht. Aus allen vorhergehenden Gründen muß man die Blutuntersuchung bei unserem Koi lediglich als eine gute ergänzende Untersuchungstechnik sehen, um zu einer richtigen Diagnose zu gelangen.

Wie erhalten wir eine Blutprobe?

Die Blutabnahme kann an verschiedenen Stellen vorgenommen werden. Um diese richtig durchzuführen, ist jedoch einige Erfahrung erforderlich. Die bevorzugte Stelle ist die "Caudalvene" und befindet sich in der Nähe des Schwanzansatzes. Bevor man mit der Blutabnahme beginnt, muß man den Koi betäuben. Die Nadel wird im Bereich der Seitenlinie vorsichtig eingestochen. Wenn man auf die knochige Wirbelsäule stößt, zieht man die Nadel wieder vorsichtig

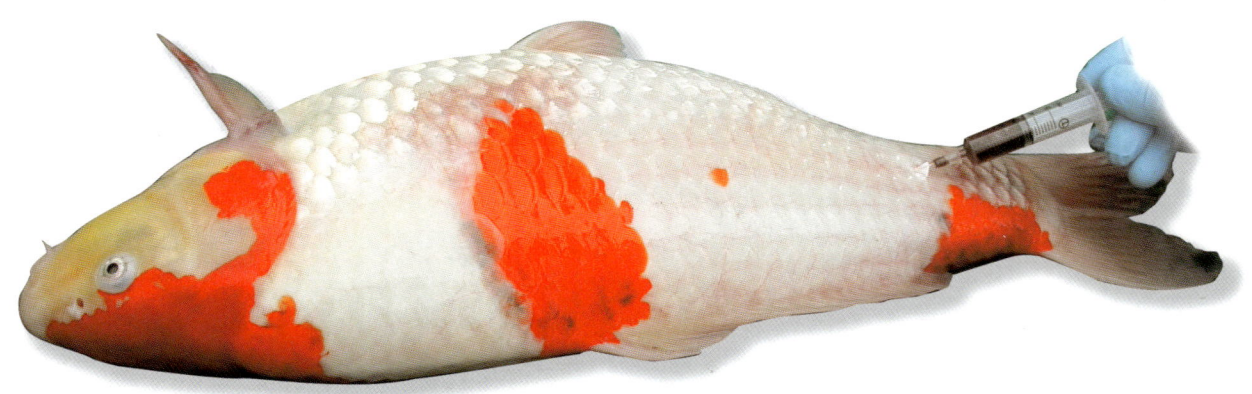

Blutabnahme beim Koi

zurück, um in die Vene zu gelangen. Auf diese Weise kann Blut von Fischen, welche über 30 Gramm wiegen genommen werden. Eine andere Methode um Blut abzunehmen

Diagnose und Untersuchung

(auch bei kleineren Fischen) ist durch einen Stich ins Herz. Bei der Autopsie kann man schließlich Blut erhalten, indem man einen Teil des Schwanzes wegschneidet, um so an die Caudalvene zu gelangen. Da das Blut schnell verklumpt, wird es nach der Blutabnahme sofort in ein Kapillargefäß gegeben und ein Gerinnungsmittel hinzugefügt.

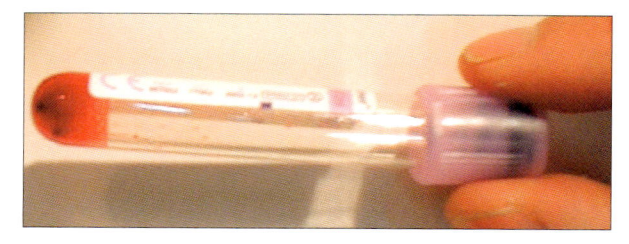

Blutröhrchen

Welche Blutwerte sind normal?

Das Blut muß nach der Probenahme sofort untersucht werden, da sich bestimmte Blutwerte schnell ändern können.

	Normalwerte
Hematocrit (HCT)	30-35%
Anzahl rote Blutzellen	$1.6-1.8.10^6$/ml
Hämoglobin	78-86 g/l
Weisse Blutzellen	35.000-40.000 /ml
% Heterofilen	0-2%
% Eosinofilen	0-1%
% Basofilen	0-2%
% Monocyten	0-2%
% Lymfocyten	90-94%
Gesamte Plasma Eiweiß	25-35 g/l
Serum Glucose	1.7-2.6 mmol/l
Serum Ureum-Stickstoff	6-9 mg/dl
AST	870-930 U/l
ALT	80-130 U/l
Creatin	2-3 mg/dl
Calcium	9-11 mg/dl
Natrium	128-132 mEq/l
Chlorid	123-127 mEq/l

Blutwerte bei Karpfen
(Groff and Zinkl, 1999)

ZYTOLOGISCHE UND HISTO-PATHOLOGISCHE UNTERSUCHUNG

Während einer Autopsie werden für zytologische und histopathologische Untersuchungen regelmäßig Proben genommen. Auch bei einem lebenden Fisch können derartige Untersuchungen wichtig sein. So ist es möglich, unter Betäubung ein Stück Kiemen oder Flosse zu entnehmen. Man kann auch an einem lebenden Fisch eine Nadelbiopsie (Gewebeentnahme) der inneren Organe durchführen oder während der Operation von einem Tumor eine Gewebeprobe entnehmen. Diese Gewebeprobe wird in einer 10%igen Formalinlösung aufbewahrt und an ein Speziallabor verschickt.

RÖNTGENUNTERSUCHUNG

Bei Koi mit geschwollenem Bauch oder mit Gleichgewichtsstörungen wird häufig ein Röntgenuntersuchung angewendet um die richtige Diagnose stellen zu können.

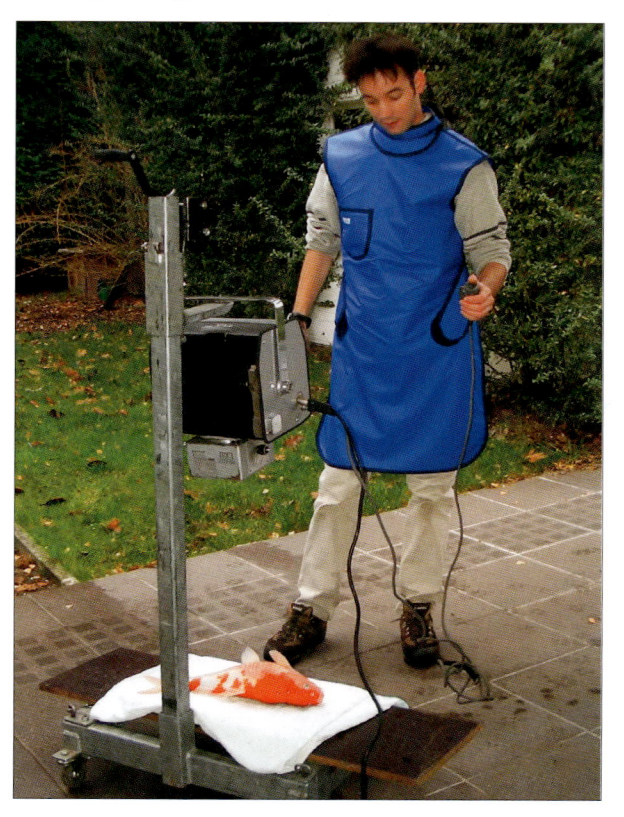

Röntgenuntersuchung mit mobilem Gerät

Diagnose und Untersuchung

Bei einem normalen Koi erkennen wir die Knochenstruktur und die aus zwei Teilen bestehende Schwimmblase. Die anderen Organe, wie Herz, Leber oder Milz kann man jedoch auf dem Röntgenbild nicht erkennen. Mit Hilfe eines Röntgenbildes besteht die

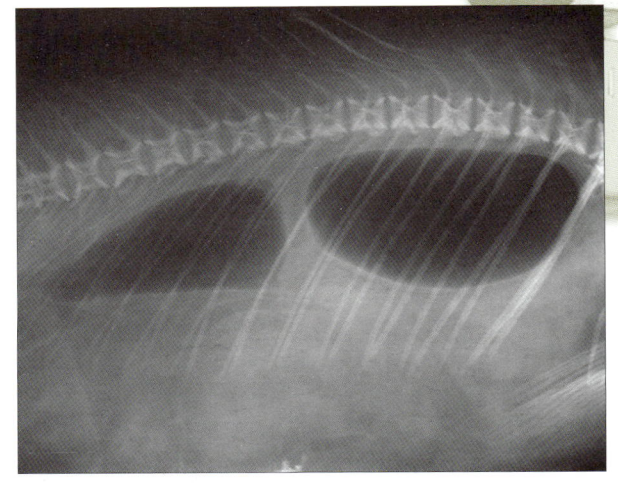

Röntgenaufnahme eines normalen Koi (Seitenansicht)

Möglichkeit verschiedene Diagnosen zu stellen. Eine Geschwulst der inneren Organe können wir auf der Röntgenaufname als einen weißen Fleck erkennen. Eine Störung an der Schwimmblase kann man deutlich erkennen, da in den

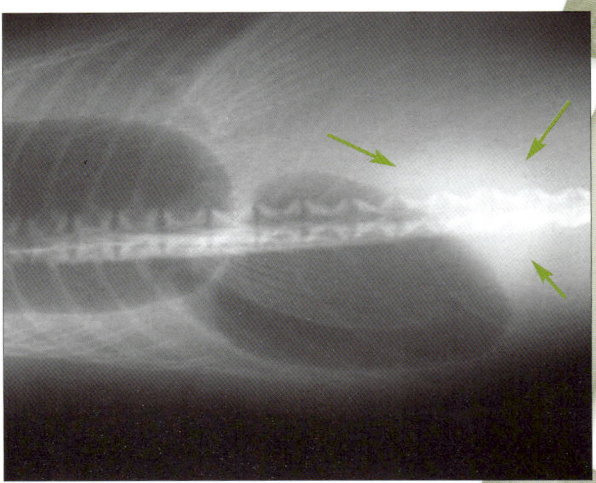

Der hintere Teil der Schwimmblase wird durch eine Geschwulst weggedrückt (von oben gesehen)

Bauchraum entwichene Luft auf dem Röntgenfoto schwarz zu sehen ist. Normalerweise liegen die beiden Teile der Schwimmblase beim Koi hintereinander.

Diagnose und Untersuchung

1. Die Bauchhöhle dieses Koi ist mit einer Geschwulst gefüllt.
2. Die Pfeile deuten hier deutlich die Geschwulst an.
3. Auf diesem Foto erkennt man ganz deutlich eine gekippte Schwimmblase. (Man kann eine Störung der Schwimmblase wahrnehmen, da die Luft auf einem Röntgenfoto schwarz angezeigt wird. Bei einem normalen Koi liegen die zwei Teile der Schwimmblase hintereinander).
4. Gleichgewichtsprobleme bei einem Koi. Das Rx deutet eine mit Flüssigkeit gefüllte Schwimmblase an.
5. Fremdkörper (Schraube) in den Gedärmen.

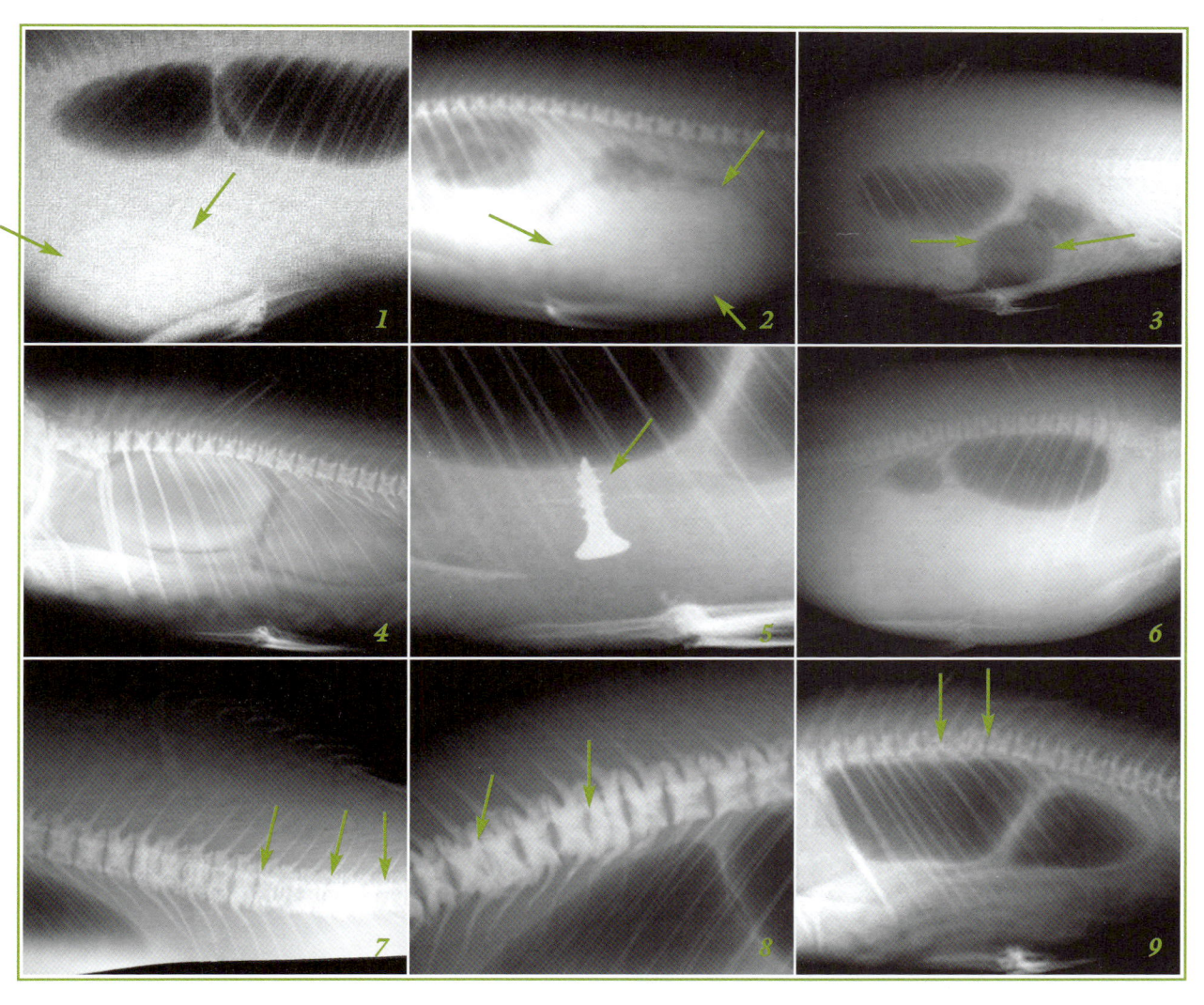

6. Auch Bauchwassersucht kann man anhand eines Röntgenfotos diagnostizieren. Hierbei bemerkt man ein verschwommenes Bild.
7 & 8. Störungen der Rückenwirbel kommen ab und zu bei einem älteren Koi vor. Bei Rachitis (= Entzündung des Knorpels) sieht man auf dem Röntgenfoto, dass der schwarz gefärbte Raum zwischen den Rückenwirbeln fehlt. In diesen Fällen schwimmt der Koi bereits mit ruckartigen Bewegungen. Auch die Verkrümmung des Rückgrats erklärt das unnormale Schwimmverhalten.
9. Der Pfeil deutet eine Verkrümmung des Rückgrats an.

Diagnose und Untersuchung

ULTRASCHALL-UNTERSUCHUNG

Die Echografie ist eine hervorragende Ergänzung zur Röntgenuntersuchung. Mit Ultraschall ist es möglich, die einzelnen inneren Organe besser zu unterscheiden. Da Flüssigkeiten beim Ultraschall schwarz wiedergegeben werden, können wir leicht innere Zysten oder einen erhöhten Anteil an Flüssigkeit im Bauchraum diagnostizieren.

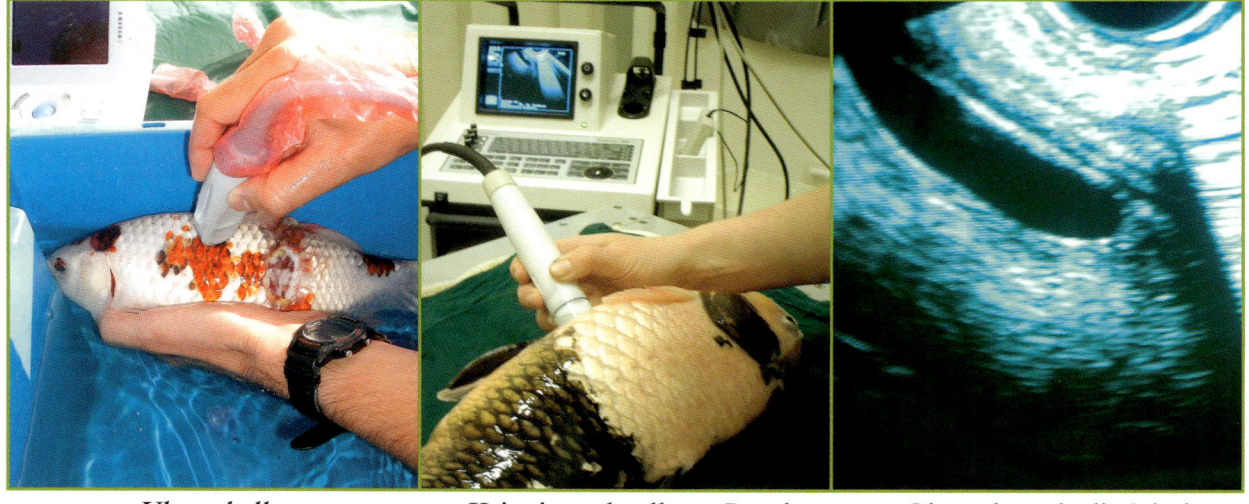

TOXIKOLOGISCHE UNTERSUCHUNG
(siehe Wasserqualität)

AUTOPSIE

Wenn wir an einem lebenden Fisch keine Diagnose stellen können, ist eine Autopsie notwendig. Um ein zuverlässiges Ergebniszu erhalten,

Ultraschall   *Koi mit geschwollenen Bauch*   *Oben sehen wir die Schwimmblase, gefüllt mit Flüssigkeit. (Schwarze Stelle)*

ENDOSKOPIE

Endoskopie wird angewendet, um direkt in die Mundhöhle oder in die Tiefen der Kiemen sehen zu können. Man kann damit jedoch auch innere Organe betrachten. Es wird ein kleiner Schnitt in den Bauch gemacht, durch das das Endoskop eingeführt wird. Auf ähnliche Weise kann man auch bei einem lebenden Fisch eine Gewebeprobe der Organe nehmen.

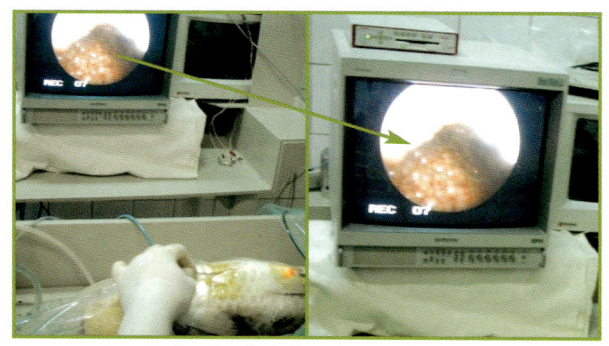

wird die Autopsie am besten bei einem gerade gestorbenen Fisch vorgenommen. Bereits eine Stunde nach dem Tod setzt die Verwesung ein.

Wie tötet man einen Koi ohne ihm unnötige Schmerzen zuzufügen?

Eine Überdosis Betäubungsmittel ist die 'fischfreundlichste' Methode, um einen Fisch einschlafen zu lassen. Falls man dieses nicht zur Hand hat, kann man den Fisch auch dadurch töten, indem man mit einem scharfen Messer das Rückenmark direkt hinter den Kiemendeckeln durchschneidet. Da dies bei größeren Fischen oft sehr schwierig ist, kann man sie auch töten, indem man ihnen mit einem stumpfen Gegenstand auf den Kopf schlägt. Vom Einfrieren der Fische wird neuerdings abgeraten, da man befürchtet, dass dies zu einem langen und schmerzhaftenTod führt.

Endoskopie, bei der die Eier sichtbar sind

Diagnose und Untersuchung

In welcher Reihenfolge geht man bei einer Autopsie vor?

- Äußere Untersuchung des Fisches (siehe oben)
- Gewinnung einer Haut-, Kiemen-, oder Kotprobe zur parasitologischen, bakteriologischen oder mycologischen Untersuchung
- Abnahme einer Blutprobe, falls notwendig (siehe oben)
- Abschneiden der Kiemendeckel, Probenahme des Kiemengewebes (Virologie, Histopathologie, Toxikologie)
- Innere Untersuchung;

Nun können wir die makroskopischen Organschäden untersuchen:
- Punktförmige Blutungen deuten auf eine Virus- oder bakterielle Erkrankung hin,
- Zysten,
- Abszesse,
- Tumore,
- Vergrößerte oder verfärbte Milz, Leber, Gallenblase oder Niere,
- Flüssigkeit in der Schwimmblase,
- Blutige Flüssigkeit in der Bauchhöhle, usw.

Organschäden kann man untersuchen, indem man Proben zur bakteriellen Untersuchung entnimmt. Danach werden die Gedärme aufgeschnitten und der

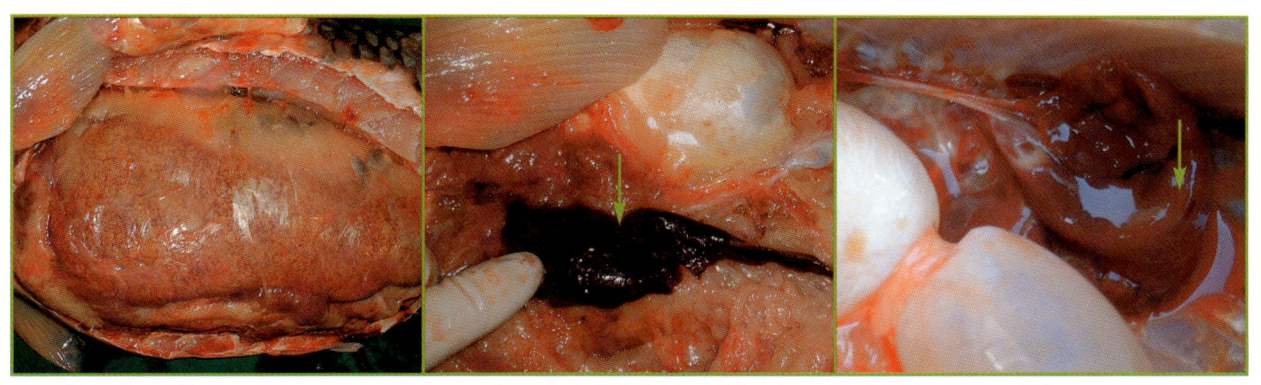

Die Fortpflanzungsorgane *Leber und Schwimmblase* *Niere*

Der Bauch wird in einem Schnitt (Foto rechts) von der Brustflosse bis zum After geöffnet. Um die Bauchhöhle nicht zu verunreinigen, darf man den Darm während des Schneidens nicht verletzen. Mit einem zweiten Schnitt schneiden wir vom After beginnend, den Rücken entlang bis zum Kopf auf. Zum Schluß wird mit einem dritten Schnitt die Bauchwand abgetrennt und entfernt.

Die Fortpflanzungsorgane und die Gedärme kann man nun mit einer sterilen Pinzette umklappen, sodaß man die übrigen Organe, sowie die Schwimmblase und die Leber (Pfeil) deutlich erkennt.

Wenn man nun die Schwimmblase etwas nach unten drückt, wird die Niere sichtbar. Sie befindet sich über der Schwimmblase und direkt unter der Wirbelsäule.

Darminhalt auf eventuell dort vorhandene Parasiten, sowie einzellige Flagellaten oder Würmer untersucht.

Zum Schluß kann man noch Organproben zur virologischen, histopathologischen oder toxikologischen Untersuchung entnehmen.

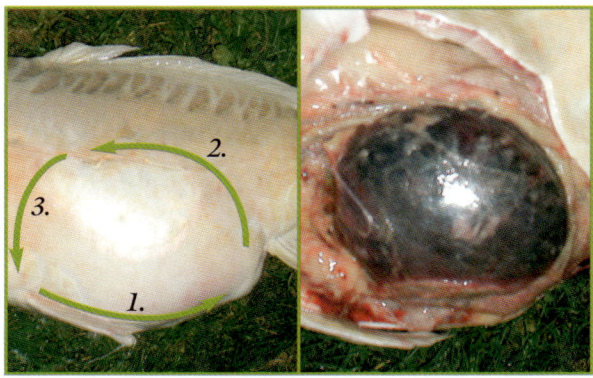

Links: Autopsie an einem Koi mit geschwollenem Bauch
Rechts: Zyste am Eierstock, gefüllt mit 2 Liter Blut

Ansteckende Krankheiten

4. ANSTECKENDE KRANKHEITEN

PARASITEN

Außer schlechter Wasserqualität sind Parasiten die wichtigste Ursache von Krankheiten bei Fischen.

Wie entsteht eine parasitäre Infektion?

Viele Koi-Liebhaber wundern sich, wie die Parasiten in ihren Teich gelangt sind.
Zu aller erst muss man betonen, daß es sich bei den meisten tödlichen Parasiten um Wirtsparasiten handelt.
Das bedeutet, dass sie sich nur auf Fischen fortpflanzen können.
Als logische Schlussfolgerung daraus kann man sagen, wenn sich keine Fische im Teich befinden, wird man keine todbringenden Parasiten vorfinden.
Eine parasitäre Infektion tritt am häufigsten dann auf, wenn neue Fische eingesetzt werden. Wenn man auch nur einen kleinen infizierten Fisch in den Teich gibt, ist dies bereits ausreichend für den Ausbruch einer Masseninfektion.
Darum ist es wichtig, einen neuen Fisch einige Wochen in Quarantäne zu halten und wenn nötig ordnungsgemäß zu behandeln. Genau wie ein neuer Fisch, kann auch eine neue Wasserpflanze Parasiten mitbringen. Wenn diese Pflanzen zusammen mit Fischen im selben Wasser waren, können sich Parasiten und ihre Eier an diese Wasserpflanzen geheftet haben und können dort einige Zeit überleben.
Es kommt ständig vor, daß Koihalter mit Parasiten verseuchte Wasserpflanzen aus einem Bach holen und in ihrem Teich einpflanzen. Bevor man neue Pflanzen in den Teich gibt, ist es ratsam diese zuerst mit einem Salzbad zu desinfizieren.
Eine dritte Ursache wie Parasiten in den Teich gelangen können, sind Frösche, Kröten und sogar Vögel. Obwohl Fischparasiten als direkten Wirt den Fisch haben, können sie doch einige Tage an der Haut von Fröschen, Kröten und Vögeln überleben. Falls diese dann von Teich zu Teich wandern, können auf diese Weise Parasiten übertragen werden.
Vögel können beim trinken die Eier der Parasiten aufnehmen und diese über den Kot wieder in einen anderen Teich absondern.
Eine vierte Möglichkeit der Ansteckung ist verunreinigtes Material. Wenn man mehrere Teiche oder Becken hat, dann ist es auch

Ansteckende Krankheiten

Wasserpflanzen und Vögel sind oft die Ursache für Ansteckungen mit Parasiten

mit Parasiten durch regelmäßige mikroskopische Untersuchungen unter Kontrolle zu halten. Wenn bei den Fischen noch keine Symptome zu erkennen sind und man unter dem Mikroskop nur wenige Parasiten vorfindet, ist es nicht notwendig klinisch einzugreifen.

Falls doch Symptome auftreten oder man auf einem Hautabstrich mehr als zehn Parasiten findet, muß behandelt werden, um künftige Probleme zu vermeiden.

Ein Naturteich mit einer Gruppe Koi

Warum kann eine Behandlung zur Vorbeugung ohne vorhergehende Untersuchung gefährlich sein?

Von der willkürlichen vorbeugenden Frühlings- oder Herbstbehandlung ohne vorhergehende mikroskopische Untersuchung ist absolut abzuraten. Dabei geht man das Risiko ein, die Fische unnötig zu schwächen. Es gibt so viele Arten von Parasiten, wobei jede eine eigene Behandlung erforderlich macht. Es ist daher ausgeschlossen vorbeugend zu behandeln. Stellen Sie sich z.B. vor, daß die Fische mit dem häufig vorkommenden Parasit "Weisse Pünktchen" infiziert sind und man eine Frühlingsbehandlung mit Kaliumpermanganat durchführt. Dies führt nur noch zu einer grösseren Schädigung. Die Weisse Pünktchen-Parasiten sind immun auf Kaliumpermanganat. Außerdem wird durch die Kaliumpermanganat-Behandlung

wichtig daß man für jeden/s ein separates Netz verwendet oder dass man dieses wenigstens gut desinfiziert, bevor man es im nächsten Becken wieder verwendet.
Man kann es eventuell auch sorgfältig austrocknen lassen.

Sollen Fische total parasitenfrei sein?

Fische können über einen langen Zeitraum Träger von Parasiten sein. Naturgemäß ist es also ausgeschlossen einen Fisch zu 100% parasitenfrei zu halten.
Unser Ziel sollte es sein, die Bevölkerung

Ansteckende Krankheiten

ein Teil der Schleimhäute weggelöst, wodurch die Fische noch schwächer werden. Hierdurch hat der Weisse Pünktchen Parasit noch mehr Angriffsmöglichkeiten.

In meiner Praxis als Fischveterinär suchen viele Koi-Liebhabern meinen Rat, nachdem sie Probleme durch eine Frühlingsbehandlung bekommen haben. Ich rate generell von einer vorbeugenden Frühlingsbehandlung ab. Es ist besser eine mikroskopische Untersuchung vorzunehmen und nur dann zu behandeln, wenn es wirklich notwendig ist. Falls dabei keine Parasiten entdeckt werden, führt eine sinnlose Behandlung nur zu Problemen.

Flossenkneifen

Welche Symptome erkennen wir bei einer parasitären Infektion?

Die meisten Parasiten kann man nur eindeutig diagnostizieren, indem man einen Haut-oder Kiemenabstrich mikroskopisch untersucht.
Einige Symptome deuten jedoch klar auf das Vorhandensein von Parasiten hin.
Die meisten Parasiten zeigen die gleichen Symptome.
Ein erstes entscheidendes Symptom ist das Flossenkneifen. Hierbei werden die Flossen ganz eng an den Körper angelegt. Außerdem sind kratzen und schnelles hin- und herschwimmen typische parasitäre Symptome.

Beim kratzen legen sich die Fische auf die Seite und zeigen dabei ihre glitzernde Unterseite. Das Kratzen und Umlegen wird durch ständige Reizung durch die Parasiten ausgelöst, welche dauernd kleine Hautwunden verursachen.
Diese Überreizung kann so stark sein, daß ab und zu ein Fisch aus dem Teich springt. Ein anderes Symptom ist die sogenannte Schleimkrankheit, bei der eine Graufärbung lokal oder auf dem ganzen Körper zu erkennen ist.
Die Schleimkrankheit entsteht dadurch, daß

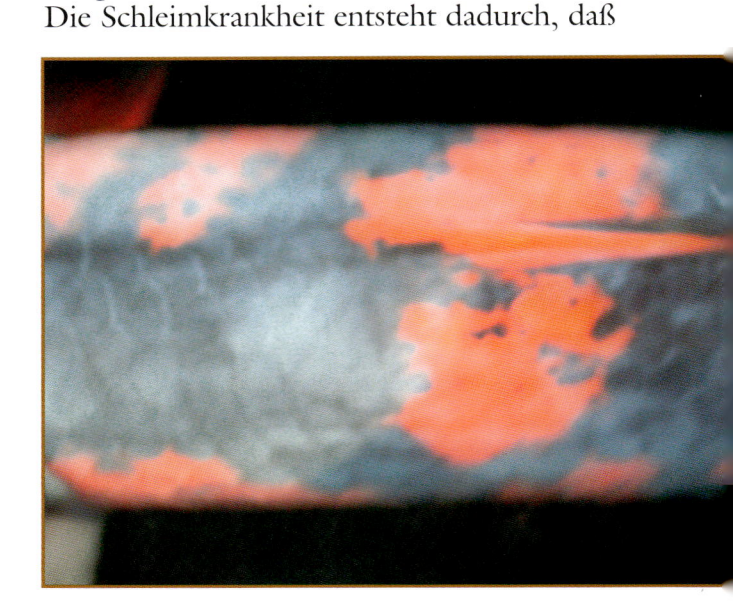

Schleimkrankheit durch Parasiten

die Schleimbecherzellen ständig durch Parasiten gereizt werden, wodurch sie vermehrt Schleim produzieren. Falls der Parasit sich in der Nähe der Kiemen befindet, kann man oft Schleimfäden um die Kiemendeckel erkennen. Nach einiger Zeit sind die Schleimbecherzellen so erschöpft, dass die Fische weniger Schleim bilden und der Fisch "austrocknet". Wenn dieses Stadium erreicht ist, sind die Genesungschancen gering. Ab und zu können wir vereinzelte schleimige Flecken auf dem Koi feststellen. Diese treten zumeist am Kopf auf und haben nichts mit Parasiten zu tun. In den meisten Fällen verschwinden sie von selbst wieder und manchmal bleiben an diesen Stellen matte Flecken zurück. Trägheit und eine stark

Ansteckende Krankheiten

beschleunigte Atmung sind weitere Krankheitszeichen einer parasitären Infektion, speziell wenn die Kiemen angegriffen sind. Fische mit Kiemenschädigung haben ein Problem mit der Sauerstoffaufnahme. Wir sehen sie dann an der Wasseroberfläche oder am Wassereinlauf.

Gibt es eine Medizin mit der man alle Parasiten töten kann?

Eine Kombination von Formaldehyd, Malachitgrün und Methylenblau wirkte

Verschleimung auf dem Kopf

Derselbe Koi 2 Wochen nach der Heilung

gegen beinahe alle Parasiten. Diese Zusammensetzung (FMC) wurde jedoch so häufig angewendet, dass die Parasiten bereits immun dagegen geworden sind. Zur Zeit gibt es kein Mittel das gegen alle Parasiten hilft. Darum ist es wichtig, daß vor einer Behandlung die richtige Diagnose gestellt wird. Die für einen bestimmten Parasiten zu bevorzugende Behandlung ändert sich im Laufe der Jahre regelmäßig.
Neuerdings wurden auch einige biologische Heilmittel entwickelt mit denen man bestimmte Parasiten bekämpfen kann. Vorsicht ist bei älteren Büchern geboten, sie können durch diese ständige Anpassung der Parasiten eventuell nicht mehr dem heutigen Stand entsprechen.

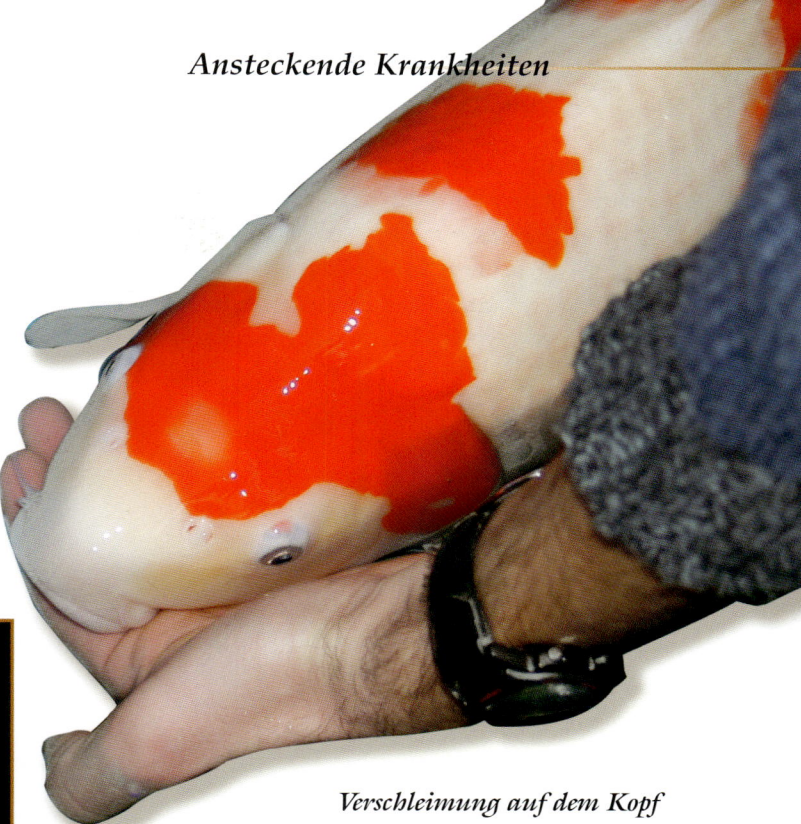

Welche Parasiten kommen am häufigsten vor?

Tausende von Fischparasiten wurden bereits ermittelt, diese alle zu beschreiben, würde zu weit führen. Ich möchte mich hier darauf beschränken auf Parasiten einzugehen, welche bei Koi und anderen Teichfischen weit verbreitet sind und diese genauer beschreiben.

Protozoene Flagellate

Protozoene (=einzellige) Flagellate sind Organismen, die eine oder mehrere Flagellen (=Geißeln) besitzen. Diese Geißeln spielen eine Rolle bei der Fortbewegung und beim Andocken an den Fisch.

COSTIA (= *Ichthyobodo necator*)

Costia, auch unter dem Namen *Ichthyobodo necator* bekannt, ist ein kleiner (5-15 μm) nieren- oder bohnenförmiger Flagellat, der oft bei Teichfischen vorkommt. Er ist ein gefürchteter Krankheitserreger, der vor allem bei jungen Fischen Massensterben ver-

Ansteckende Krankheiten

ursachen kann. *Costia* kann sich bei einer Temperatur zwischen 2°C und 30°C entwickeln, dies bedeutet, dass er sowohl im Sommer als auch im Winter anzutreffen ist. Mit seinen beiden Geißeln kann dieser Parasit sich an die Haut oder Kiemen heften. Die kürzeren Geißeln ermöglichen es ihm sich über den gesamten Körper des Fisches fortzubewegen.

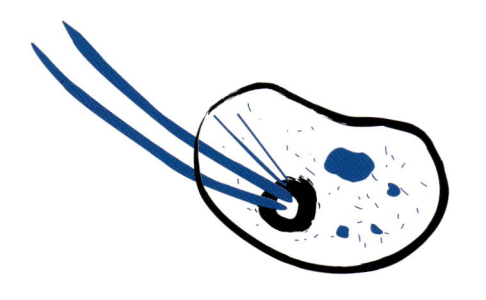

Costia

Costia vermehrt sich durch Zweiteilung auf rasante Art und Weise. **Nach ungefähr zweiwöchiger Vermehrung ist jeder cm^2 der Haut mit ungefähr 10.000 Parasiten bevölkert. Jeder dieser Parasiten fügt der Haut und den Kiemen kleine Wunden zu. Es ist daher nicht verwunderlich, dass etliche Fische diese Invasion nicht überleben.** Eines der ersten Symptome bei einer *Costia*-Infektion ist eine erhöhte Schleimproduktion und –abscheidung, die durch die gereizte Haut verursacht wird. Hierdurch entsteht eine grau- bis milchweiße Trübung der Haut. Andere Symptome sind Flossenkneifen, kratzen, blitzen oder eine beschleunigte, mühsame Atmung an der Teichoberfläche bzw. am Wassereinlauf. Die Ursache dafür ist, dass die Kiemen durch die parasitären Schädigungen unzureichend Sauerstoff aufnehmen können. Diese Symptome können auch durch andere Parasiten verursacht werden (Weisse Pünktchen, *Chilodonella*, *Trichodina*, *Gyrodactylus*,.....) sodaß erst durch die mikroskopische Untersuchung eines Haut- oder Kiemenabstriches eine richtige Diagnose gestellt werden kann. Da *Costia* der kleinste Parasit ist, benötigt man eine 100-fache Vergrößerung, um den Parasiten eindeutig erkennen zu können.

Costia neigt dazu gegen den Wasserfluss zu schwimmen und kann auf dies Weise erkannt werden. *Costia* sterben sehr schnell, wenn sie von ihren Wirtsfischen getrennt werden. Wenn der Parasit einen Fisch verläßt und frei im Wasser schwimmt, muß er innerhalb einer Stunde einen neuen Fisch gefunden haben, da er sonst stirbt. Auch auf toten Fischen stirbt der Parasit sehr rasch. Das ist auch der Grund, warum eine mikroskopische Untersuchung nur sinnvoll bei einem lebenden oder gerade erst gestorbenen Fisch durchgeführt werden kann. Was die Behandlung von *Costia* angeht, so reicht eine einmalige Behandlung aus, da sich der Parasit durch Teilung fortpflanzt, was bedeutet, dass er keine Eier legt, die gegen Heilmittel resistent sind. 40%-tiges Formaldehyd oder Kaliumpermanganat wirken bei *Costia* am besten, aber andere Heilmittel, wie z.B. FMC, Acriflavin oder Metronidazol haben sich ebenfalls als sehr effektiv erwiesen.

HEXAMITA und SPIRONUCLEUS

Hexamita und *Spironucleus* sind bei Teichfischen regelmäßig vorkommende Darmparasiten. Wenn man einen Abstrich des Kots unter dem Mikroskop (ab 100-facher Vergrößerung) untersucht, sehen wir, dass dieser kleine (5-15 μm) Parasit dank seiner 8 Geißeln sehr schnelle zick-zackartige Bewegungen vollführt. Das Erscheinungsbild dieses Parasiten ähnelt dem von *Costia*. Was die Bewegung angeht, so kann man sie am besten mit Spermien vergleichen. **Hexamita wird bei Teichfischen hauptsächlich im Darm angetroffen. Eine**

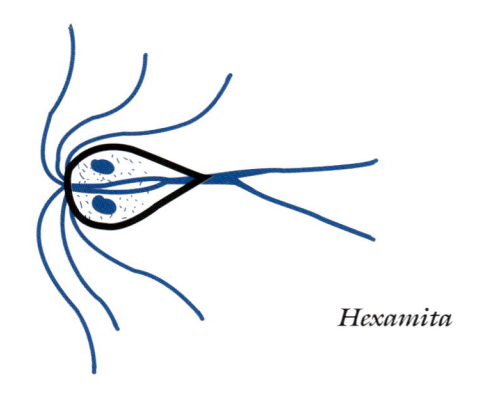

Hexamita

Ansteckende Krankheiten

Menge glasiger Kot an der Wasseroberfläche weist auf Hexamita hin.
Dieser Parasit dringt machmal bis in die inneren Organe ein und wandert dann zum Kopf, um den Körper dort wieder zu verlassen. Bei einigen Aquariumfischen, wie z.B. dem Diskus und dem Skalar, verursacht dieser Parasit Löcher im Kopf was auch als "Loch im Kopf Krankheit" bezeichnet wird. Bei Teichfischen erkennt man vor allem andere Krankheitssymptome wie z.B. schlechter Appetit, Lustlosigkeit, Dunkelfärbung, Gleichgewichtsstörungen und einen roten entzündeten After.
Bei einer Autopsie kommt oft ein weißschleimiger Darminhalt, zusammen mit einer stark vergrößerten Gallenblase zu Vorschein. Die Behandlung von *Hexamita* kann man mit Metronidazol vornehmen. Es ist anzuraten dieses Mittel mit dem Futter zu verabreichen. Wenn eine Wasserbehandlung notwendig sein sollte, muss das Wasser alle zwei Tagen erneuert werden, da Metronidazol die Leber und Nieren angreift.

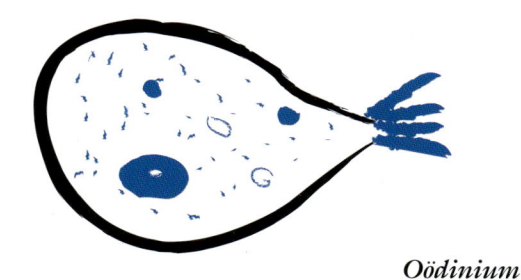

Oödinium

Oödinium (20-100 μm), Costia (Insert, 5-15 μm)

OODINIUM

Oodinium, ein 20 bis 100 μm großer, birnenförmiger Flagellat, verursacht bei Teichfischen die sogenannte Samtkrankheit; so genannt wegen dem samtartigen Ausehen der angegriffenen Fische.
Bei Salzwasserfischen bilden sich durch *Oodinium* dunkle Pünktchen und werden dort als „Pfeffer-Pünktchen-Krankheit" bezeichnet.
Der Lebenszyklus von *Oodinium* läuft folgendermassen ab:
Der ausgewachsenen Parasit haftet sich mit seinen Geißeln an Haut und Kiemen fest. Im Gegensatz zu anderen Parasiten kann sich *Oodinium* nicht selbst fortbewegen. Dies ist ein wesentliches Unterscheidungsmerkmal für die einfache Erkennung unter dem Mikroskop.
Wenn sich der Parasit vom Fisch löst, sinkt er zu Boden und kapselt sich in wenigen Minuten ein. Danach vermehrt er sich durch eine Serie von Zellteilungen in zahlreiche Tochterzellen, die nacheinander ein neues Opfer suchen. Die Behandlung kann am besten mit Formaldehyd, kombiniert mit Malachitgrün, vorgenommen werden.
Bei Meeresfischen ist es möglich Kupfersulfat hinzuzufügen. Kupfersulfat ist jedoch sehr giftig, sodaß es sehr vorsichtig dosiert werden muß. Es gibt Alternativen zu diesen Behandlungsarten. Entweder setzt man für einige Tage 5 Gramm Salz pro Liter ein oder man erhöht die Temperatur auf über 30°C.

TRYPANOSOMA

Trypanosoma ist ein Blutparasit, der hauptsächlich durch Blutegel als Zwischenwirt übertragen wird. Der Parasit kann sich nur im Körper des Blutsaugers vermehren. Aus diesem Grund wird dieser Parasit nur selten bei unseren Teichfischen angetroffen.
Trypanosoma ist ungefähr 40 μm groß. Typisch ist, dass nur eine Geißel vorhanden ist.

Ansteckende Krankheiten

Trypanosoma

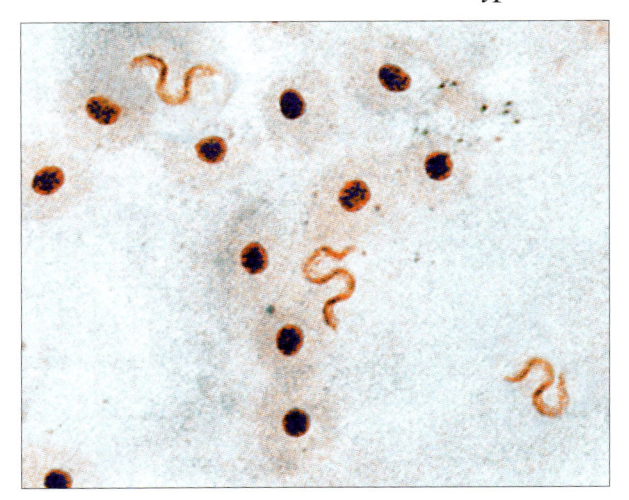

Einige Trypanosona (40 μm) Parasiten zwischen den Kernen von Blutzellen

Hierdurch ist die Unterscheidung zu *Cryptobia* gut möglich, einem noch selteneren Blutparasiten der zwei Geißeln besitzt. Wenn diese länglichen Parasiten in grösserer Anzahl vorhanden sind, verursachen sie die sogenannte 'Schlafkrankheit'. Die befallenen Fische verhalten sich lustlos und apathisch. Diese Krankheit ist chronisch. Eine richtige Diagnose kann nur mit der mikroskopischen Untersuchung, einer Blutprobe oder einem Milzabdruck gestellt werden. Zur Behandlung wird Metronidazol oder Methylenblau empfohlen.

Protozoene Ciliate

Ciliaten sind Einzeller, welche von tausenden von Flimmerhärchen oder Cilien besetzt sind. Mit diesen bewegen sie sich fort und ernähren sie sich. Die Gruppe der Ciliaten besteht aus unzähligen Parasiten, von denen ich hier nur die vier am häufigsten vorkommenden besprechen möchte.

ICHTHYOPHTIRIUS MULTIFILIIS
(= Weiße Pünktchen)

Weiße Pünktchen oder *Ichtyophtirius multifiliis* ist der am meisten verbreitete und am meisten vorkommende Parasit bei Fischen. Vor allem bei extremen Temperaturschwankungen (Frühjahr, Wassererneuerung,...) treten Weiße Pünktchen gewöhnlich auf. Der Parasit kann sich in einem Temperaturbereich zwischen 4°C und 32°C vermehren. Er ist an den ungefähr einen Millimeter großen weißen Pünktchen, die man deutlich am ganzen Körper sehen kann, leicht erkennbar.
Es ist nützlich zu wissen, daß Fische, die die Weiße Pünktchen Krankheit überlebt haben, ein Abwehrsystem gegen eine neuerliche Infektion aufgebaut haben. Auf diese Weise entsteht eine immerwährende instabile Balance zwischen Parasit und Fisch. **Die Fische mit einer aufgebauten Resistenz weisen zwar auch weiße Pünktchen auf, sind aber nicht als krank zu bezeichnen.** Wenn ein solcher Fisch in einen Teich mit anderen Fischen gesetzt wird, die noch nicht mit Weißen Pünktchen infiziert waren und darum auch keine Abwehrmechanismen

Ein Koi mit einer schweren 'Weiße Pünktchen' Infektion

Ansteckende Krankheiten

gebildet haben, führt dies unweigerlich zum Ausbruch der Krankheit. Es kann aber auch möglich sein, daß Ihre eigenen Fische Träger der Weißen Pünktchen sind. Die Logik funktioniert auch umgekehrt. Setzt man einen gesunden Fisch ohne Resistenz gegen die Weißen Pünktchen in ein Becken mit dagegen immunen Fischen, wird er bestimmt sofort krank. **Somit kann man den Koi-Verkäufer nicht unbedingt dafür verantwortlich machen, wenn ein neu gekaufter Koi krank wird, die bereits im Becken befindlichen Fische können ihn als Träger der Weiße-Pünktchen-Krankheit angesteckt haben.** Der Zyklus von Weißen Pünktchen ist ziemlich komplex. Der junge Parasit bahnt sich mit Hilfe seiner Flimmerhärchen einen Weg durch die Schleimhaut in die Epidermis des Fisches und ernährt sich dort vom Schleim und von den Hautzellen bis er ausgewachsen ist. Die ausgewachsene Form (wissenschaftlich: Trophont) ist ungefähr

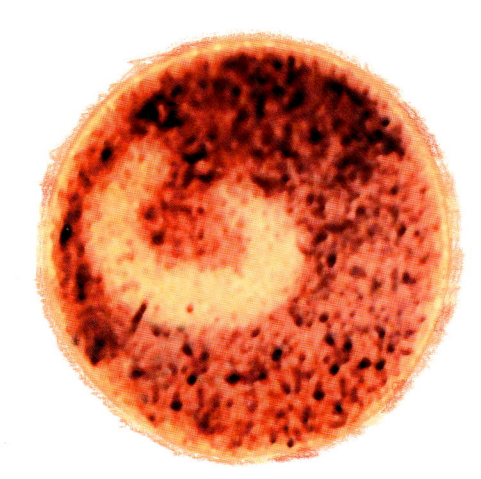

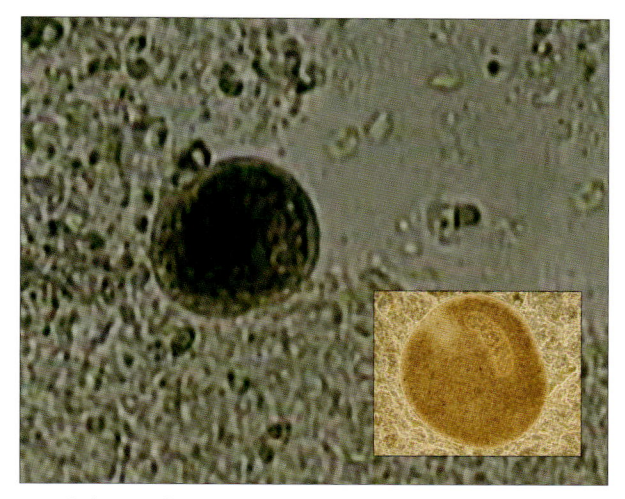

Zwischenstadien : "Streuner", insert die erwachsene Form

produziert. Der ausgewachsene Parasit dringt tief in die Epidermis ein und verkapselt sich dort. Wenn diese Verkapselung dann noch von dem Gewebe umgeben wird, welches der Fisch zum Abstossen gebildet hat, dann ist diese ausgewachsene Form gegen alle Behandlungen unempfindlich. Um sich fortpflanzen zu können, muß der Parasit den Fisch verlassen und hier können wir mit der Behandlung beginnen. Er durchbohrt die Haut des Fisches, schwimmt einige Zeit im Wasser umher und läßt sich auf Pflanzen, dem Boden oder auf Steinen nieder, wo er sich in eine Zyste (wissenschaftlich: tomont) verwandelt. Innerhalb von 24 Stunden teilt er sich in ungefähr 2000 Tochterzellen (wissenschaftlicher Name: theront).

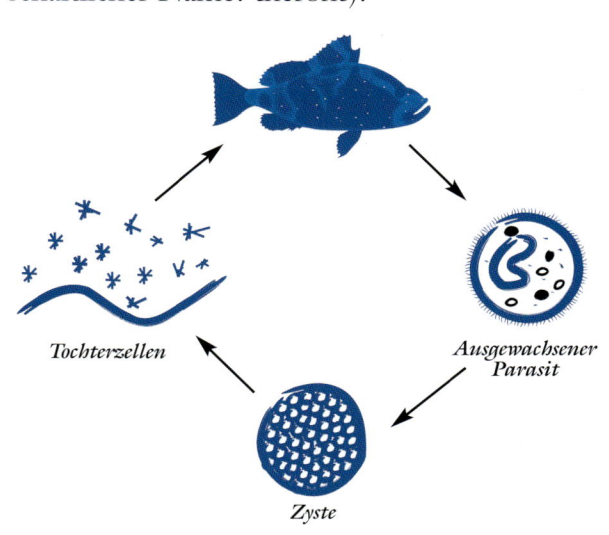

Ausgewachsener Parasit (500 µm)

500 µm groß und mit dem bloßem Auge als Weiße Pünktchen zu erkennen. Unter dem Mikroskop erkennt man auch die beweglichen Flimmerhärchen und den typischen hufeisenförmigen Kern. Wie wir auf dem Foto erkennen können, haben die ausgewachsenen "Weiße Pünktchen" tatsächlich eine braune Farbe. Die weiße Farbe besteht aus einer dünnen Schicht von eingekapseltem Abstoßgewebematerial, das der Fisch selbst

Zyklus Weisse Pünktchen

Ansteckende Krankheiten

Diese Tochterzellen verlassen die Zyste und schwimmen, auf Suche nach einem Wirtsfisch, frei umher. Auf diese Weise ist der Zyklus vollendet. **Die Behandlung gegen die Weiße-Pünktchen-Krankheit muß zwei- bis dreimal wiederholt werden.** Die Zeit zwischen zwei Behandlungen hängt von der Wassertemperatur ab. Bei 25°C liegen vier Tage zwischen den Behandlungen, bei 18°C sind es sechs Tage und bei 10°C muß man zehn Tage vergehen lassen. Die Strategie besteht darin, daß man solange behandelt, bis sich alle unempfindlichen Parasiten in Tochterzellen geteilt haben, die dann auf die Behandlung ansprechen. Am wirkungsvollsten ist die Behandlung mit einer Kombination aus Formaldehyd und Malachitgrün. Es ist jedoch ratsam, während dieser Behandlung das Wasser gut zu belüften, da das vorhandene Formaldehyd den Sauerstoffgehalt verringert. Außerdem muß man die UV-Lampe einige Tage ausschalten, da sie die Wirkung des Heilmittels beeinträchtigt. Es wird empfohlen, die Fische am Tag der Behandlung nicht zu füttern. Sonstige wirksame Heilmittel gegen Weiße Pünktchen sind Acriflavin, Chloramin T oder Kupfersulfat.

Falls möglich, kann man die Temperatur einige Tage auf über 32°C erhöhen, wodurch die Parasiten sterben. Eine arbeitsintensive und praktisch nicht durchführbare Methode ist die Fische sieben Tage lang jeden Tag in einen neuen Quarantänebehälter umzusetzen, sodaß die freischwimmenden Tochterzellen keinen neuen Fisch mehr finden können und absterben. Es wird nach einem Impfstoff gesucht, welcher die Möglichkeit zum Immunitätsaufbau gegen die Weiße-Pünktchen-Krankheit bietet. Dies ist in Zukunft eventuell eine mögliche Lösung für dieses Problem.

TRICHODINA

Dieser Parasit kommt in den letzten Jahren bei Teichfischen häufiger vor. Genau wie *Costia* und Weiße Pünktchen, ist *Trichodina* einer der wenigen Parasiten, die man das ganze Jahr über, also auch im Winter, beim Koi finden kann. Dieser Parasit kann sich nämlich zwischen 4°C und 30°C vermehren. Die Vermehrung läuft schneller bei verschmutztem Wasser ab.

Trichodina **ist ein schüsselförmiger Parasit, den man auch den schönsten unter den Fischparasiten nennt. Wenn man ihn einmal unter dem Mikroskop gesehen hat, vergisst man ihn nie mehr.** Dieser Parasit ist ungefähr 70 μm groß, hat einen typischen Hakenkranz auf der Unterseite und um sich herum eine Reihe von Flimmerhärchen.

Durch die andauernden Bewegungen des Parasiten, schabt er mit seinen Häkchen Teile der Haut oder Kiemen ab, von denen er sich ernährt. Dies verursacht zahllose

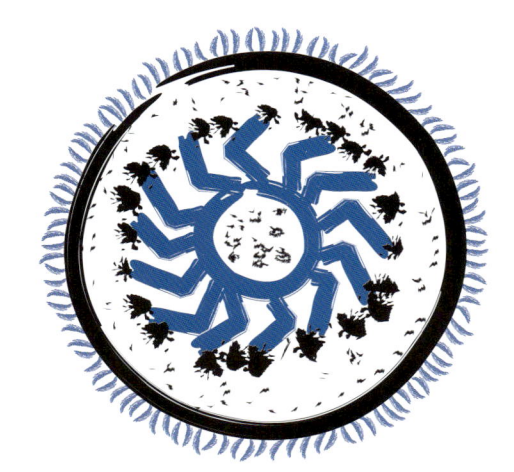

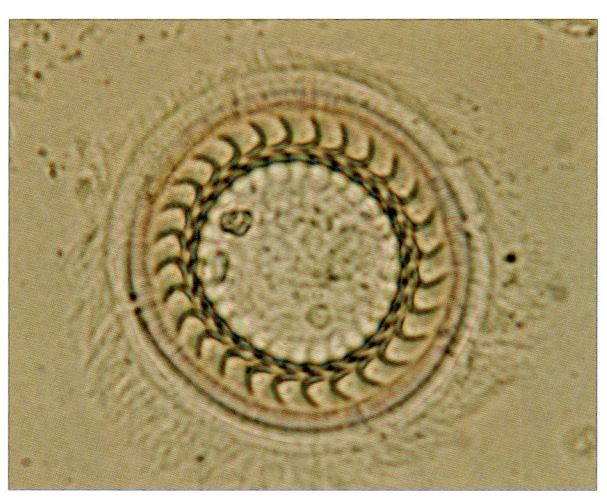

Trichodina

Trichodina (70 μm)

Ansteckende Krankheiten

kleine, entzündete Wunden, auf die der Fisch mit erhöhter Schleimproduktion reagiert. Im Hautbereich entsteht hierdurch eine weiß- bis graufarbige Trübung. Die kleinen Wunden im Bereich der Kiemen sorgen dafür, dass der Fisch kaum noch atmen kann. Im ersten Stadium liegen die Fische lustlos am Boden, um auf diese Weise wenig Sauerstoff zu verbrauchen.
In einem späteren Stadium, schnappen sie an der Wasseroberfläche nach Luft. Manche *Trichodina* sind unschädlich. Aber eine ernsthafte Parasiteninfektion kann ohne Zweifel, vor allem bei jungen Fischen und nach dem Transport zum Tod führen. Auch andere Stresszustände sowie Überbesetzung und schlechte Wasserqualität können zu dieser Krankheit führen. Durch die kleinen Wunden kann leicht eine sekundäre, bakterielle Infektion entstehen.

Die Behandlung von *Trichodina* geschieht meistens mit Kaliumpermanganat. Da der Parasit sich über direkte Teilung vermehrt und sich nicht so tief wie Weiße Pünktchen eingräbt, ist eine Behandlung ausreichend. Bei mehreren Behandlungen ist es ratsam, den Teich gut zu belüften. Andere wirksame Heilmittel sind u.a. Chloramin T, Formaldehyd, Acriflavin und Malachitgrün.

CHILODONELLA

Dieser Ciliat kommt in letzter Zeit bei Teichfischen nicht mehr so häufig vor. Im Gegensatz zu *Trichodina* führt er kaum zum Tod. Die befallenen Fische werden zwar schwächer, wodurch sie aber auch gegen andere Erkrankungen empfindlicher werden.
Chilodonella sind ungefähr 40 µm groß, herz- und nierenförmig und besitzen auf der Rückseite Flimmerhärchen. Dieser Parasit greift Haut und Kiemen an.
Eine einmalige Behandlung über mehrere Tage mit einem hohen Salzgehalt von 7 Gramm pro Liter genügt meistens, um diesen Parasiten zu töten.

Chilodonella

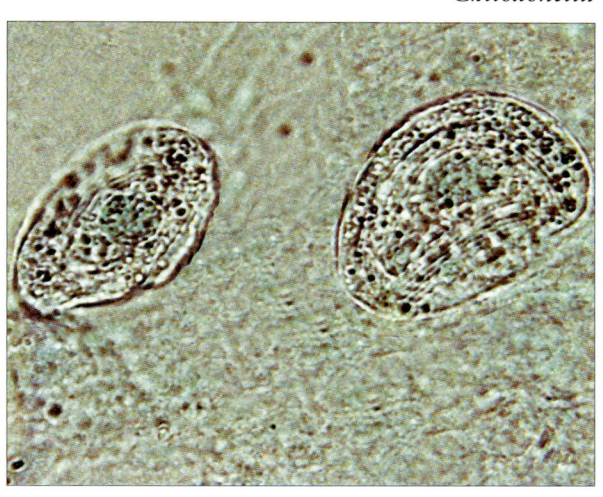

Chilodonella (40 µm)

Andere wirksame Heilmittel sind Kaliumpermanganat, Chloramin T, Acriflavin, Formaldehyd und Malachitgrün.

TETRAHYMENA

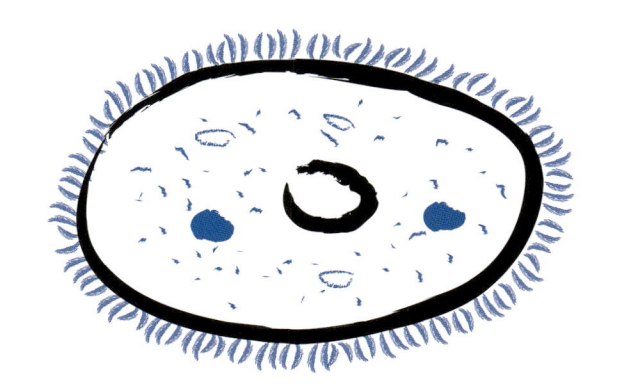

Tetrahymena

Ansteckende Krankheiten

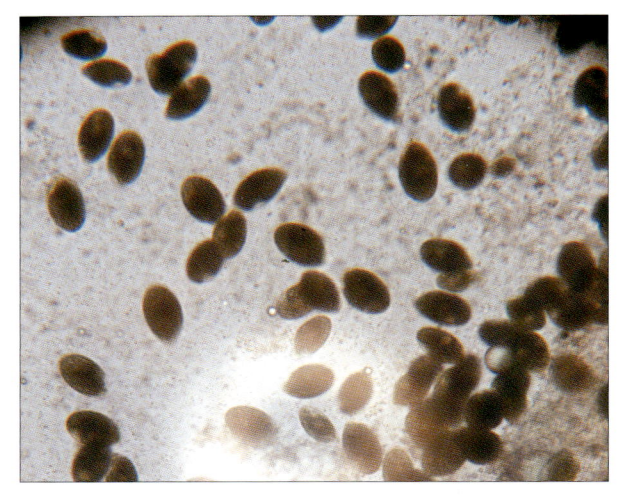

Tetrahymena (30 μm)

Tetrahymena sieht man in den letzten Jahren bei Teichfischen nur noch sehr selten. In Aquarien hingegen, kommt dieser Parasit noch regelmäßig vor. *Tetrahymena* ist ungefähr 30 μm groß, birnenförmig und hat um sich herum einen Kranz von Flimmerhärchen. Genau wie *Chilodonella*, ist die Sterblichkeitsrate bei diesem Parasiten nicht sehr hoch. Man darf ihn nicht mit den Tochterzellen der Weißen Pünktchen verwechseln. Die Behandlung kann am besten mit Metronidazol oder einer Kombination von Formaldehyd und Malachitgrün vorgenommen werden.

GESTIELTE GLOCKENTIERCHEN
(Apiosoma und Epistylis).

Glockentierchen

Die gestielten Glockentierchen sind Kommensalen. Das bedeutet, dass sie für die Fische nicht direkt tödlich sind. Diese anpassungsfähigen Organismen verursachen beim Koi, der bereits verletzt oder infiziert ist, kleine weiße Flecken. Sie kommen hauptsächlich in verschmutzten Teichen vor und sind ein Zeichen für schlechte Wasserqualität. Die Tochterzellen schwimmen frei im Wasser umher. Die ausgewachsenen Parasiten sind ungefähr 30 μm groß, glocken- oder kegelförmig und kaum oder gar nicht beweglich. Hierdurch kann man sie unter dem Mikroskop sehr leicht von anderen Ciliaten unterscheiden.

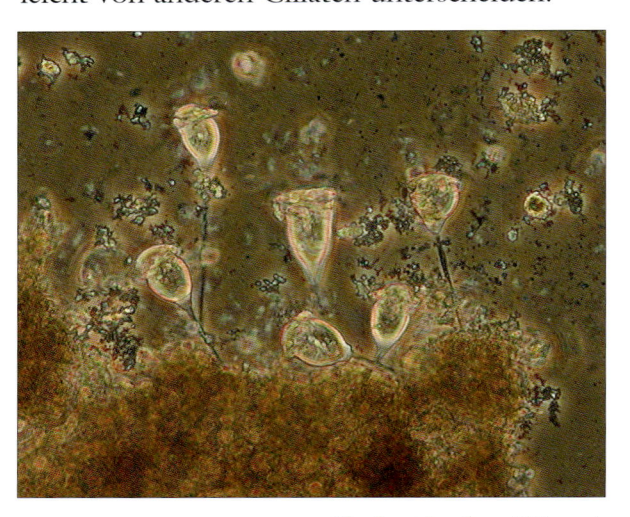

Glockentierchen (30 μm)

Die Behandlung erfolgt am besten durch einen hohen Salzgehalt von 7 Gramm pro Liter über einige Tage hinweg, oder mit einer Kombination von Formaldehyd und Malachitgrün.

Protozoene Sporozoon und Myxozoa

Die protozoene Sporozoon und Myxozoa bilden Sporen die ungefähr 10 μm groß sind. Wenn diese Sporen massenhaft auftreten, führt dies meist zum Tod des Fisches. Zu dieser Gruppe gehören sehr viele Parasiten, wobei hier nur die drei Sorten beschrieben werden, die bei unserem Koi am häufigsten vorkommen.

COCCIDIA

Der wichtigste Parasit in der Gruppe der Coccidia ist *Eimeria Cyprini*, der hauptsächlich bei jungen Karpfen und

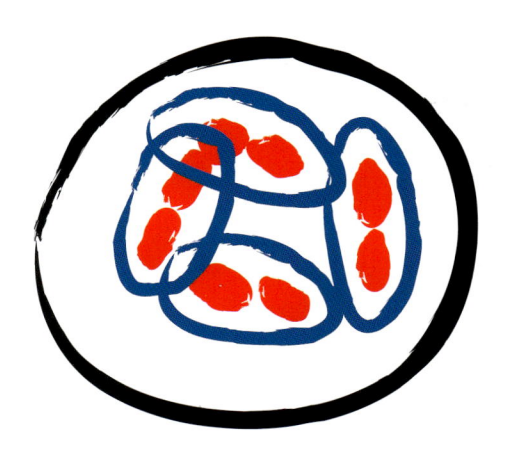

Ansteckende Krankheiten

Eimeria-Sporen

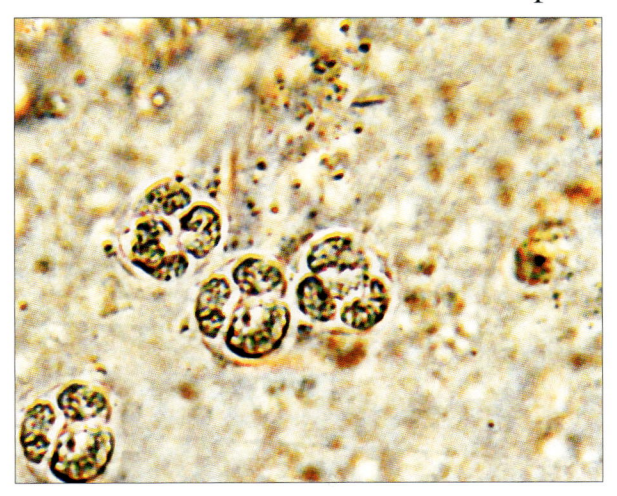

Eimeria-Sporen

PLEISTOPHORA

Pleistophora greift bei Teichfischen vor allem das Muskelgewebe an. Es verursacht weiße Flecken auf der Flanke des Fisches. Wenn sich der Fisch einmal in diesem Stadium befindet, kann die Krankheit tödlich sein. Man sieht diesen Parasiten immer öfter bei einigen Aquariumsfischen, wie z.B. dem Neontetra und dem Kardinaltetra. Aus diesem Grund wird er auch die 'Neonkrankheit' genannt. Da *Pleistophora* langlebige Parasiten sind, verursachen sie eine chronische Krankheit, was dazu führt, dass man ab und zu einen kranken Fisch hat. Diese Parasiten führen niemals zu einem Massensterben. Den von *Pleistophora* verursachten weißen Ausschlag darf man nicht verwechseln mit

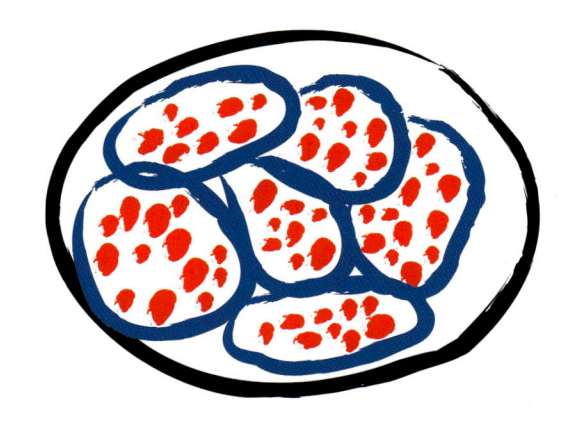

Goldfischen Darmcoccidiose verursacht. Man kann hierbei in der Darmwand kleine, gelbliche Knötchen entdecken, die einige Millimeter groß sind. Auch die Leber, die Milz, die Niere und die Schwimmblase können angegriffen sein. Die Diagnose kann man anhand des typisch gelblichen Kot und einer mikroskopischen Untersuchung der Organe und der Ausscheidungen stellen, in denen massenhaft Sporen von *Eimeria* gefunden werden. *Eimeria* Sporen (Foto oben) besitzen eine typische Form; sie bestehen aus einer dünnen Wand, in der sich 4 Sporozysten befinden, die jeweils 2 Sporozoiten enthalten.
Die Behandlung gegen *Eimeria* wird mit Coccidiostatica vorgenommen und verläuft oft sehr langwierig.

Pleistophora-Sporen

Pleistophora-Sporen und Neonkrankheit (Insert)

Ansteckende Krankheiten

der weitverbreiteten bakteriellen Erkrankung *Flavobacterium columnare*. Eine sichere Diagnose ist erst durch ein mikroskopisch untersuchtes Muskelpräparat möglich. Hierauf erkennt man ganz deutlich zahllose Sporen, welche wiederum ungefähr zwanzig Sporozoiten in sich haben. (Foto vorige Seite) Es gibt zur Zeit keine Therapie gegen *Pleistophora*. Die Sporen können für längere Zeit im Teich überleben. Den infizierten Fisch in Quarantäne zu nehmen und die Wasserqualität zu optimieren ist die beste Möglichkeit der Behandlung.

MYXOBOLUS

Myxobolus kann beim Koi alle Organe angreifen, bevorzugt jedoch die Schwimmblase und das knorpelige Skelett des jungen Koi. Typische Symptome sind Missbildungen an der Knochenstruktur des Kopfes und wiederholte sehr schnelle, drehende Bewegungen. Man nennt die Krankheit deshalb auch die 'Drehsucht'. Der Parasit kann durch seine Sporen in der Schwimmblase oder in anderen Organen identifiziert werden. Eine korrekte Diagnose ist nur durch eine Autopsie mit einer mikroskopischen Untersuchung ab einer 100-fachen Vergrößerung möglich. Auch hier ist eine Behandlung sehr schwierig. Der Einsatz von Furazolidon oder Acetarsol hat in einigen Fällen zum Erfolg geführt. Nach der ersten Infektion mit Myxobolus behalten die Fische die Sporen selbst nach der Heilung in sich. Wenn der Fisch stirbt bleiben die Sporen am Leben und schwimmen frei im Wasser umher. Sie können jahrelang auf dem Teichboden überleben.

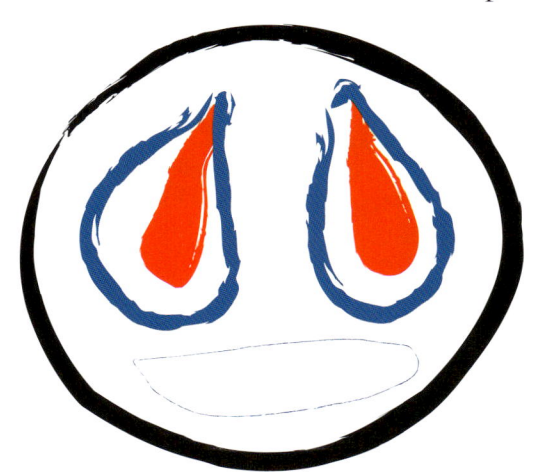

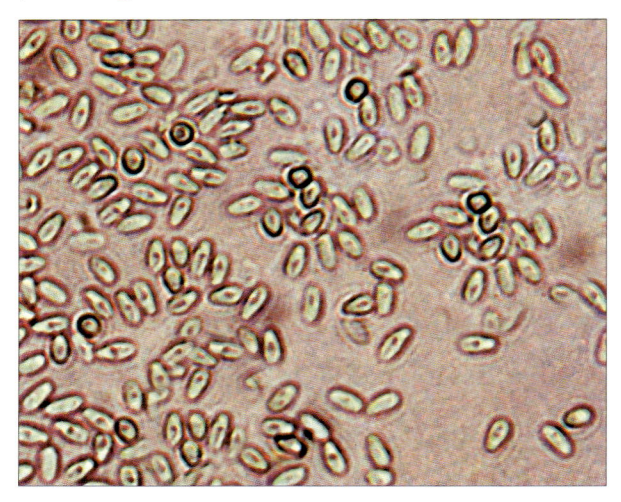

Myxobolus-Sporen

Myxobolus-Sporen

Metazoa (=mehrzellige)

TREMATODA (=Saugwürmer)

MONOGENEA : GYRODACTYLUS UND DACTYLOGYRUS

Der Hautwurm (*Gyrodactylus*) und der Kiemenwurm (*Dactylogyrus*) sind die wichtigsten Vertreter der Gruppe der Monogenetischen Trematoda (= Saugwürmer). Diese kommen sehr oft bei Teichfischen vor. Wie der Name bereits sagt, kommt der Kiemenwurm vor allem auf den Kiemen vor. Gelegentlich findet man auch auf einem Hautabstrich Kiemenwürmer, welche dorthin gewandert sind. Sie besitzen eine typische Form und können unter dem Mikroskop leicht erkannt werden. Generell sind sie ca. einen halben Millimeter groß. Manchmal kann man sie mit dem bloßen Auge als schwarze Pünktchen erkennen. Obwohl sich Haut- und Kiemenwurm sehr ähneln, gibt es doch noch einige wesentliche Unterschiede.

Der Hautwurm ist lebend gebärend, während der Kiemenwurm eierlegend ist.

Ansteckende Krankheiten

Hautwurm *Kiemenwurm*

Für den Hautwurm reicht eine Behandlung mit Medikamenten aus. Gegen die Eier des Kiemenwurms sind Medikamente machtlos, hier sind mindestens zwei Behandlungen notwendig. Das deutlichste Unterscheidungsmerkmal zwischen den beiden ist, dass man im Körper des Kiemenwurmes ein dunkles Ovarium (Eierstock) vorfindet, während man im Körper des Hautwurmes bereits die Haken der Jungen im Uterus (Gebärmutter) erkennen kann. In einem Hautwurm kann man bis zu vier Generationen erkennen. Dies hängt mit ihrer kurzen Lebensspanne von 20 Minuten zusammen. Außerdem kann man unter dem Mikroskop sehen, dass der Hautwurm zwei lappenförmige Ausbuchtungen besitzt, während der Kiemenwurm mindestens vier davon hat. Man erkennt beim Kiemenwurm schließlich vier schwarze Augenpünktchen, die beim Hautwurm fehlen. Sowohl der Haut- als auch der Kiemenwurm heften sich mit Hilfe eines Hakenpaares und sechzehn kleineren Häkchen am Fisch fest. Der Kiemenwurm wird als der krankmachendere der beiden betrachtet. Bei einer massenweisen Infektion gerät der Fisch schnell in Atemnot. Ist dies der Fall kann man unter dem Mikroskop oft mehr als 10 Würmer pro Abstrich erkennen. Der Hautwurm kommt vor allem in verschmutztem Gewässer und bei Überbesetzung vor. Sowohl der Haut- als auch der Kiemenwurm benötigen die Fische um überleben zu können. Die Larven können nur einige Stunden ohne Wirtsfisch überleben. Ausgewachsene Würmer können bis zu

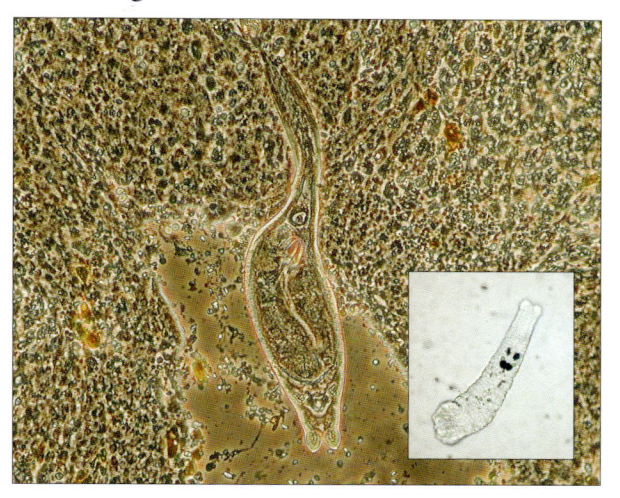

Hautwürmer und Kiemenwurm (im Fenster)

einer Woche ohne Fisch überleben. Die Behandlung von Haut- und Kiemenwürmern geschieht am besten mit Flubendazol. Wie bereits erwähnt, muss man gegen den eierlegenden Kiemenwurm zwei bis drei Behandlungen, mit jeweils ca. einer Woche Zwischenraum durchführen. Anstatt Flubendazol oder Mebendazol kann man auch Praziquantel oder Trichlorfon (Lurectron®) verwenden. Trichlorfon und andere organische Phosphate haben in den letzten Jahren zu einer immer größeren Resistenz der Parasiten geführt. Außerdem ist die Dosierung von Fischart zu Fischart anzupassen. Bei Karpfen verwendet man 1g / 1500 Liter Wasser, während diese Dosis bei Goldorfen bereits tödlich ist. Diese Fische überleben maximal 1 g / 5000 Liter Wasser. Diese geringe Dosis reduziert die Wirksamkeit von Trichlorfon jedoch drastisch und wird sich am Ende als unwirksam erweisen. Man sollte während der Behandlung die Goldorfen aus dem Becken nehmen. Zehn Tage nach dem letzten Einsatz von Trichlorfon kann man die Goldorfen wieder zurücksetzen.

Ansteckende Krankheiten

DIGENEA

Diplostomum spathaceum ist der wichtigste Vertreter der Gruppe der Digenetischen Trematoden (Saugwürmer).
Um seinen Lebenszyklus vollenden zu können, benötigt dieser Parasit verschiedene Zwischenwirte.
Der letzte Wirt, ein fischfressender Wasservogel, gibt die *Diplostomum*-Eier über seinen Kot ins Wasser ab. Nach ungefähr drei Wochen geht die Larve (Miracidium), die hieraus entstanden ist, auf die Suche nach dem ersten Zwischenwirt, der Wasserschnecke.
Der Parasit vermehrt sich in der Leber dieser Wasserschnecken, verläßt sie dann und macht sich auf die Suche nach einem Fisch, der als zweiter Zwischenwirt fungiert. Im sogenannten Metacercarie-Stadium durchdringt die Larve die Fischhaut, bevor sie zur Augenlinse wandert. Dies führt zu einer Augenentzündung und in der Folge zu einer Verdickung des Linsengewebes, was die Augen trübe aussehen lässt.

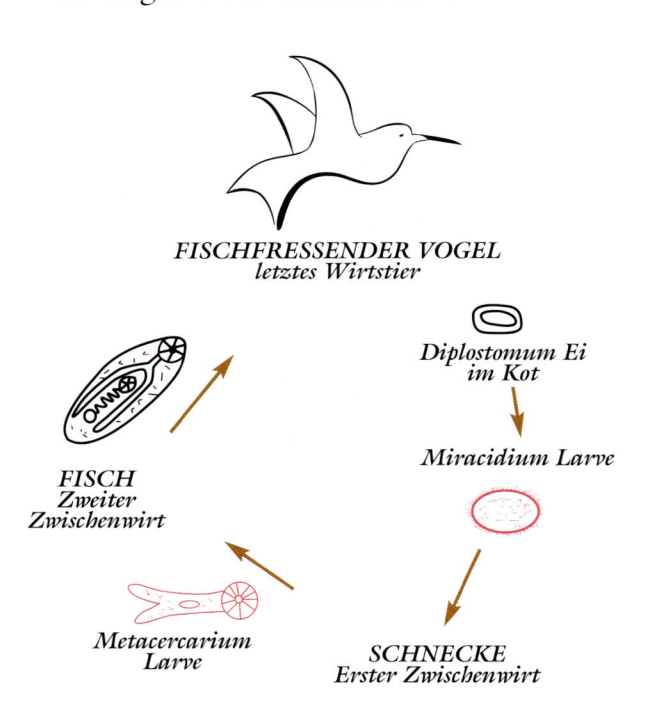

FISCHFRESSENDER VOGEL
letztes Wirtstier

Diplostomum Ei im Kot

FISCH
Zweiter Zwischenwirt

Miracidium Larve

Metacercarium Larve

SCHNECKE
Erster Zwischenwirt

Lebenszyklus Diplostomum

Trübe Augen sind ein typisches Zeichen für einen durch *Diplostomum* befallenen Fisch. Um die Diagnose auf *Diplostomum* zu stellen, zerdrückt man die trübe Linse zwischen Objektträger und Deckglas. Unter dem Mikroskop erkennt man ganz deutlich das Metacercaria Stadium von *Diplostomum*. Neben der mikroskopischen Untersuchung kann man auch eine

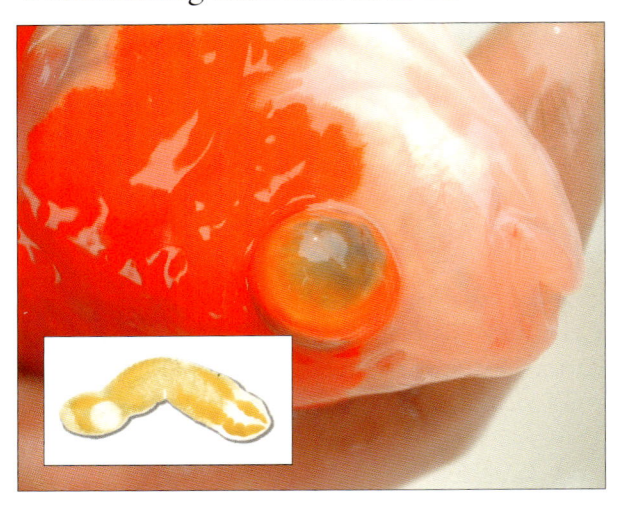

Trübes Auge, verursacht durch Diplostomum

histologische Untersuchung des Augapfels vornehmen. Bei der Behandlung sollte man vor allem auf Vorbeugung setzen. Praziquantel oder Niclosamid töten zwar die Metacercaria ab, aber wenn bereits die Augenlinse angegriffen ist, ist der Schaden nicht mehr behebbar. Stellen sie sicher, dass die Wasservögel fernbleiben und entfernen sie in der Sommerzeit alle Schnecken aus dem Wasser.

Andere Digenea, welche bei Karpfen vorkommen, wie *Neascus*- und *Sanguinicola*-Saugwürmer haben einen ähnlichen Lebenszyklus wie *Diplostomum*.
Beim *Neascus* kapselt sich das Metacercaria Stadium in der Haut ein. Als Reaktion darauf bildet der Fisch um diese eingekapselte Metacercarie eine weiße Schicht. Abhängig von der Pigmentierung, kann man bereits mit bloßem Auge weiße oder schwarze Pünktchen erkennen.
Man nennt die Parasiten deshalb entweder

"Schwarze-Flecken-Krankheit" oder "Weiße-Maden-Krankheit".
Der Blutwurm *Sanguinicola* infiziert das Herz und die Kiemen, welche er durch die Blutbahn erreicht. Die abgelegten Eier wandern zu kleineren Blutgefäßen und verstopfen diese.
Mit Hilfe einer mikroskopischen Untersuchung des Blutes oder des Kots kann man die typischen dreieckigen Eier von *Sanguinicola* finden.

CESTODA (= Bandwürmer)

Fische sind, genau wie bei der Digenea, für die meisten Bandwürmer nur ein Zwischenwirt. Diese Parasiten kommen also nicht in Fischbecken vor, da ihr Lebenszyklus dort nicht vollendet werden kann. Der am meisten bekannte Bandwurm ist der *Ligula intestinalis*. Dieser Wurm befindet sich hauptsächlich in der Darm- und Bauchhöhle von jungen Karpfen und kann bis ca. 40 cm lang werden. *Ligula intestinalis* setzt sich aus einer ganzen Anzahl von Bandwurmsegmenten (Proglottiden) zusammen. Er verursacht eine starke Schwellung des Bauches. Man muss ihn also immer in betracht ziehen, wenn eine Bauchschwellung vorliegt. In extremen Fällen kann der Bauch durch den enormen Druck aufreißen. Nur eine Autopsie führt zur richtigen Diagnose. Die Behandlung geschieht mit Praziquantel oder Niclosamid. *Diphyllobothrium latum* ist ein Bandwurm der sich in den Muskeln einkapselt. Dieser Wurm verursacht bei Karpfen keine größeren Probleme. Jedoch ist es wichtig diesen zu erwähnen, da es sich um eine Zoonose (Als Zoonose wird eine auf den Menschen übertragbare Tierkrankheit bezeichnet) handelt.

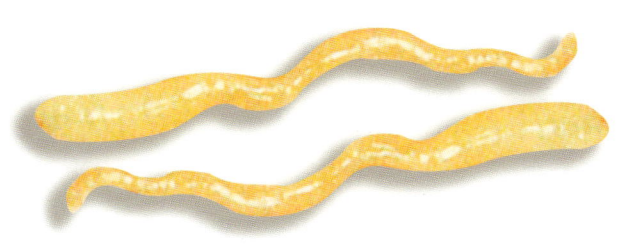

NEMATODA (= Schlauchwürmer)

Schlauchwürmer kommen bei Teichfischen nur selten vor. Ihre Größe beträgt im Durchschnitt ein bis zwei Zentimeter und sie treten vor allem im Darm auf. *Capillaria* können bei Aquariumsfischen vorkommen, vor allem wenn lebendes Futter, wie z.B. Wasserflöhe, verabreicht wird.

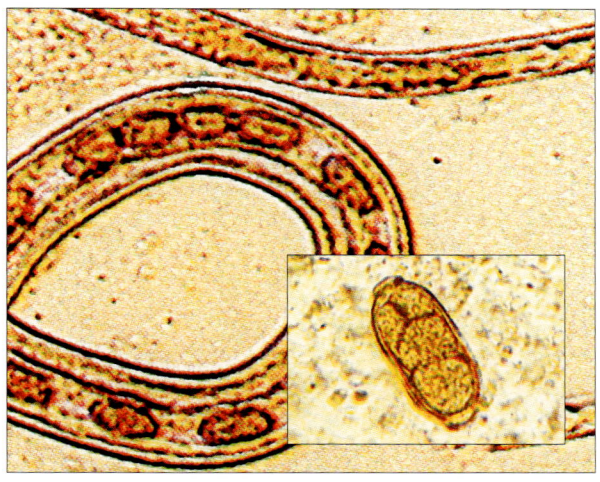

Ausgewachsener Wurm und Capillaria Eier (im Fenster)

Fische, welche von einer großen Anzahl des Parasiten befallen sind, sind sehr abmagert und verhalten sich ungewöhnlich lustlos. Die infizierten Fische haben oft eine etwas dunklere Farbe und scheiden weißen, schleimigen Kot aus.

Man kann die Diagnose stellen, indem man den Kot unter dem Mikroskop untersucht. Falls der Fisch infiziert ist findet man zitronenförmige Eier. *Capillaria* kann erfolgreich mit Levamisole behandelt werden.

ACANTHOCEPHALA (= Hakenwürmer)

Hakenwürmer sind ungefähr zwei Zentimeter groß und haben einen rüsselförmigen Kopf (Proboscis = Saugrüssel), welcher mit Häkchen übersät ist.

Ligula intestinalis

Ansteckende Krankheiten

Mit diesen ziehen sie Nahrungsstoffe aus dem Darm. Dadurch entstehen an diesen Stellen Darmblutungen. Erst bei massenhaftem Auftreten der Parasiten besteht ernste Gefahr. Da der Fisch hier nur als Zwischenwirt auftritt, ist das Risiko einer massiven Infektion klein. Hakenwürmer kann man durch das Vorhandensein der schlanken genau strukturierten Eier oder bei der Autopsie nachweisen.

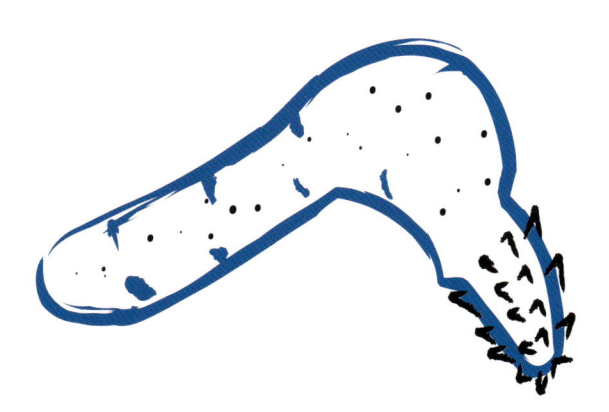

Hakenwurm

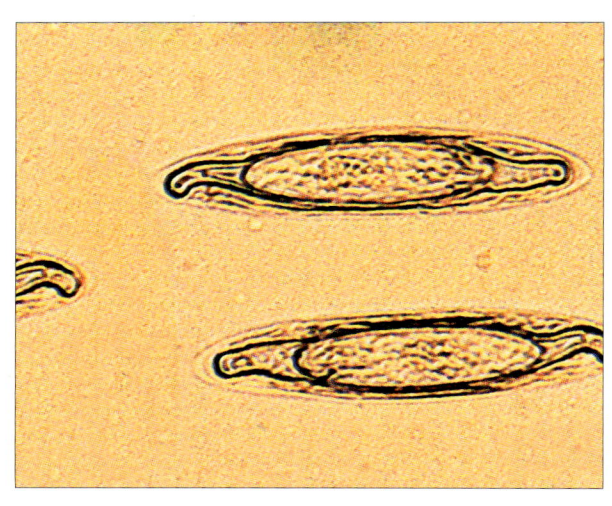

Ei des Hakenwurms

ANNELIDA (=Gliederwürmer)

Piscicola geometra, auch Blutegel genannt, ist der bekannteste Gliederwurm der bei Teichfischen vorkommt. Er wird bis zu fünf Zentimeter groß. Der Blutegel verlässt den Fisch, um sich fortzupflanzen. Die Eier legt er auf Steinen, Pflanzen oder am Teichrand ab. Über einen Saugnapf wird Hirudine, ein gerinnungshemmendes Eiweiß aus dem Speichel des Blutegels in die Blutbahn abgegeben. **Der Blutegel kann das zehnfache seines Gewichts an Blut aufsaugen.** Das kann oft bis zu zehn Milliliter Blut je Blutegel betragen. Diese Blutsauger kommen vor allem im Sommer und Herbst vor und können ihren

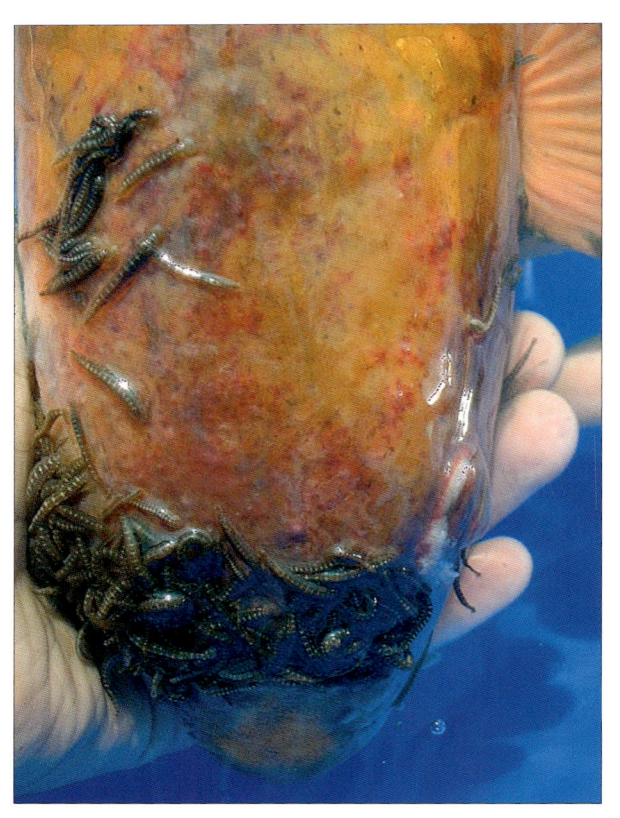

Blutsauger

Wirtsfisch erheblich schwächen. Eine akute Infektion verursacht Anämie (= Blutarmut). Außerdem ist der Fisch anfälliger gegen sekundäre Infektionen. Oft entstehen an der Stelle, an der sich der Blutegel angesaugt hatte, Geschwüre. Eine weitere Gefahr besteht in der Übertragung von Viren oder anderen Blutparasiten von Fisch zu Fisch. Piscicola geometra kann mit oder ohne Betäubung manuell entfernt werden.
Man muss hierbei sehr vorsichtig vorgehen damit man auch den ganzen Blutsauger am Stück erwischt.

Ein Kurzzeitbad in einer Salzlösung (2-3%) wird den Parasiten soweit betäuben, dass er entweder von selbst abfällt oder leicht entfernt werden kann. Den entfernten Blutsauger sollte man in kochendem Wasser töten. Da seine Eier gegen die meisten Heilmittel immun sind, ist es schwierig, den Fisch gegen den Blutegel zu behandeln. Man setzt oft bis zu dreimal Trichlorfon (Lurectron®) ein. Diflubenzuron (Dimilin®) dagegen wirkt auch gegen die Eier, sodass eine einzige Behandlung damit oft ausreicht.

CRUSTACEA (=Schalentiere)

ARGULUS FOLIACEUS oder KARPFENLAUS

Karpfenläuse schaden ihren Wirtsfischen dadurch, dass sie Blut und Gewebe absaugen. Dieser Parasit dringt mit seinem rüsselförmigen, scharfen Mund in die Epidermis ein und injiziert eine geringe Menge Gift.

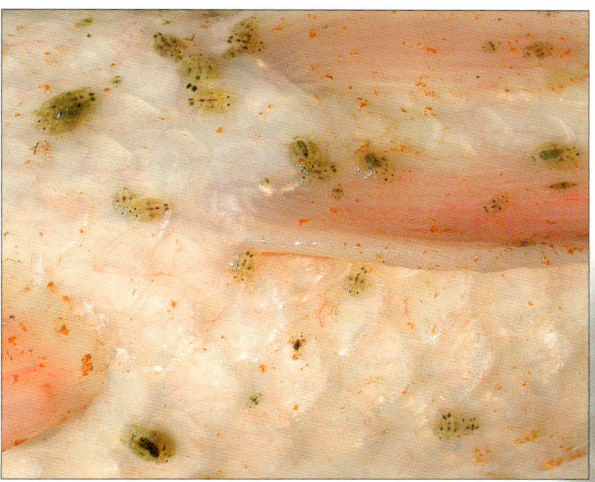

Zahlreiche Karpfenläuse

Eine Infektion durch Karpfenläuse kann man oft an lokalen rötlichen Hautentzündungen erkennen, welche bei diesem Vorgang entstehen.
Dadurch wird auch sekundären bakteriellen- oder Pilzinfektionen eine Angriffsstelle geboten.

Es ist auch nicht ausgeschlossen, dass die Karpfenlaus bestimmte Viren überträgt.
Der Lebenszyklus der Karpfenlaus sorgt dafür, dass man sie nur sehr schwer ausrotten kann.
Die ausgewachsenen Weibchen verlassen den Fisch, um sich fortzupflanzen.
Vor dem Sterben, legt jedes Weibchen durchschnittlich dreihundert Eier auf Pflanzen oder auf flachen Steinen ab.
Nach einem Monat (bei 16°C) sind die Larven in den Eiern entwickelt und schwimmen frei im Wasser umher.
Nach dem Durchlaufen von ungefähr sieben Entwicklungsstadien ist die Karpfenlaus zwei Monate alt und nunmehr selbst wieder fortpflanzungsfähig.
Die Fortpflanzungszeit der Karpfenlaus liegt zwischen April und September. Bei einer Temperatur unter 15°C stoppt die Eierproduktion. Darum treffen wir diese Parasiten im Sommer öfter an.
Das große Problem ist, dass die Eier gegen die meisten Heilmittel unempfindlich sind.
Die einzige Möglichkeit, die uns zur Verfügung steht sind wiederholte

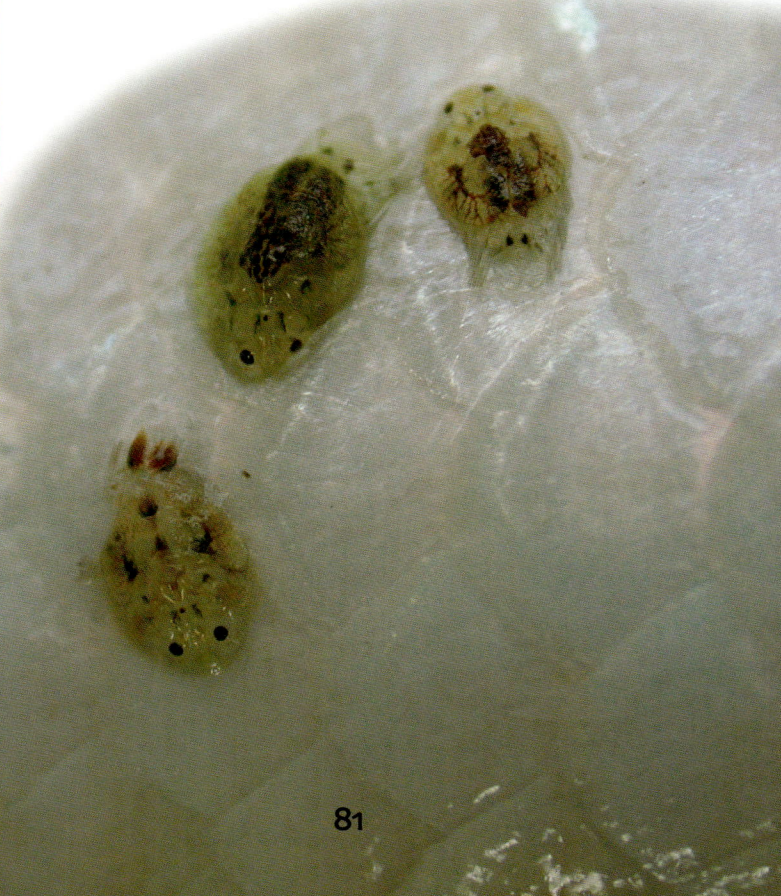

Ansteckende Krankheiten

Behandlungen. Die am häufigsten angewandten Mittel sind Trichlorfon und andere organische Phosphate.
Jedoch erkennt man auch hier in letzter Zeit eine immer größere Resistenz der Parasiten. Ein weiteres wirksames Heilmittel gegen die Karpfenlaus ist Diflubenzuron.
Der große Vorteil dieser Medizin ist, dass sie auch gegen die Eier wirkt und darum nur einmal verabreicht werden muss.
Außer Diflubenzuron hilft Ivermectin oder Lufenoron sowohl gegen die ausgewachsenen Parasiten als auch gegen die Eier.
Bei einer leichten Infektion reicht es oft aus die Fische für zehn Minuten in ein Salzbad von 15 Gramm pro Liter zu geben.
Dadurch werden die meisten Karpfenläuse getötet, die dann von selbst herunterfallen oder zumindest leicht zu entfernen sind.
Die durch die Läuse verursachten Hautwunden kann man am besten mit einer verdünnten Jodtinktur desinfizieren. Dabei muss man darauf achten, dass die Jodtinktur nicht mit den Kiemen in Berührung kommt, da es ansonsten zu einer starken Reizung kommen kann.

Die radikalste Methode, um die Karpfenlaus und ihre Eiern auszurotten ist, das Filtersystem trocken zu legen.

Die Karpfenlaus in allen Entwicklungsstadien ist gegen Austrocknung empfindlich und stirbt innerhalb von 24 Stunden ab. Wie effektiv diese Methode auch sein mag, ist es in der Praxis so gut wie unmöglich alle Anlagen trocken zu bekommen.
Ohne Wirtsfische können Karpfenläuse noch bis zu drei Wochen überleben. Wenn man alle Fische für drei Wochen aus dem Teich nehmen würde, wäre das Problem somit auch zu lösen.
Sonnenbarsch und Schleie fressen die Karpfenlaus auf, was zu einer (beschränkten) Reduzierung der Karpfenlausdichte führt.

LERNEA CYPRINACEA oder ANKERWURM

Lernea cyprinacea sind makroskopisch sichtbare Krebse, die man während des Sommers oft auf Koi und anderen Teichfischen vorfindet. **Bei diesem Parasiten sind es nur die Weibchen, die Fische befallen. Die Männchen sind nicht auf Fischen anzutreffen und sterben bereits nach der Paarung.** Das ausgewachsene Weibchen hat einen schlanken Körper, der bis zwei Zentimeter lang werden kann. An der Kopfseite befindet sich ein ankerförmiges Haftorgan, mit dem der Parasit tief in die Epidermis eindringen kann.

Ankerwurm

Ähnlich wie bei Blutegel und Karpfenlaus führt ein Biss des Ankerwurms oft zu sekundären bakteriellen oder viralen Problemen. Wie bei die meisten Parasiten ist das Wissen über den Lebenszyklus zur Bekämpfung entscheidend. Das ausgewachsene Weibchen ist gegen chemische Behandlungsmittel unempfindlich. Das ist vor allem ein Problem, wenn man weiß, daß es sechzehn Wochen leben kann und alle zwei Wochen, mit Hilfe seiner Eiersäckchen an den paarigen Schwanzenden, ca. tausend Eier produziert. Außerdem sind die Eier gegenüber den meisten Behandlungen unempfindlich. Ins Wasser abgegebene Eier entwickeln sich zu freischwimmenden Larven, die auf

Ansteckende Krankheiten

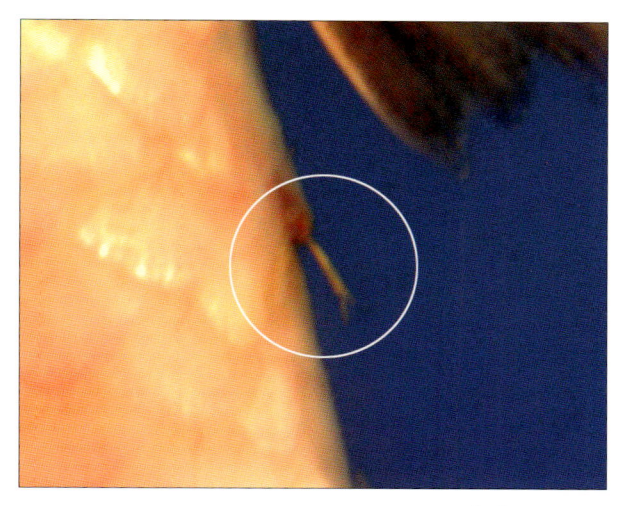

Ankerwurm

Therapeutika ansprechen. Die Larven durchlaufen noch einige Metamorphosen, bevor sie erwachsen sind und die Weibchen darunter schließlich parasitär werden.
Von diesem Zyklus können wir ableiten, daß eine Behandlung mit Trichlorfon mehrere Male wiederholt werden muss, um die Larven zu töten, und zwar solange bis das erwachsene Weibchen gestorben ist. Diflubenzuron wirkt in allen Lebensstadien des Zyklus, dadurch reicht eine einzige Behandlung aus.
Ähnlich wie beim Blutegel und der Karpfenlaus können wir einzelne Ankerwürmer am besten manuell entfernen und die Wunde mit Isobetadine desinfizieren.

PILZE

Pilze können durch Fotosynthese keine Nahrungsstoffe produzieren, da sie kein Chlorophyll haben. Darum müssen sie ihre Nahrung aus organischen Quellen beziehen. Fische und ihre Eier sind für Pilze darum auch ein idealer Nahrungsboden.

Wie entsteht eine Pilzinfektion?

Eine gesunde, mit Schleim überzogene Haut bietet normalerweise genügend Schutz gegen eine Pilzinfektion. Im allgemeinen kann man behaupten, dass die meisten Pilzinfektionen generell sekundär auftreten und zwar infolge von schlechter Wasserqualität, schlechter Ernährung, Verletzungen oder nach einer vorhergehenden Infektion mit Parasiten, Bakterien oder Viren. Pilze schädigen für gewöhnlich Fische, welche bereits zuvor Hautverletzungen aufweisen.

Welche Symptome kann man bei einer Pilzinfektion erkennen?

Im Anfangsstadium erkennt man die gleichen Symptome wie bei einer parasitären Infektion.
Typische Symptome sind Flossenkneifen, scheuern, ein gräulicher Schleier auf dem Körper und den Kiemen, Absonderung von der Gruppe und Appetitlosigkeit.
Bei einem massiven Pilzbefall treten oft baumwollartige Wucherungen von grauweißen Pilzfäden auf. Der Pilz kann manchmal grünlich aussehen, was durch Algen kommt, die sich auf den Pilzen

Grünfärbung der Verpilzung durch Algen

ansiedeln. Falls sich die Infektion über den gesamten Körper ausbreitet, wird es für den Fisch tödlich. Pilzinfektionen treten typischerweise äußerlich auf. Nur in seltenen Fällen greift eine Pilzinfektion auch die inneren Organe an.

Welches sind die wichtigsten Pilzsorten bei Teichfischen?

Es gibt hunderte verschiedener Pilzsorten. Ich möchte mich hier auf die Beschreibung der vier am häufigsten vorkommenden Pilzinfektionen bei Teichfischen beschränken.

Ansteckende Krankheiten

SAPROLEGNIA

Saprolegnia ist ein Pilz, der oft bei Fischen als auch bei den Fischeiern vorzufinden ist. Dieser Pilz kommt normalerweise bei einer Wassertemperatur zwischen 2°C und 30°C vor. Vor allem im Winter sieht man bei Teichfischen *Saprolegnia* regelmäßig. Bei diesen niedrigen Temperaturen hat der Fisch nur wenig Widerstand, wodurch der Pilz sich sehr gut vermehren kann. *Saprolegnia* kann selbst zur Krankheit werden, ist aber meistens eine begleitende Infektion, wenn der Fisch schon zuvor von anderen Infektionen geschwächt ist. Diese Pilzart existiert in jedem Teich. Für eine eindeutige Diagnose legt man eine Pilzkultur an. Genau wie für die parasitären Untersuchungen benötigt man auch hier ein gutes Mikroskop. Mit einer 100-fachen Vergrößerung erkennt man an den Pilzfäden (Hyphen), mit welchem Pilz wir es zu tun haben. *Saprolegnia* besteht aus langen verzweigten, zusammenhängenden Pilzfäden mit einer Hülle (Sporangium) am Ende. Die Fortpflanzung erfolgt geschlechtslos.

Zysten bilden und sich in mehrere Tochtergenerationen teilen und dabei eine enorme Fortpflanzungskapazität entwickeln. Wenn der Pilz auf den Kiemen siedelt, ist dies das Todesurteil für den Fisch, verursacht durch Erstickung. Tief in die Haut eindringende Pilze führen zur Störung der Osmoregulation, was für den Fisch ebenfalls tödlich ist. **Ein Fehler, der oft von Koihaltern begangen wird ist, dass sie die vorhandenen Pilze lediglich mit Antipilzmitteln behandeln. Wie aber bereits oben ausgeführt, ist die Pilzerkrankung meistens nur eine sekundär auftretende Krankheit aufgrund schlechter Umweltwerte, oder wenn Bakterien, Viren oder Parasiten den Fisch bereits geschwächt haben. Daraus ergibt sich, dass man zuerst diese primäre Erkrankung behandeln muss und erst danach gegen die Pilze vorgeht, da die Pilze ansonsten am Fisch bleiben.** Stark infizierte und tote Fische sowie angeschimmelter Laich sollten so schnell wie möglich aus dem Wasser entfernt werden, da Pilzinfektionen sich rasch ausbreiten.

Saprolegnia — *Saprolegnia* — *Saprolegnia Hyphen mit Sporangium*

Die runden Pilzsporen besitzen zwei Geißeln, mit denen sie sich einige Stunden fortbewegen können. Mit diesen heften sie sich an den Fisch, wo sie sich zu Pilzfäden weiterbilden. Diese Sporen können auch

Die Pilzinfektion selbst kann man mit einem Kurzzeitbad in Salz oder durch eintauchen in Malachitgrün behandeln. Während dieser Behandlung muss man das Wasser gut belüften.

Ansteckende Krankheiten

Diesen Vorgang wiederholt man mehrere Tage hintereinander. Eine lokale Behandlung am Koi mit Jodtinktur (Isobetadin®) hat sich als sehr wirkungsvoll herausgestellt. Wenn mehrere Fische befallen sind, ist eine Teichbehandlung mit FMC Erfolg versprechend.

BRANCHIOMYCES

Branchiomyces greift vor allem Karpfen an. Dies am häufigsten bei warmem Wetter (20°C bis 25°C) in verschmutzten Teichen mit einem niedrigen pH-Wert (pH ± 6). Im Gegensatz zu *Saprolegnia* kommt dieser Pilz in der natürlichen Flora eines Koi-Teiches nicht vor.
Eine Infektion mit *Branchiomyces* kommt daher seltener vor, als eine mit *Saprolegnia*. *Branchiomyces* tritt bevorzugt an den Kiemen auf, wo es eine ernsthafte Form der Kiemenfäule verursacht.
Dieser Pilz kann innerhalb weniger Tage eine Sterblichkeitsrate von 50% erreichen. Eine Teichbehandlung mit Formalin und Malachitgrün ist wirkungsvoll für Fische, die noch nicht so stark befallen sind.

ICHTYOPHONUS

Ichtyophonus tritt gelegentlich bei Teichfischen auf.
Durch die zahlreichen Hautverletzungen fühlt sich die Haut eines stark befallenen Fisches wie Schleifpapier an.
Ichtyophonus ist einer der wenigen Pilze, der auch im Körperinneren Probleme verursacht.
Da kaum Hyphen (fadenartiger unterirdischer Teil der Pilze) gebildet wird, kann man von außen keine Diagnose stellen.
Bei der Autopsie dagegen, bemerkt man im Bereich der verschiedenen Organe viele grauweiße Knötchen (Granuloma).
Diese Granulomen können bis zu einem halben Millimeter groß werden.
Unter dem Mikroskop erkennt man, dass diese Granulomen mit den Sporen von

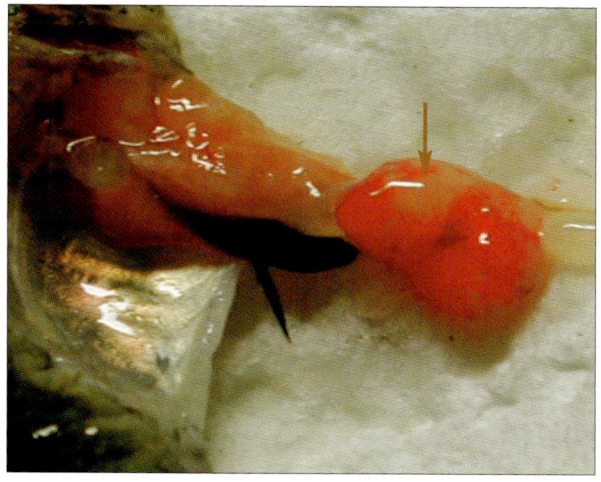

Granuloma

Ichtyophonus gefüllt sind. Nach einer PAS-Färbung kann man die Hyphen ganz deutlich als rote Fäden erkennen.
Meistens greift *Ichtyophonus* die Schwimmblase an, wodurch die Fische den Gleichgewichtssinn verlieren. Darum nennt man diese Pilzerkrankung auch manchmal die Taumelkrankheit. Gegen diese Pilzerkrankung gibt es keine wirkungsvolle Behandlung.

DERMOCYSTIDIUM KOI

Dermocystidium Koi ist eine Pilzkrankheit mit einem spezifischen Erscheinungsbild. Im Gegensatz zu anderen Pilzen verursacht dieser keine watteartige Wucherungen, sondern weiche, hervortretende, mit einem rötlichen

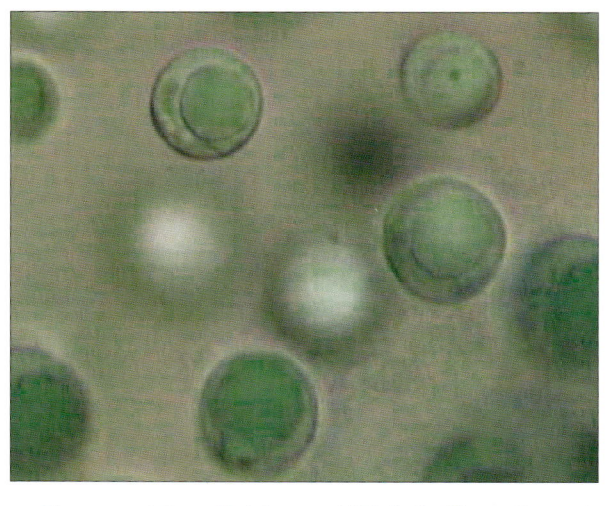

Dermocystidium Koi Sporen (400-fache Vergrößerung)

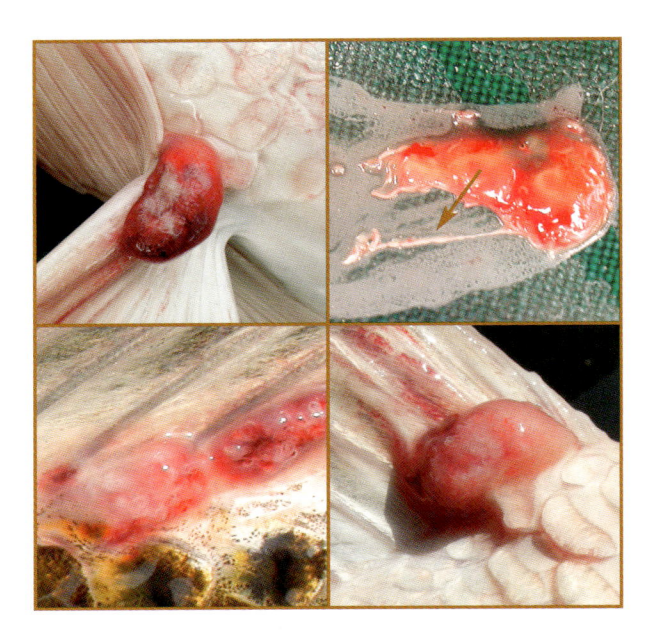

Ansteckende Krankheiten

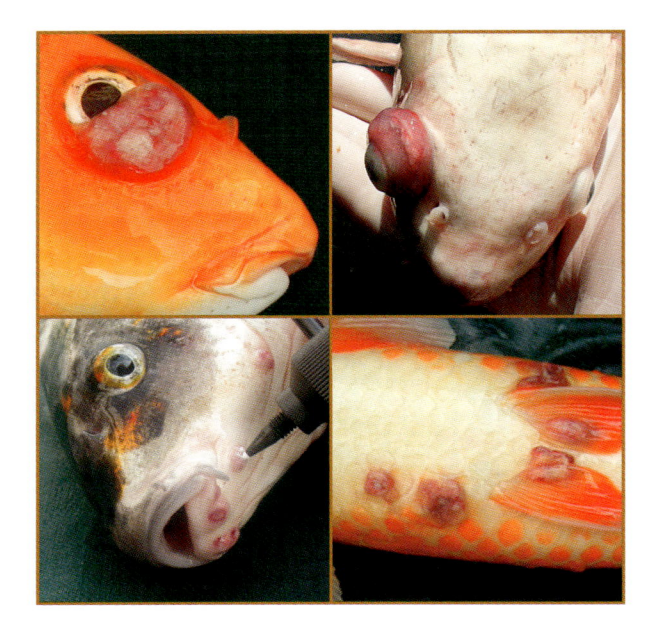

Glanz versehene Schwellungen auf der Haut von Cypriniden (karpfenartige Fische). Diese Schwellungen können bis zu einigen Zentimetern anwachsen. *Dermocystidium Koi* trifft man vor allem im Frühling und bei einer Wassertemperatur zwischen 10°C und 18°C an. Wenn man sich einen Knoten unter dem Mikroskop anschaut, sieht man unterteilte Pilzfäden (Hyphen). Diese Hyphen enthalten hunderte von Sporen die freigesetzt werden, wenn der Knoten aufbricht. *Dermocystidium Koi* tritt hauptsächlich auf der Haut in Flossennähe

Fotos oben:

1. Koi angegriffen durch Dermocystidium Koi im Bereich der Brustflosse.
2. Dermocystidium Koi mit sich lösenden Pilzfäden.
3. Dermocystidium Koi im Bereich der Rückenflosse.
4. Dermocystidium Koi im Bereich der Rückenflosse.

Fotos unten:

1. Dermocystidium Koi Koi im Augenbereich.
2. Dermocystidium Koi Koi im Augenbereich.
3. Dermocystidium Koi im Bereich des Unterkiefers.
4. Dermocystidium Koi im Bauchbereich.

Fotos unten: Dermocystidium Koi im Augenbereich wird weggebrannt. Das Foto rechts zeigt denselben Orenji genau einen Monat später.

Ansteckende Krankheiten

oder den Augen auf. Es kann theoretisch aber an jeder Stelle des Körpers auftreten. Unten sind einige Fotos von infizierten Fischen zu sehen. Mit diesem Pilz befallenen Koi haben keine gesundheitlichen Probleme. Rund um die Schwellungen ist oft ein entzündeter roter Rand zu erkennen, aber dieser verliert sich, wenn das kleine Geschwür aufgeplatzt ist. Es gibt keine wirkungsvolle Behandlungsmethode gegen *Dermocystidium Koi*. Kleine Schwellungen kann man nötigenfalls mit Hilfe von flüssigem Stickstoff operativ entfernen.

Fotos oben: Füssiger Stickstoff wird zum wegbrennen von Dermocystidium Koi im Bereich der Rückenflosse benutzt. Das Foto äußerst rechts zeigt denselben Asagi einen Monat später!

Ansteckende Krankheiten

BAKTERIEN

Bakterien sind einzellige kernlose Organismen. Ihre Form ist entweder stäbchenförmig, kommaförmig, spiralförmig oder kugelförmig. Es gibt zwei Hauptgruppen von Bakterien. Die grampositiven Bakterien behalten nach einer Spülung mit Alkohol ihre Jodfarbe, während die gramnegativen Bakterien ihre Farbe verlieren.
Die überwiegende Mehrheit der Bakterien, welche bei Fischen vorkommen, sind unschädlich. Viele Bakterien (z.B. nitrifizierende Bakterien) sind sogar nützlich und für das Wohlergehen der Fische unentbehrlich. Eine große Anzahl von Bakterien, meistens sind dies gramnegative, stellen sich jedoch als bösartig heraus.

Wie entsteht eine bakterielle Infektion?

Es kommt selten vor, dass eine bakterielle Infektion primär auftritt (z.B. *Aëromonas salmonicida*). Sie entsteht sekundär infolge einer schlechten Wasserqualität oder infolge einer primären anderen Infektion. Die Schleimhaut des Koi schützt diesen vor einer bakteriellen Infektion. Wenn die Schleimhaut beschädigt ist, z.B. durch einen Parasiten oder durch schlechte Wasserqualität (zuviel Ammoniak, Nitrit usw.), kann diese Schutzschicht ihre Funktion nicht mehr ausüben. Wenn diese Faktoren vorliegen, können sich die Bakterien leichter anhängen und auf diese Weise eine Infektion verursachen.
Manchmal wird die Schleimhaut durch das Scheuern am Teichrand oder einem Stein etwas beschädigt, wodurch diese Stelle für eine Infektion empfänglicher wird.
Bakterien vermehren sich durch Zweiteilung. **Eine Bakterie kann sich im Durchschnitt alle zwanzig Minuten teilen.** Bakterielle Krankheiten laufen daher in einem wahnsinnigen Tempo ab.

Weche Symptome kann man bei einer bakteriellen Infektion erkennen?

Oben: Offene Schuppen bei einem Koromo

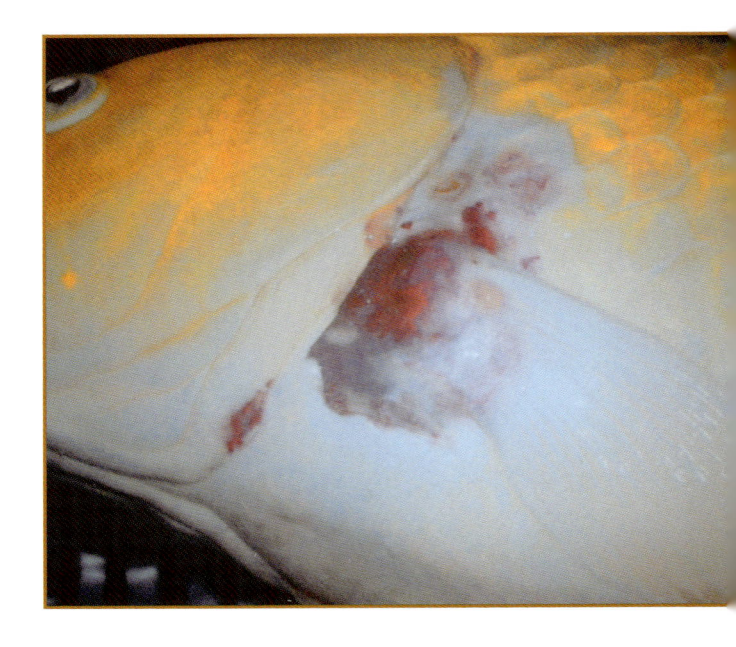

Ansteckende Krankheiten

Bakterielle Infektionen haben fast immer Geschwüre zur Folge. Diese Geschwüre treten an allen Körperstellen auf und werden auch die 'Lochkrankheit' genannt. Es ist erwähnenswert, dass die Lochkrankheit durch Dutzende von Bakterienarten verursacht werden kann, also nicht nur durch die

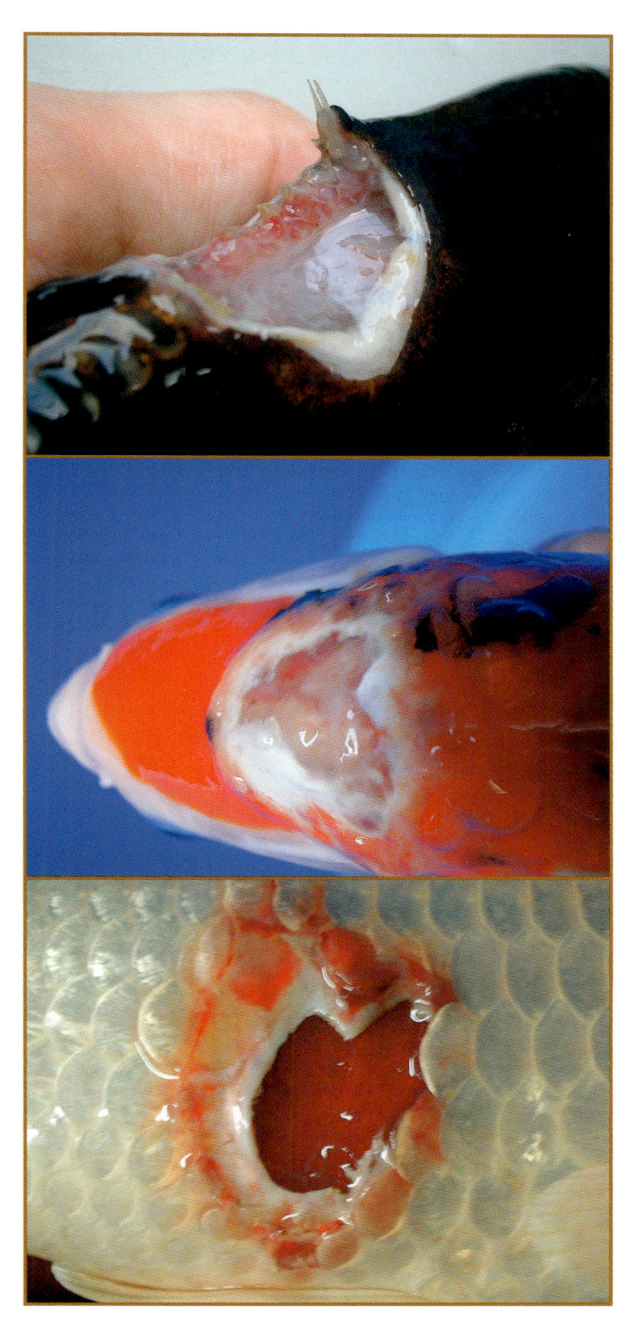

Unten: Geschwüre im Bereich von Brustflosse und Schwanz

Oben: Geschwür im Rückenbereich
Mitte: Geschwür im Kopfbereich
Unten: Geschwür im Seitenbereich

Ansteckende Krankheiten

Aëromonas Bakterie. Einem Geschwür gehen oft einige stellenweise aufgestellte Schuppen voraus, die danach ausfallen.
Ein anderes häufig auftretendes Symptom ist ein geschwollener Bauch. Der Bauchraum füllt sich mit Wasser (Ascites). Durch die Druckzunahme drückt es die Schuppen nach außen, sodass man das typische Tannenzapfenmuster erhält.
Dieses tritt oft zusammen mit herausquellenden Augen (Exoftalmie) auf.
Abszesse kommen beim Koi eher selten vor. Bei einer Autopsie sieht man im Inneren

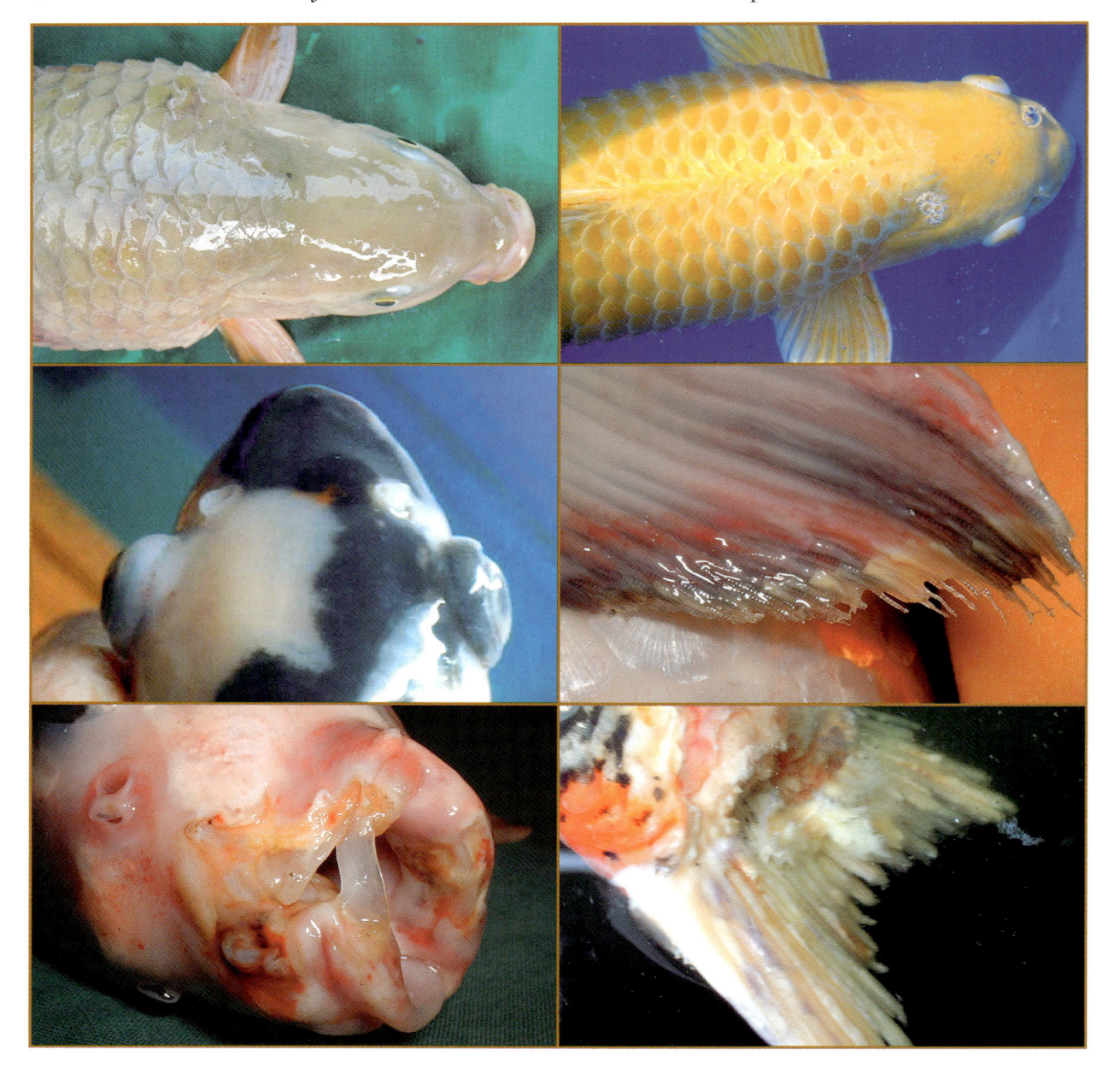

Oben: zwei Beispiele auf denen das 'Tannenzapfenmuster' deutlich erkennbar ist
Mitten: hervorstehende Augen und Flossenfäule
Unten: Mund- und Schwanzfäule

oft geschwollene oder farblose Organe, die meist mit internen Blutungen und Punktblutungen zusammen auftreten. Es ist nicht ungewöhnlich, dass man in der Bauchhöhle blutige Flüssigkeit vorfindet. Zusätzliche Hinweise auf diese Krankheit sind Abmagerung, Absonderung von der Gruppe, schlechter Appetit, stark sichtbare Blutgefäße im Bereich der Haut und der Kiemen, usw.

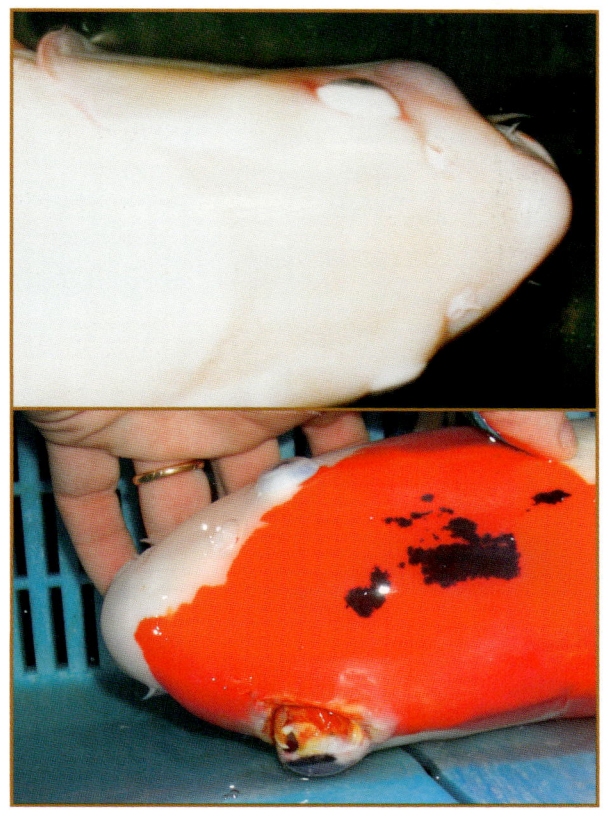

Abzesse am linken Unterkiefer und unter dem Auge

Wie kann man eine bakterielle Infektion am besten behandeln?

Zuerst muss man herausfinden, ob die bakterielle Infektion die Folge eines anderen Problems ist (Wasserqualität, Parasiten, Stress,...). Wenn man dieses Problem beseitigt hat, kann man die Wunden mit Hilfe einer Antibiotikuminjektion, sowie einer regelmäßigen Wundbehandlung mit Antibiotikumsalbe, meistens sehr schnell heilen.

Von einer Wasserbehandlung mit Antibiotikum ist abzuraten. Hierdurch

Antibiotikum Injektion

werden gute (z.B. Filterbakterien) und schlechte Bakterien getötet und damit die Wasserqualität negativ beeinflusst. Viele Antibiotika werden oft vorbeugend ins Wasser gegeben, was zur Folge hat, dass die Anzahl der gegen Antibiotika resistenten Bakterien zunimmt. Manchmal ist ein knallhartes vorgehen gegen Bakterien notwendig. Wenn der Tierarzt eine Wasserbehandlung mit Antibiotika verschreibt, tut man dies am besten in einem separaten Behandlungsbecken. Die Anwendung von Probiotika ist der von Antibiotika vorzuziehen. Es handelt sich dabei um unschädliche Bakterien, die dieselbe Nahrung zu sich nehmen wie die schädlichen Bakterien. Durch diese Futterkonkurrenz wird nach der Zugabe der gutartigen Probiotika-Bakterien die Anzahl der bösartigen Bakterien im Wasser und auf den Koi zurückgehen. Was die Nahrung betrifft, so kann man vorübergehend ein geeignetes Antibiotikum ins Futter geben. Man verabreicht in diesem Zeitraum am besten Futter, das mit Immunstimulanzien angereichert ist. Diese Zugaben sind stabilisiertes Vitamin C oder Propolis.
Das Erhöhen der Temperatur stärkt ebenfalls die Widerstandskraft. Eine angemessene Salzzugabe (3 g/l) erleichtert die Osmoregulation der durch eine bakterielle Infektion angegriffenen Fische.

Ansteckende Krankheiten

Die meisten Bakterien bilden keine Sporen. Das bedeutet, man kann sie durch Desinfektion des Teiches oder dessen vollständige Trockenlegung total ausrotten. In den letzten Jahren wurde in der Fischzucht (vor allem Forelle und Barsch) gegen die hochgefährlichen *Aëromonas salmonicida* – Bakterien der Einsatz von Impfstoffen immer beliebter.

Außerdem hat es einen enormen Fortschritt in der genetischen Veränderung der Forelle gegeben. Unter Benutzung von genetischen Markern hat man es geschafft, Forellen zu züchten, die gegen *Aëromonas salmonicida* immun sind. Obwohl noch viel Forschungsarbeit notwendig ist, werden künftig Impfstoffe und genetische Veränderungen der Koi zum Alltag gehören.

Welches sind die gefährlichsten Bakterien für Teichfische?

AEROMONAS HYDROPHYLA

Die am häufigsten vorkommende *Aëromonas* Sorte ist die *Aëromonas hydrophila*. Diese gram-negative aerobe Bakterie hat eine Stäbchenform. Man kann sie anhand folgender Merkmale von anderen *Aëromonas*-Bakterien unterscheiden:
- Bei der Beobachtung unter dem Mikroskop ist sie frei beweglich,
- Sie kann sowohl bei 5°C als auch bei 37°C im Brutschrank heranwachsen,
- Nach zweitägigem Wachstum auf der Tryptase Soja Agar (TSA, Tryptase ist ein Mediator) bilden sich weiße Kolonien,
- Sie ist oxidase- positiv und catalase- positiv.

Diese Bakterie kommt typischer weise als Sekundärinfektion vor. Sie ist überall im Wasser verbreitet. Unter normalen Bedingungen wird *Aëromonas hydrophila* keinen Schaden anrichten. Wenn die Schleimhaut bereits geschädigt ist, führt sie zu äußeren Geschwüren. In ernsthaften Fällen dringt sie in die inneren Organe vor.

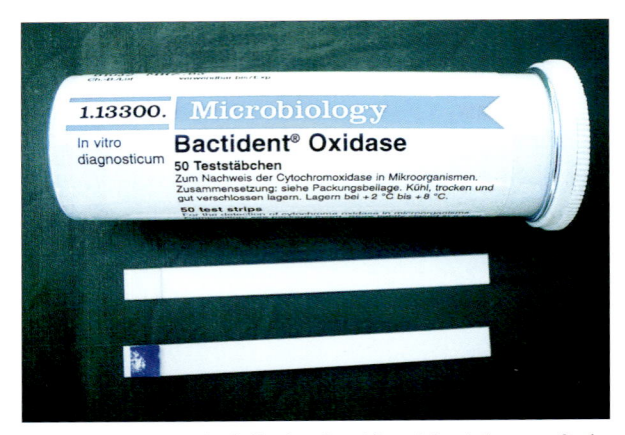

Oxidase ist positiv falls der Streifen sich violett verfärbt

Hautwunde mit Aeromonas hydrophyla. Versorgung und heilende Wunde einige Wochen später

Die Behandlung mit einem Antibiotikum ist sinnlos. Hiermit vernichtet man die Filterbakterien und die *Aëromonas hydrophila* ist bereits nach einigen Tagen wieder in den Teich zurückgekehrt. Am besten impft man den betroffenen Fisch mit einer Antibiotikaspritze nachdem man die Wunde örtlich mit einem geeigneten Antibiotikum desinfiziert hat (siehe bakteriologische Untersuchung, 3. Kapitel).

AEROMONAS SALMONICIDA

Aëromonas salmonicida ähnelt stark der *Aëromonas hydrophila* Bakterie. Man kann sie anhand von zahlreichen biochemischen, immunologischen und genetischen Merkmalen diagnostizieren. Dieses Buch hat nicht die Absicht hier in die Tiefe zu gehen. Die hauptsächlichen Unterschiede zwischen *Aëromonas salmonicida* und *Aëromonas hydrophila* sind:
- *Aëromonas salmonicida* Stäbchen sind unter dem Mikroskop nicht frei beweglich.
- *Aëromonas salmonicida* entwickelt sich optimal im Brutschrank bei einer Temperatur von 20°C. Sie gedeiht nicht bei 37°C.
- Auf dem TSA Medium bilden sich typische gelbe oder bräunliche Kolonien.

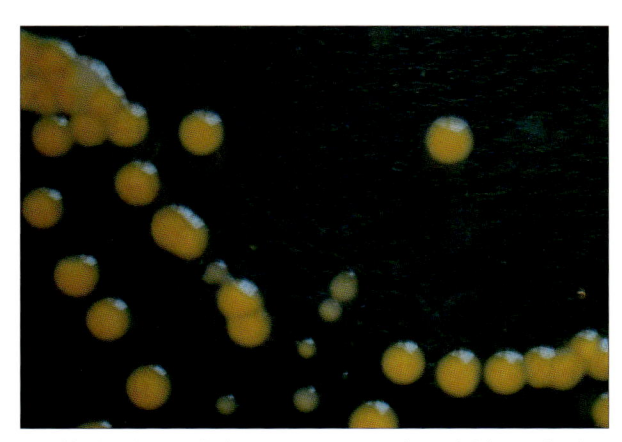

Gelbe bis bräunliche Aeromonas Salmonicida Kolonien

Die Unterscheidung der beiden Bakterien ist sehr wichtig. *Aëromonas salmonicida* ist eine auf jeden Fall zur Krankheit führende (pathogene) Bakterie, die bei Karpfen die sogenannte Lochkrankheit (Furunkulose) verursacht. Diese Bakterie darf bei einem gesunden Karpfen nicht vorkommen. Gesunde Überträger sind jedoch sehr wahrscheinlich anzutreffen.

Tiefe Wunde, verursacht durch Aëromonas salmonicida

Die Infektion mit *Aëromonas salmonicida* im Körper geschieht über die Kiemen, die Haut, den After oder den Mund. Auch eine Übertragung von den Elternfischen über den Laich (transoval) auf die Nachwuchsfische ist möglich. Es gibt verschiedene Varianten von *Aëromonas salmonicida*. Die gefährlichsten besitzen eine schützende Proteinkapsel, die die Bakterie vor Antibiotika schützt, und mit der sie leicht am Fischgewebe haften bleiben kann. Darüber hinaus produzieren sie verschiedene Gifte (Protease, Haemolysine, LPS, Leucidine,..), die die Fischzellen zersetzen. Die *Aëromonas salmonicida* Bakterie verursacht sowohl chronische äußerliche Geschwüre als auch akute innere Schäden. Durch *Aëromonas salmonicida* verursachte Geschwüre erkennt man an einem blutroten Zentrum, das von einem weißen Kreis eingefasst ist, welcher wiederum von einer roten Zone umgeben ist. Im Gegensatz zu Geschwüren, die durch andere Bakterien verursacht werden, stehen diese häufig etwas ab. Zahlreiche *Aëromonas salmonicida* Stäbchen gelangen über die Blutbahn zu den verschiedenen Organen. Der Pfeil auf der nachfolgenden Darstellung zeigt auf eine weiße

Blutzelle, an welcher sich viele Bakterien festgesetzt haben. Bei akuten Fällen von *Aëromonas salmonicida* ist es notwendig, den Teich mit einem geeigneten Antibiotikum

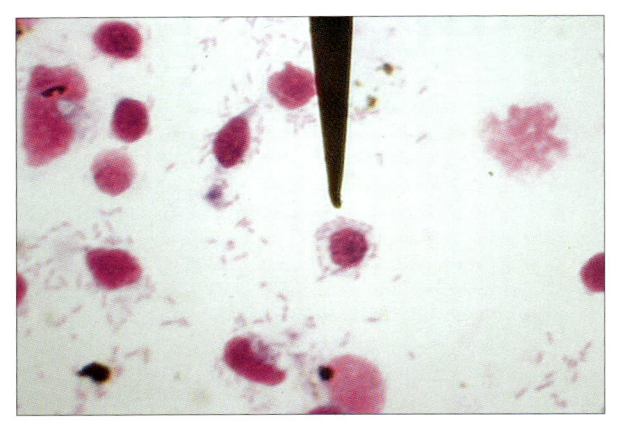

Aëromonas salmonicida Bakterien außen herum weiße Blutzelle

zu behandeln, nachdem man mit einem Antibiogramm festgestellt hat, welches anschlägt (3. Kapitel). Eine regelmäßige Wundbehandlung, dem Futter Antibiotikum zusetzen und einige Antibiotikainjektionen sind empfehlenswert. Im Anfangsstadium der Krankheit kann es auch noch helfen Biotika in den Teich zu geben. Die Methode kann auch zur Vorsorge gewählt werden. Probiotika sind eine Mischung von ungefährlichen Bakterien, die dieselbe Nahrung zu sich nehmen wie die Aëromonas Bakterie und auf diese Weise die Anzahl der schädlichen Bakterien reduzieren. Eine Behandlung mit dieser Probiotika ist jedoch kein Wundermittel, das das Risiko der "Lochkrankheit" ausschließt. Die Lochkrankheit ist ein Symptom, das durch verschiedene Bakterien und auch durch einige Parasiten verursacht werden kann.

PSEUDOMONAS

Es gibt zahlreiche Arten von *Pseudomonas*. Sie sind im Aussehen ähnlich wie die *Aëromonas hydrophyla* Bakterien. Es sind bewegliche gram-negative aerobe Stäbchen, sodass man sie unter dem Mikroskop nicht mit Sicherheit diagnostizieren kann. Die meisten *Pseudomonas* Sorten sind harmlos. Die gefährlichste Art ist *Pseudomonas fluorescens*, die Teichfische bei einer Wassertemperatur zwischen 15°C und 25°C befällt. Die durch diese Bakterie produzierten Gifte können Geschwüre, Flossen- und Schwanzfäule sowie auch Schäden an den inneren Organen verursachen. In akuten Fällen führt diese Bakterie zum Tod.

Man kann die Diagnose nach einer Isolation auf dem Nährungsboden (z.B. Tryptase Soja Agar) stellen. Die *Pseudomonas fluorescens* Bakterie erzeugt einen grünlichen Farbstoff, der unter der UV-Lampe fluoresziert.

VIBRIO

Vibrio anguillarum ist eine kommaförmige, gram-negative aerobe Bakterie. Sie wird regelmäßig bei Teichfischen angetroffen. Es ist ein sekundärer Krankheitskeim, der meistens harmlos ist.

FLAVOBACTERIUM COLUMNARIS

Die Taxonomie (Kategorisierung und Namensgebung) dieses länglichen gram-negativen aeroben Stäbchens ist ziemlich verwirrend. Für dieselbe Bakterie verwendet man nämlich mehrere Namen. Früher wurde diese Bakterie nacheinander mit den Namen *Myxobacterium*, *Cythophaga columnaris* oder *Flexibacter columnaris* benannt. Seit 1996 wird sie, auf Grund von DNA-rRNA Hybridisationsdaten, als *Flavobacterium columnare* bezeichnet. In vielen Artikeln wird auf diese Bakterie mit folgenden Bezeichnungen bezug genommen: "Columnaris Krankheit", "Bakterielle Kiemenkrankheit", "Sattelrückenkrankheit", "Schwanzfäule" oder "Baumwollkrankheit".

Flavobacterium columnare tritt meist als primärer Krankheitserreger auf. Das genaue Rückzugsgebiet für diese gefährliche Bakterie ist immer noch unklar. Neueste Untersuchungen haben ergeben, dass es ein paar Faktoren gibt, die das Risiko auf einen

Ansteckende Krankheiten

Ausbruch erhöhen. Diese Faktoren sind hartes Wasser, reichlich organisches Material, ein hoher Ammoniak- und Nitritgehalt und speziell eine Wassertemperatur über 20°C. In einer wissenschaftlichen Untersuchung wurden Forellen bei 10°C und 21°C mit der *Flavobacterium columnare* Bakterie infiziert. Es hat sich herausgestellt, dass es bei einer Wassertemperatur von 10°C unbedenklich war, während bei 21°C alle Fische starben. Eine eindeutige Diagnose kann auch durch eine mikroskopische Untersuchung oder nach Isolierung auf einer bakteriologischen Kultur gestellt werden. *Flavobacterium columnare* ist eine lange, dünne und bewegliche gram-negative Bakterie. Die Länge variiert zwischen 7 bis 10 Mikrometer, während sie in der Breite 10 bis 20 mal kleiner ist. Nach Einfärbung kann man die *Flavobacterium columnare* Bakterien ab einer 400-fachen Vergrößerung deutlich erkennen. Die Isolierung der Bakterie geschieht auf dem selektiven Shieh Medium.

Dieses Medium enthält die richtigen Nährstoffe, sodass hierauf *Flavobacterium columnare* wachsen kann. Nach 1 bis 2 Tagen im Brutschrank (Inkubator) bei 30°C, erhält man die typischen Kolonien, die durch den flexirubinen Farbstoff gelblich gefärbt sind.

Die Krankheit kann in verschiedenen Formen auftreten:

Die akute Form: Das ist die gefährlichste Form, meistens verursacht durch hoch virulente (=bösartige) Stämme der *Flavobacterium columnare* Bakterie. Hierbei werden nur die Kiemen angegriffen, wodurch die Fische in weniger als 10 Tagen sterben ("Bakterielle Kiemenkrankheit"). Diese Form kommt in den letzten Jahren immer mehr in Koi-Teichen vor. Normalerweise tritt sie nach einem warmen Zeitraum, in dem die Wassertemperatur auf über 20°C gestiegen ist, auf. Außerdem werden scheinbar nur die Karpfen befallen. Andere Teichfische wie z.B. Orfe oder Störe werden in ihrer Gesundheit nicht beeinträchtigt. Die Krankheit beginnt mit Appetitlosigkeit, lustlosem Verhalten und letztendlich dem Tod. Äußerlich kann man mit Ausnahme von eingefallenen Augen keine Symptome erkennen. Bei genauerer Untersuchung der Kiemen sieht man jedoch deutlich einige weiße Flecken, die sich von den roten Kiemen abzeichnen. Diese Kiemennekrose wird durch giftige, gewebezersetzende Enzyme verursacht, die von der *Flavobacterium columnare* Bakterie produziert werden. Dies erklärt auch, warum darunter leidende Fische rasch ersticken. Die akute Form der Krankheit ist sehr schlecht zu behandeln. Die virulenten Bakterien der *Flavobacterium columnare* Stämme sind oftmals gegen Antibiotika sehr immun. Außer der Anwendung von Antibiotika wird in der wissenschaftlichen Literatur die Anwendung von Chloramin T, Acriflavin und Kupfersulfat angeraten. **Die Behandlung hat meist nur Erfolg, wenn sie in einem frühen Stadium einsetzt. Wenn auf den Kiemen bereits weiße Flecken zu sehen sind, ist die Krankheit bereits so weit fortgeschritten, dass so gut**

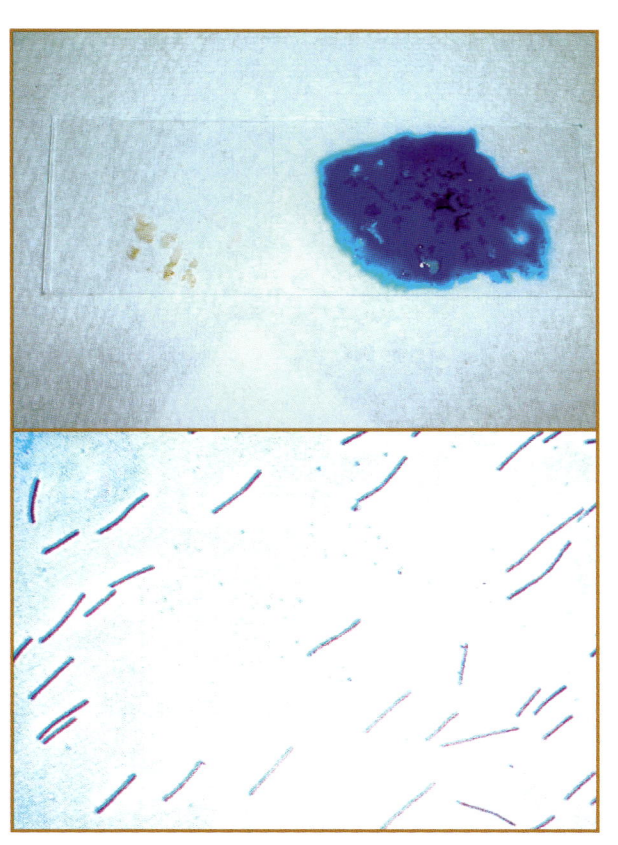

Foto oben: Methylenblaue Färbung
Foto unten: zahlreiche F. columnare Stäbchen

Ansteckende Krankheiten

wie keine Heilungschancen vorhanden sind. Es scheint, als ob diese gefährliche Krankheit in Europa immer häufiger vorkommt. In ihrer akuten Form führt sie unweigerlich zum Massensterben. Wahrscheinlich werden die geschwächten Fische empfänglicher für virale Infektionen, was die Todesrate noch steigert. Nur wenn man sie in einem frühen Stadium erkennt, kann die Behandlung erfolgreich sein. In der Fischwirtschaft wurden bereits zahlreiche Impfstoffe getestet, jedoch keiner hat bisher effektiv gewirkt. Zur Zeit sind noch keine gewerblich erhältlichen Impfstoffe verfügbar. Forschungen in Richtung von Probiotika mögen in der Zukunft zu besseren Resultaten führen. Studien an Forellen haben ergeben, dass die Beigabe von konkurrierenden Bakterien sowie *Citrobacter freundii* die Sterblichkeit reduzierte.

Die chronische Form: Hierbei dauert es länger bevor die Kiemen angegriffen werden. Verletzung an Haut und Muskeln trifft man hier eher als Kiemenschäden an. Diese Krankheitsform wird oft durch die weniger virulenten *Flavobacterium columnare* Bakterien verursacht. Die Verletzungen variieren von weißen Verfärbungen der Haut und Flossen ("Baumwollkrankheit") bis zur Schwanznekrose ("Schwanzfäule"). Die chronische Krankheitsform führt zu Geschwüren am ganzen Körper, vor allem auf beiden Seiten am Beginn der

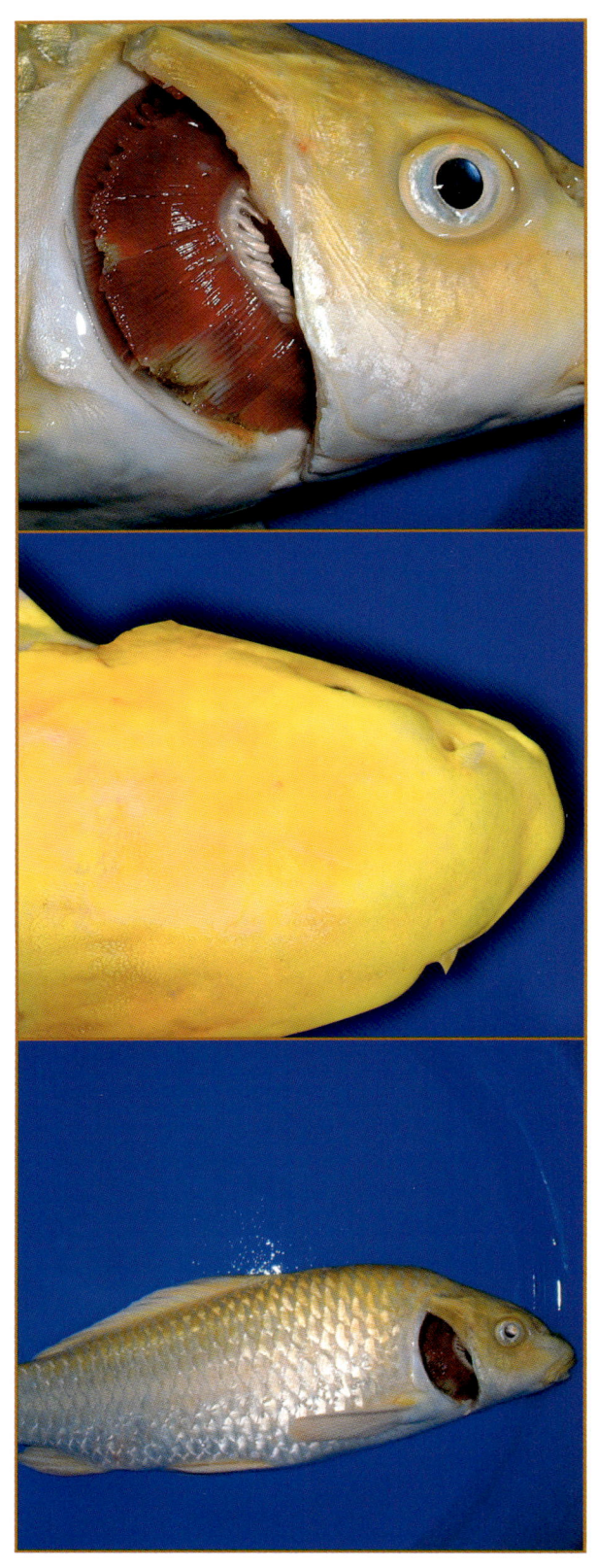

Foto oben: weiße Flecken auf Kiemen
Foto mitten: eingefallene Augen
Foto unten: äußerlich keine Symptome

Ansteckende Krankheiten

Rückenflosse ("Sattelrückenkrankheit"). Die chronische Form spricht besser auf Behandlungen an. Ein Antibiogramm zeigt uns meist ein wirkungsvolles Antibiotikum, womit die Heilungsaussichten verbessert werden.

MYCOBACTERIUM

Mycobacterium fortuitum ist ein grampositives aerobes Stäbchen, das Fischtuberkulose verursacht. Außer den typischen bakteriellen Symptomen wie geschwollener Bauch, hervorstehende Augen, Geschwüre, schlechter Appetit usw., erkennt man bei einem befallenen Fisch oft einen krummen Rücken (Scoliose). Die Infektion verläuft chronisch, d.h. es können Monate vergehen bis beim Fisch Symptome aufzutauchen beginnen. Ein anderes typisches Symptom ist das Auftreten von Knötchen (Granuloma). Obwohl diese Knötchen auch äußerlich auftreten können, kommen sie vor allem in den inneren Organen vor. Die Identifikation von *Mycobacterium fortuitum* wir oft mit der

Rote Mycobacterium Stäbchen durch ein Mikroskop gesehen

Man kann die Bakterie auf dem Löwenstein-Jensen Medium im Brutschrank heranziehen, was jedoch Wochen dauern kann und nicht immer erfolgreich ist. Es ist wichtig zu wissen, dass die *Mycobacterium* Bakterien zoonos sind, was bedeutet, dass sie auf Menschen übertragen werden können. Die Ansteckung geschieht oral. Die Inkubationsperiode, das ist die Zeit zwischen dem Kontakt mit dem Fisch und dem Auftreten der Krankheit, dauert minimal sechs Wochen. Bei Menschen verursacht *Mycobacterium* schmerzhafte Schwellungen der Lymphdrüsen und kann zusätzlich zu Geschwüren auf dem Arm führen. Glücklicherweise heilen diese Geschwüre von selbst. Es dauert aber mindestens zwei Monate. Um einer Infektion durch Scoliosis zu entgehen, ist es empfehlenswert Handschuhe zu tragen.

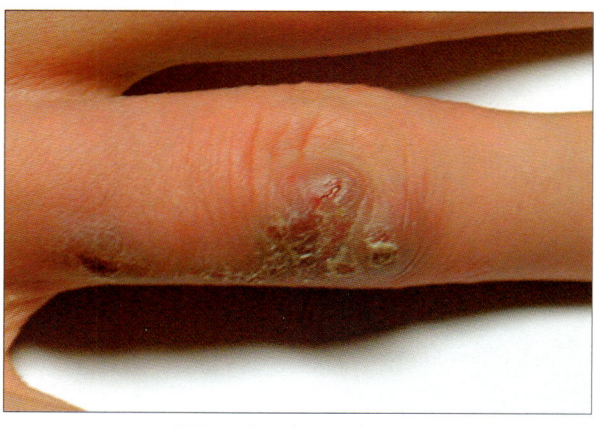

Die Flavobacterium columnare schlägt zu. Weisse Flecken auf der Haut, Schwanznekrose und/oder weißgelbe, käseartige Flecken sind mögliche Symptome.

Ziehl-Nielsen-Einfärbung der Knötchen durchgeführt. Da die Bakterie säurebeständig ist, erschienen sie unter dem Mikroskop als rote *Mycobacterium* Stäbchen in der Zelle.

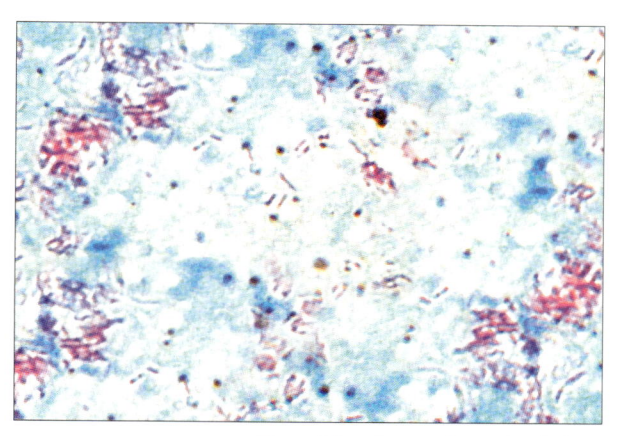

Mensch mit Verletzungen die auf die Mycobacterium Bakterie zurückzuführen sind.

Ansteckende Krankheiten

ANDERE BAKTERIEN

Anhand von chemischen und biochemischen Tests können noch zahlreiche andere Bakterien nachgewiesen werden (siehe 3. Kapitel).
Dieses Buch hat nicht die Absicht alle Bakterien (*Streptococcus sp.*, *Photobacterium damselae*, *Yersinia ruckeri*, *Edwardsiella sp.*, *Nocardia asteroïdes*,…) zu berücksichtigen.
Die Erstellung eines Antibiogramms zeigt den Weg für eine effektive Behandlung auf und ist somit wichtiger als die genaue Bestimmung der Bakterien.

Die Benutzung von schwimmenden Futterkörnern hat den großen Vorteil, dass Sie Ihren Fischbestand regelmäßig auf eventuelle Verletzungen kontrollieren können. Behandeln Sie rechtzeitig, sodaß Bakterien nicht zuschlagen können.

VIREN

Viren sind so klein, dass sie nur mit Hilfe eines Elektronenmikroskops zu entdecken sind. Sie bestehen nur aus Eiweiß und Nukleinsäure. Ein Virus kann lange ohne Wirt überleben. Die Vermehrung kann jedoch nur in einer lebenden Zelle erfolgen. Manche betroffene Zellen teilen sich immer weiter, was zur Entstehung von Tumoren führt. Noch gefährlichere Viren vernichten die Zellen, was sehr schnell den Tod zur Folge hat.
Die Viren selbst können nur schwer bekämpft werden. Sehr oft muss man sekundäre Faktoren bekämpfen (Bakterien, Parasiten, schlechte Wasserqualität,…), sodass der Koi das Virus mit Hilfe seines Immunsystems aus eigener Kraft besiegen kann. Bis heute wurden noch keine wirksamen Impfstoffe gegen die Viren von Teichfischen entwickelt. In den letzten Jahren hat man bei Zierfischen immer mehr Viren entdeckt. Im folgenden werde ich die vier häufigsten Viren beschreiben.

Ansteckende Krankheiten

KARPFENPOCKEN (CARP POX)

Karpfenpocken, auch *Karpfenherpes Virus I* genannt, ist ein gutartiges Virus, das nur an Karpfen geht. Es führt zu grauweißen Verletzungen auf der Haut und den Flossen und sieht aus, als hätte man Kerzenwachs über den Fisch gegossen. Karpfenpocken treten vor allem

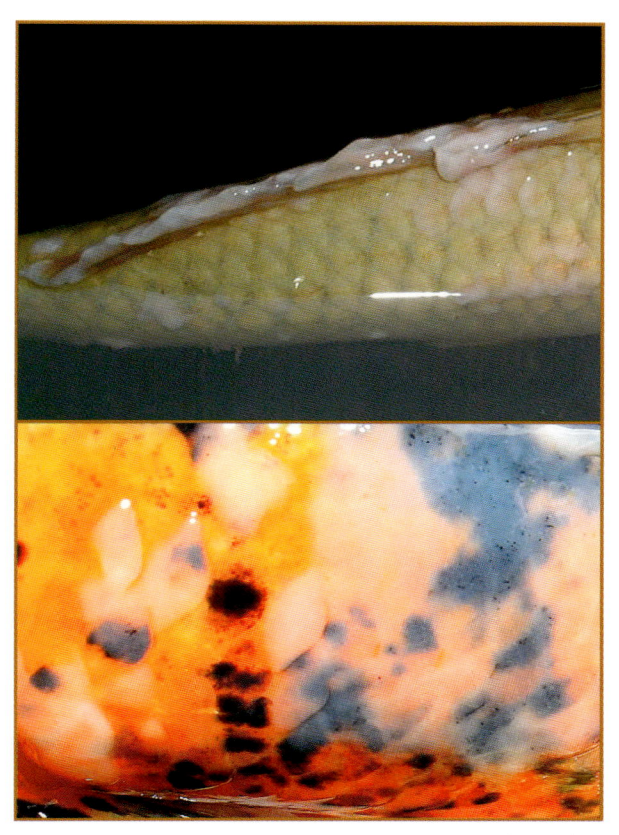

Karpfenpocken

bei kälteren Temperaturen auf und verschwinden gewöhnlich spontan im Sommer. Die Ansteckungsrate ist sehr gering und die betroffenen Koi bleiben bei guter Gesundheit. Die Anfälligkeit für diese Krankheit ist genetisch festgelegt. Als Behandlung empfiehlt man die Widerstandskraft des Wirtsfisches zu stärken. Dies kann man dadurch erreichen, dass man die Wassertemperatur auf über 20°C erhöht oder Vitamin C, Propolis oder Immunstimulanzen ins Wasser und ins Futter gibt. Bei übermäßigem Wachstum der Karpfenpocken sollte man diese operativ entfernen. Die Chance, dass sie jedoch nach einiger Zeit zurückkommen ist groß.

KOI HERPES VIRUS

Das *Koi Herpes Virus* (KHV) wurde erstmals in Israel (Magnoy) entdeckt und bestimmt. Es hat sich seither auf der ganzen Welt, mit Ausnahme von Australien, ausgebreitet. In den letzten Jahren erscheint dieses gefährliche Virus ab und zu und vor allem

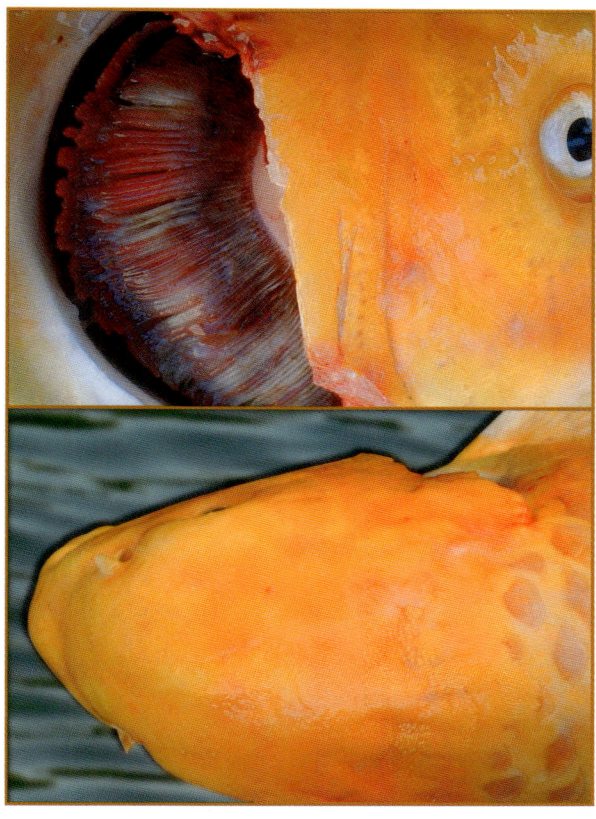

KHV-Symptome: Kiemennekrose und eingefallene Augen

in den Sommermonaten (18°C-28°C) in Koi-Teichen. Die Todesrate kann innerhalb von zehn Tagen 80% des Koibestandes betragen. KHV greift Karpfen an. Andere Teichfische, wie z.B. der Stör, die Goldorfe, die Schleie oder der Goldfisch, bleiben verschont.

Die **Symptome** von KHV sind nicht richtig zuzuordnen. Das *Koi Herpes Virus* ist immunsuppressiv, das bedeutet, dass es das Immunsystem der betroffenen Fische ausschaltet. Die erkrankten Fische liegen oft lustlos im Wasser und wollen nicht mehr fressen. Übermäßige Schleimproduktion

Ansteckende Krankheiten

führt zu sichtbaren Schleimfäden am ganzen Körper. Durch die angegriffene Schleimhaut erkennt man oft die kleinen Blutgefäße auf der Haut oder manchmal auch rote Ränder auf der Haut. Im Endstadium der Krankheit kann man oft Orientierungsprobleme feststellen; die Augen fallen ein und das Gewebe stirbt ab (Nekrose). Die Krankheit verläuft sehr schnell. Nach einer Woche kann bereits der Tod eintreten.

Koi, vom Koi Herpes Virus angegriffen. Man erkennt hier deutlich die Schleimhautkugeln.

Die **Ansteckung** erfolgt über das Wasser. Auf diese Weise kann KHV auch durch Vögel von Teich zu Teich übertragen werden. Die Inkubationszeit (= Dauer zwischen dem Kontakt mit dem Virus und dem Auftreten der Symptome) von KHV beträgt minimal zwei Wochen. Es besteht die Möglichkeit, dass bestimmte Parasiten, wie z.B. die Karpfenlaus, den Virus übertragen. Theoretisch kann das Virus über Eier und Sperma der Elternfische auf die Jungen übertragen werden.

Die **Diagnose** des *Koi Herpes Virus* erfolgt anhand einer Gewebeuntersuchung im Labor. Die am häufigsten angewandte und auch die schnellste Methode ist die PCR Technik, bei der man die DNA Sequenz des Virus bestimmt. Bereits in einem Tag erhält man das Ergebnis. Bei einer weiteren Methode legt man Kulturen an und wendet die Zellenlinientypologie an. Dies erfordert jedoch mindestens zwei Wochen.

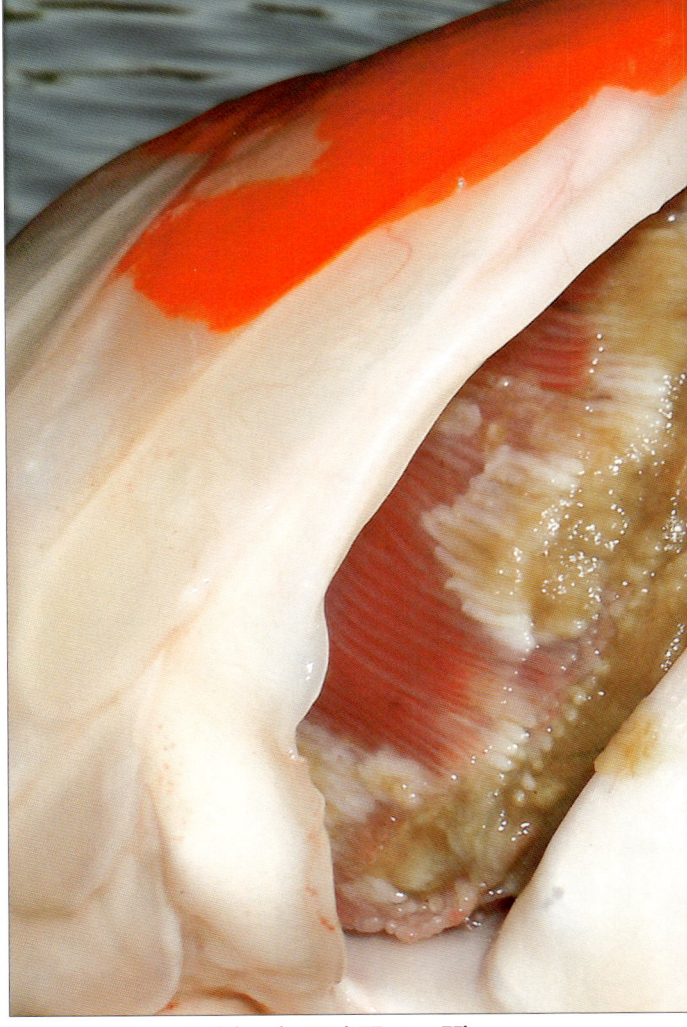

Kiemennekrose infolge des Koi Herpes Virus

Zum Schluss kann man KHV noch mit einem Elektronenmikroskop nachweisen. Bei den meisten Tests muss man hierfür einen Fisch opfern.
In Kürze wird es möglich sein, diese Untersuchung mit einer Blutprobe oder einer Probe der Schleimhaut vorzunehmen. Ein weiterer Nachteil ist, dass man die Symptome zur Zeit nur an einem bereits erkrankten Fisch erkennen kann. Eventuelle Virusträger ohne Krankheitsbild kann man zur Zeit noch nicht diagnostizieren. Erhält man also ein negatives Ergebnis, bedeutet dies, dass das Virus nicht hochgradig vorhanden ist. Man kann mit den heutigen Testmethoden

Ansteckende Krankheiten

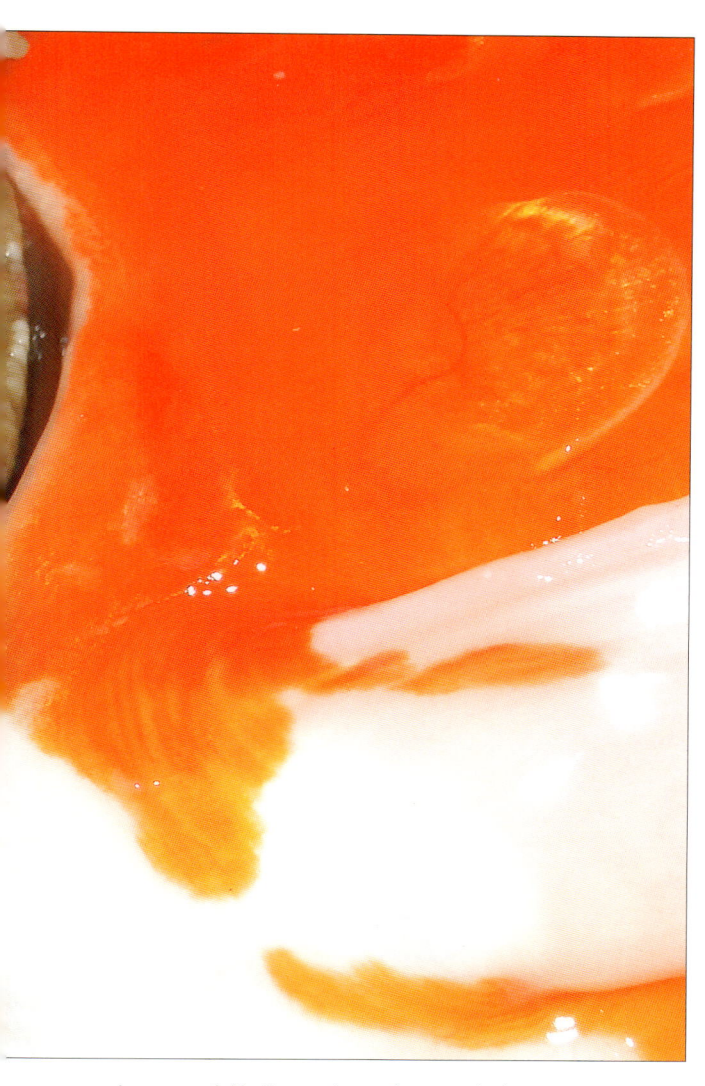

nie ausschließen, dass der Koi den Virus hat. Die Labore sind dabei Tests zu entwickeln, welche Träger mit schlafenden Viren entdecken sollen.

Zur **Behandlung** gegen KHV empfiehlt es sich die Wassertemperatur schrittweise bis über dreißig Grad zu erhöhen. Diese Temperatur muss man mindestens 2 Wochen halten, da das Virus bei dieser Temperatur weniger aktiv ist. Da das Beheizen in Teichen in der Praxis sehr schwierig ist, führt man dies am besten in kleineren Krankenbecken durch. Das Heizen muss zusammen mit einer erhöhten Sauerstoffzugabe und einer verringerten Futtermenge vorgenommen werden. Es gibt zur Zeit gegen das *Koi Herpes Virus* weder ein Heilmittel noch einen Impfstoff. Die Ausbreitung des Virus kann durch den Einsatz von hoch dosiertem Chloramin T, Acriflavin oder Kupfersulfat verlangsamt werden. In Israel wird bereits mit einigen Impfstoffen experimentiert, deren Anwendung in Europa jedoch gesetzlich verboten ist. Wenn das Virus den kompletten Fischbestand im Teich umgebracht hat, ist es am besten, sowohl diesen als auch den Filter mit einer Überdosis Kaliumpermanganat oder Chloramin T zu desinfizieren. Sollten sie kein Desinfektionsmittel verwenden wollen, kann man Teich und Filter für mindestens einen Monat austrocknen lassen. Sollten einige Fische überlebt haben, muss man mindestens sechs Wochen warten, bevor man neue Fische in den Teich hinzusetzt. Das Risiko auf einen neuerlichen Ausbruch von KHV bleibt bestehen. Der Entschluss, die überlebenden Fische ebenfalls zu töten, ist immer eine persönliche Entscheidung, da diese Krankheit nicht anzeigepflichtig ist.

Die **Vorbeugung** vor einer KHV-Infizierung ist sehr schwierig. Wenn man die schnelle Ausbreitung und die Problematik der Behandlung berücksichtigt ist es unabdingbar, dass man neue Fische erst eine zeitlang in Quarantäne hält. Der ideale Zeitraum beträgt 2 Monate bei einer Wassertemperatur von mindestens 18°C. Noch besser wäre es, den oder die neuen Koi mit einem bereits im Teich befindlichen Koi zusammen in das Quarantänebecken zu setzen (Kreuzungstest). Sollte das KHV doch ausbrechen, beschränkt sich der Verlust auf einen Fisch (und die Neuen).

KHV bricht gewöhnlich dann aus, wenn der Koi eine zeitlang Stress ausgesetzt war. Versuchen sie immer Stress von ihren Koi fernzuhalten. Eine gute Wasserqualität, keine Überbesetzung und das sofortige Entfernen kranker Tiere sind hierbei entscheidend, um Stress zu reduzieren.
Es ist nicht ganz klar ob Koi, die KHV

überlebt haben, noch Träger (Carrier) des Virus sind. Dieses Wissen ist für die Ausbreitung des Virus sehr wichtig. Die mutmaßlichen Virusträger sind immun, können aber eventuell unter Stress (Transport usw..) das Virus wieder verbreiten und auf diese Weise andere Fische infizieren. Einige Experten, hauptsächlich aus Israel, sind der Ansicht, dass die überlebenden Fische keine Virusträger sind. Einige israelische Koi-Züchter experimentieren damit Jungfische dem KHV-Virus auszusetzen, damit diese eine natürliche Abwehr gegen KHV entwickeln. Andere Quellen sind genau der gengenteiligen Ansicht. Ihrer Meinung nach verbreiten die Trägerfische das Virus sehr wohl unter den anderen Koi weiter, auch nachdem sie selbst geheilt sind.

LYMFOCYSTIS

Lymfocystis, auch die Knötchenkrankheit genannt, ist eine chronische Erkrankung bei der sich warzenförmige Knötchen auf der Haut und den Kiemen bilden.
Diese grauweißen Knötchen können bis zu einige Zentimeter groß werden.
Die Viruspartikel sind nur 200 Nanometer groß. Die Infektion erfolgt oral oder über kleine Hautverletzungen.
Diese Erkrankung ist meistens harmlos und verschwindet oft von selbst, ohne Narben zurückzulassen.

Die Diagnose kann man unter dem Mikroskop erstellen.
Die Knötchen sind hier als aufgedunsene Fieberbläschen sichtbar.
Es gibt keine wirkungsvolle Therapie gegen *Lymfocystis*. Genau wie bei anderen Viren muss man versuchen, das Immunsystem der Fische zu stärken. Um eine Infektion weiterer Fische zu verhindern, ist es am besten die befallenen Fische zu entfernen. Die kleinen warzenförmigen Knötchen können mit Erfolg operativ entfernt werden. Es ist jedoch wahrscheinlich, dass sie zurückkommen.

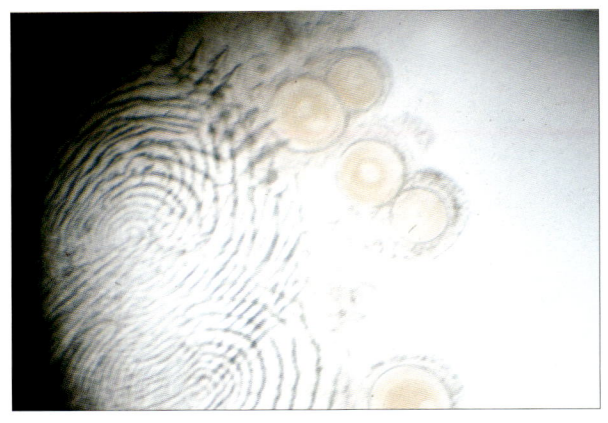

Lymfocystis

FRÜHLINGSVIRÄMIE (SPRING CARP VIRAEMIA)

Das Frühjahrsvirämie Virus ist ein *Rhabdovirus*, das nur Karpfen befällt. Es führt unvermittelt zum Tod des Fisches und tritt bei einer Wassertemperatur unter 18°C auf. Wie schon der Name sagt, tritt es vor allem im Frühling auf. Dieses Virus ist vor allem in überbesetzten Teichen nach einem kalten und stressigen Winter festzustellen. Betroffene Fische sind lustlos und haben eine dunklere Farbe als normal. Verlust des Gleichgewichtssinnes und Atembeschwerden sind weitere mögliche Anzeichen der Erkrankung. Bauchschwellung, Blutungen der Haut und Kiemen und umherschwimmende Kotfäden kommen auch vor.
Die Todesrate schwankt zwischen 30% bis

Lymfocystis

Ansteckende Krankheiten

90% innerhalb weniger Wochen. Bei der Autopsie stellt man an den verschiedenen Organen zahlreiche Punktblutungen fest. Wie auch beim *Koi Herpes Virus* ist durch die PCR Technik das Virus festzustellen. Man kann das Virus auch auf Zellenlinien kultivieren, was jedoch Wochen dauern kann. Die Ansteckung erfolgt über das Wasser oder über infiziertes Material. Es gibt auch Träger ohne erkennbare Krankheitsanzeichen, die das Virus ausscheiden. Es gibt keine wirksame Behandlungsmöglichkeit. Daraus ergibt sich, dass man nur die Sekundärinfektionen bekämpfen kann. Im Gegensatz zu KHV ist es gesetzlich vorgeschrieben, die Frühjahrsvirämie zu melden.

Koi, angegriffen durch den Frühlingsvirämie Virus

Nicht ansteckende Krankheiten

Nicht ansteckende Krankheiten

5. NICHT ANSTECKENDE KRANKHEITEN

TUMORE

Wie entstehen Tumore?

Tumore entstehen infolge einer gestörten Zellfunktion, wodurch eine massenhafte Zellteilung stattfindet. In den letzten Jahren kommen bei Fischen immer mehr Tumore vor. Dies hauptsächlich bei älteren Fischen und meistens auf der Haut. Bei Koi treten diese auch in den inneren Organen auf. Eine erste Ursache, die die Entstehung von Tumoren fördert, ist Wasser, das durch immer mehr krebserregende Stoffe verunreinigt wird.
Eine zweite wichtige Ursache ist, dass die

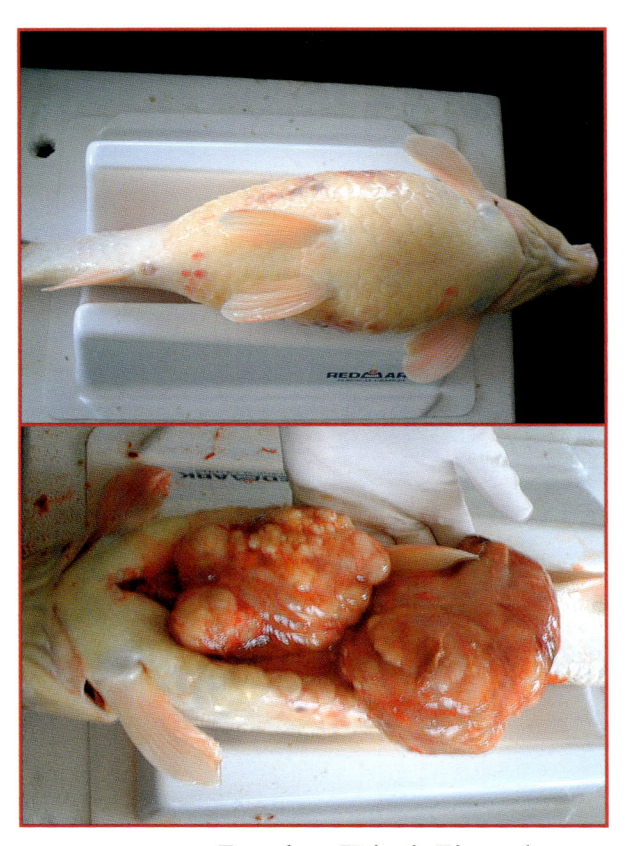

Foto oben: Koi mit Eierstocktumor
Foto unten: Eierstocktumor nach dem Öffnen des Bauches

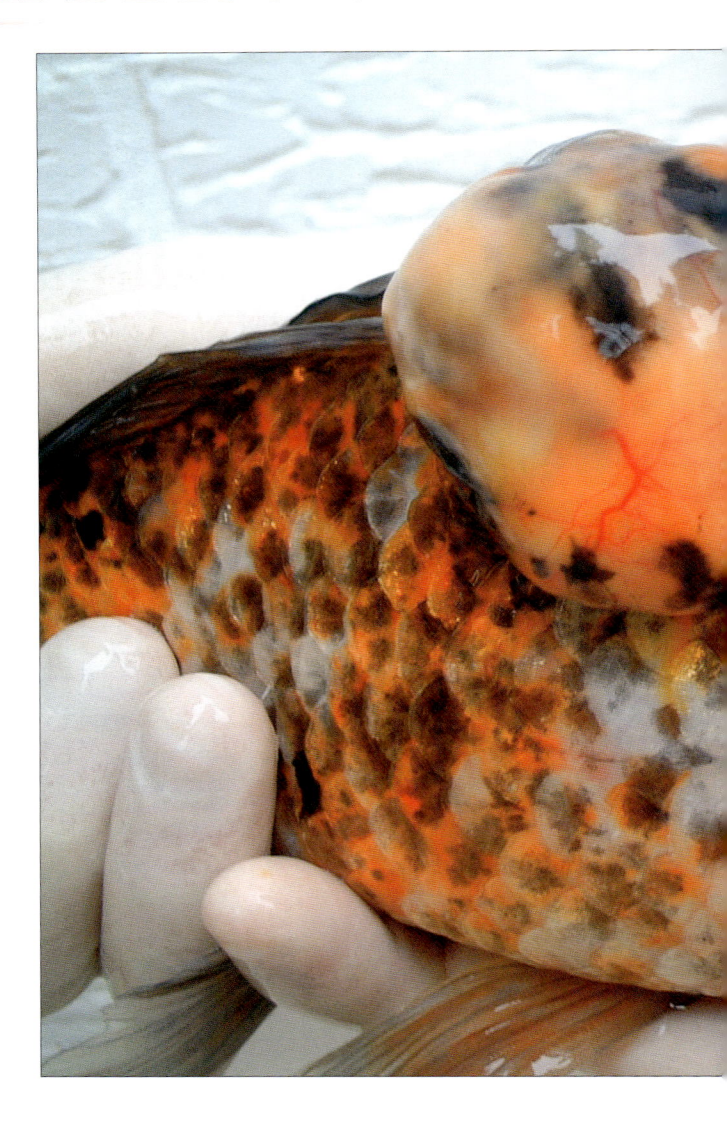

Fische zu oft behandelt werden. Die meisten Japanischen Koi werden sowohl in Japan als auch nach Ankunft in Europa verschiedene Male gegen Ansteckungen behandelt. Die meisten Mittel (Malachitgrün, Formaldehyd, Nitrofurantoin,…) sind krebserregend. Darum ist es nicht sinnvoll mehrere Male vorbeugend zu behandeln, sondern nur wenn es nach einer richtigen Diagnose notwendig sein sollte und auch nur dann, wenn man die richtigen Medikamente anwendet.

Nicht ansteckende Krankheiten

Ein äußerlicher Tumor, der wirklich auffällt, man mußte operieren.

Diese nennt man auch Metastasen und können in anderen Organen zu wuchern anfangen.

Anhand einer zytologischen oder histopathologischen Untersuchung kann bestimmt werden, ob es sich um einen gutartigen oder bösartigen Tumor handelt.

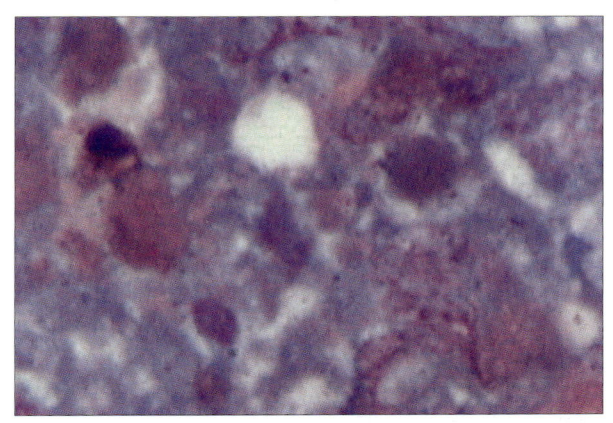

Zytologische Untersuchung von einem bösartigen Karzinom mit celpleiomorfisme und großem Nucleoli

Wie im letzten Kapitel bereits besprochen wurde, gibt es bei den Tumoren viele Ursachen einer Ansteckung wie z.B.:
- Parasiten (*Myxozoa*,...)
- Bakterien (*Mycobacterium*,...)
- Pilz (*Dermocystidium*,...)
- Viren (Karpfenpocken,...)

Die am häufigst vorkommenden, nicht ansteckenden Tumore beim Koi sind :
- Hauttumore (Papilloma, Melanom, Schleimbecherzellentumore, Lipoma, Fibrom,...),

Welche unterschiedlichen Tumore gibt es?

Zuerst unterscheidet man zwischen gutartigen und bösartigen Tumoren (Sarkom oder Karzinom).
Gutartige Tumore bleiben auf einer Stelle, da sie sehr gut eingekapselt sind und sich nicht aggressiv vergrössern.
Ein bösartiger Tumor dagegen, ist nicht so gut eingekapselt, sodaß er sehr leicht Krebszellen aussenden kann.
Diese Zellen gelangen in die Blutbahn und breiten sich weiter auf andere Organe aus.

Goldfisch dessen Bauch mit einem polyzystischen Nierentumor gefüllt ist

Nicht ansteckende Krankheiten

- Lebertumore (Leberzellkarzinom, Cholangiokarzinom,…),
- Eierstocktumore (Teratom, Granulosazellentumore, Fibrom,…),
- Nierentumore. Diese Tumore werden oft von Zysten, die mit Wasser gefüllt sind, begleitet.

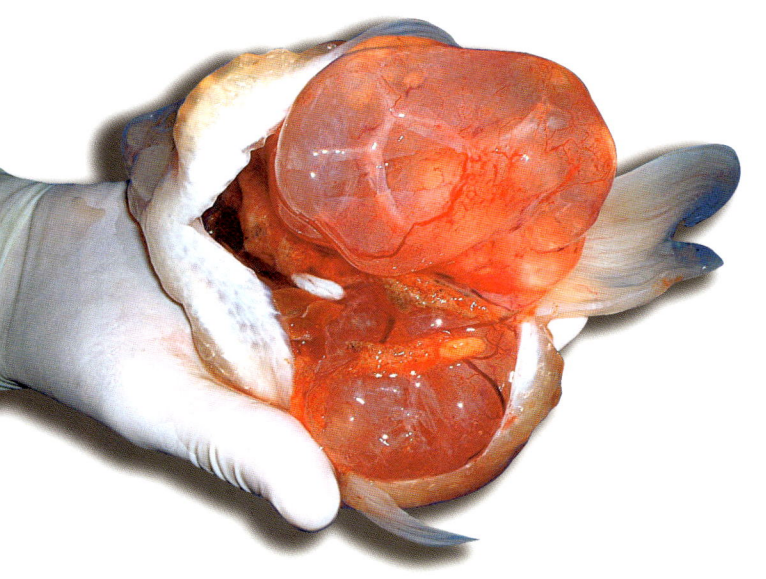

Nach Öffnung des Bauches, ein Blick auf die Nierenzysten

Können Tumore operiert werden?

Da eine Bestrahlung bei einem Fisch praktisch unmöglich ist, ist eine Operation oft noch seine einzige Überlebungschance. Wenn man bei einer Operation feststellt, dass bereits andere Organe angegriffen wurden, handelt es sich wahrscheinlich um einen bösartigen Tumor und die Möglichkeit, dass der Tumor sich nach der Operation erneut entwickelt, ist groß. Die Prognose ist in diesem Fall sehr schlecht. Wenn es sich um einen gutartigen Tumor handelt, der in einem Organ gut eingekapselt ist, dann hängt die weitere Entwicklung davon ab, welches Organ angegriffen wurde. Falls z.B. ein Eierstock oder nur ein Teil der Leber oder Niere angegriffen wurde, ist es gut möglich diesen Tumor erfolgreich zu entfernen.

SCHWIMMBLASENERKRANKUNGEN

Wie entsteht eine Schwimmblasenerkrankung?

Oft entsteht eine Schwimmblasenerkrankung in Folge einer anderen Krankheit:
- Druck auf der Schwimmblase durch Tumore, Konstipation oder Ascites (Bauchwassersucht).
- Blutkreislaufinfektion verschiedener Organen.

In anderen Fällen kann eine Schwimmblasenerkrankung eine Krankheit für sich sein. Das kann auf mehrere Faktoren zurückgeführt werden:
- eine Verstopfung des Verbindungsröhrchens (Ductus Pneumaticus) zwischen Darm und der Schwimmblase.
- eine primäre Infektion der Schwimmblase. *Myxobolus* (siehe Kapitel 4) greift typisch die Schwimmblase an. Auch andere seltene Parasiten, Bakterien oder Viren können gezielt die Schwimmblase angreifen.

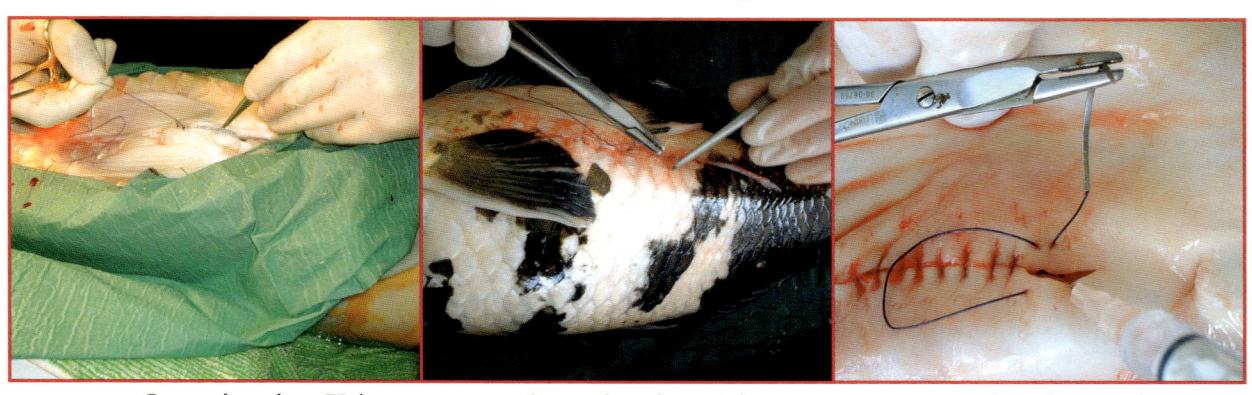

Operation eines Koi   *Operation eines Koi*   *Vernähen des Bauches*

Nicht ansteckende Krankheiten

- eine plötzliche Temperaturschwankung des Wassers. Dies kann während des Transports der Fische, nach dem Einsetzen der Fische ohne Temperaturanpassung oder während der Winterperiode in kleineren Koiteichen passieren.
- Bei bestimmten Goldfischen mit Schleierschwanz bildet die unnatürliche, vom Menschen ausgewählte Körperform ein größeres Risiko für die Zersetzung der Schwimmblase. Ab und zu kommt es zum Platzen der Schwimmblase.
- Infolge eines Trauma's (aus dem Teichspringen, aus dem Netz springen,...) kann die Schwimmblase reißen, was für den Fisch tödlich ist.

An welchen Symptomen erkennt man eine Schwimmblasenerkrankung?

Liegt ein Schwimmblasenproblem vor, sieht man, dass der Fisch nur mühsam auf einer bestimmten Höhe schwimmen kann, schief schwimmt, ständig am Boden liegt oder mit dem Kopf nach unten und mit dem Schwanz nach oben hängt. Manchmal kann man auch eine leichte Schwellung am Bauch erkennen.

Wie überprüft man ob ein Schwimmblasenproblem vorliegt?

Anhand der oben genannten Symptome, kann man mit ziemlicher Sicherheit bereits eine Diagnose stellen. Aber eine absolut sichere Diagnose bei einer Schwimmblasenentzündung kann man jedoch nur anhand eines Röntgenfotos, einer Ultraschalluntersuchung oder bei der Autopsie stellen. Eine normale Schwimmblase ist weiß und elastisch, eine entzündete Schwimmblase erkennt man an rötlich sichtbaren Blutgefäßen. In der entzündeten Schwimmblase befindet sich oft Eiter oder blutig entzündete Flüssigkeit. Dies zeigt sich durch eine beidseitige Schwellung des Bauches.

Schwimmblase mit Blut gefüllt

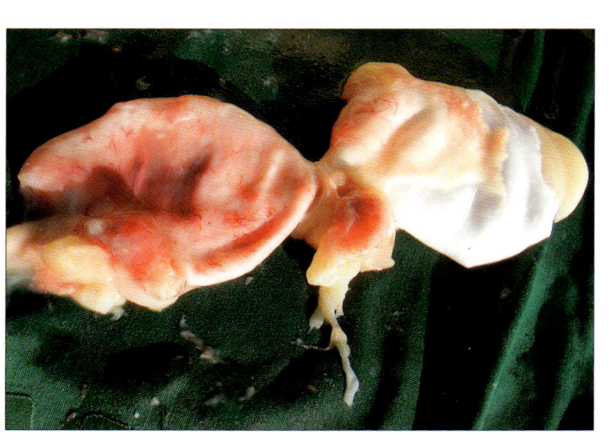

Schwimmblasenerkrankung bei "der Weissen"

Entzündete Schwimmblase

Nicht ansteckende Krankheiten

Ein Schwimmblasenproblem kann mit einer Laichverhärtung, einem Tumor oder mit der Bauchwassersucht verwechselt werden. Diese Erkrankungen verursachen nämlich auch einen geschwollenen Bauch und Gleichgewichtsstörungen. Um dies auszuschließen, können zusätzliche Symptome, eine Röntgenuntersuchung, eine Ultraschalluntersuchung oder eine Endoskopie nützlich sein.

Wie behandelt man ein Schwimmblasenproblem?

Die kranken Fische müssen mindestens eine Woche in einem flachen Quarantänebehälter gehalten werden. Dies ist deshalb notwendig, da ein Koi mit einer Schwimmblasenerkrankung sich ernsthaft bemühen muß sein Gleichgewicht im Wasser zu halten. Wenn er jedesmal ca. zwei Meter nach oben kreisen muß, um an die Wasseroberfläche zu gelangen, wird er nach einiger Zeit vor Erschöpfung sterben.
Eine zweite Maßnahme ist die Erhöhung der Wassertemperatur. Je höher die Temperatur, desto mehr arbeitet das Immunsystem des Koi und desto schneller verläuft der Heilungsprozess. Es wird auch empfohlen Salz hinzuzufügen, da es eine osmotische Linderung bietet. Wenn die Schwimmblase sehr geschwollen ist, kann man mit einer Nadel Luft oder Flüssigkeit aus der Schwimmblase ziehen. Dies muß selbstverständlich unter Narkose geschehen. Man kann eventuell ein Medikament direkt in die Schwimmblase spritzen.
Oft kommt diese Flüssigkeit zurück, sodaß man die Behandlung mehrmals wiederholen muß. Bei kleineren Fischen, sowie Schleierschwänzen, die ihr Gleichgewicht nicht mehr halten können, kann man kleine Steinchen unter der Haut in Höhe des Bauches implantieren. Diese werden durch den Körper umkapselt und somit an dieser Stelle fixiert. Durch das Gewicht der Steinchen ist der Fisch wieder in der Lage gerade zu schwimmen.
Die weitere Behandlung einer Schwimmblasenerkrankung ist von der Ursache des Problems abhängig. Bei einer bakteriellen Infektion wird Antibiotikum notwendig, während eine Erkrankung durch Parasiten ein anderes Heilmittel erfordert.

LAICHVERHÄRTUNG

Wie entsteht eine Laichverhärtung im Eierstock?

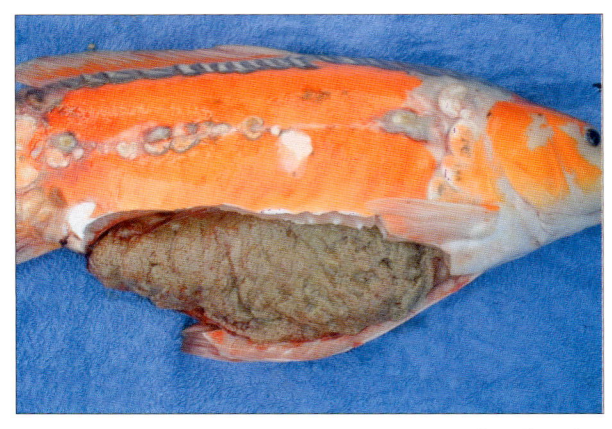

Angehäufte Eier

Ein erwachsenes Weibchen produziert jährlich ca. zweihunderttausend Eier.
In den meisten Fällen zersetzen sich die Eier selbstständig (Atresie), falls der Fisch sie nicht ablegen kann. Dies geschieht dadurch, dass ein Teil des Gehirns, der Hypothalamus, bestimmte Hormone freigibt, die dafür sorgen, dass die Eier resorbiert werden. Diese Hormone werden meist in ausreichender Zahl produziert und

Eier

Nicht ansteckende Krankheiten

die Anhäufung und Verhärtung geschieht daher äußerst selten. Es gibt immer mehr Koi, die sich das ganze Jahr in erwärmtem Wasser befinden. Hierdurch gerät der Hormonhaushalt leichter aus dem Gleichgewicht. Das erhöht nicht nur das Risiko auf eine Anhäufung der Eier, sondern auch die Entstehung eines Eierstocktumors. Andererseits zerstören große Temperaturschwankungen den Zyklus und erhöhen somit das Risiko auf angehäufte Eier.

Welche Symptome sind typisch dafür, dass der Koi die Eier nicht abgeben kann?

Die Symptome sind die gleichen wie bei einer Schwimmblasenerkrankung, Tumoren oder Ascites. Das Weibchen liegt oft bewegungslos auf dem Boden, hat Gleichgewichtsstörungen und meistens eine symmetrische Schwellung am Unterleib.

Wie bemerken wir den Eierstau?

Außer den Symptomen fühlt man während der ärztlichen Untersuchung am Bauch eine weiche Masse.
Eine bessere Diagnose können wir mit Ultraschall oder Endoskopie stellen.

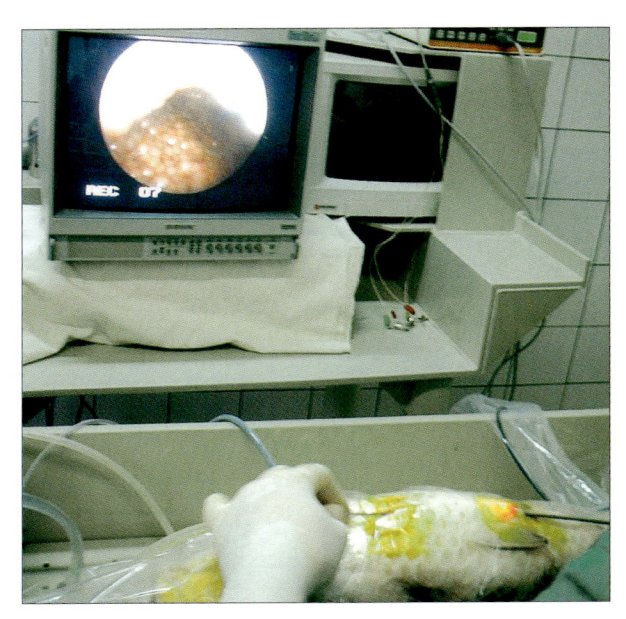

Eier durch das Endoskop gesehen

Wie kann man die Laichverhärtung behandeln?

Um einen Einblick in die Behandlung zu bekommen, werden kurz die verschiedenen Phasen des Fortpflanzungszyklus eines weiblichen Koi erläutert.
Während der ersten Phase, der Oögenese, bildet sich das Ei. Hiernach folgt eine Ruheperiode, die beim Koi (im Gegensatz zu den Lachsartigen) Monate dauern kann. Sobald die Temparatur über 18°C steigt, kann die Reifungsphase unter Einwirkung von Hypothalamus-Hormonen beginnen.
In diesem Stadium schwillt der Bauch an. Am Ende der Reifungsphase verursacht die Bildung von Prostaglandinen die Eisprungphase. In dieser Phase drückt das Weibchen oft mit dem Bauch gegen den Teichrand. Die Eier können sofort abgelegt werden. Das Weibchen kann sie jedoch auch noch einige Stunden bis Tage im Ovarium halten, bis die zum Gesamtprozess gehörenden Umgebungsreize (Männchen, Ablagesubstrat, Temperatur- oder Lichtschwankung) die Eiablage auslösen. Falls das Weibchen die Eier nach einigen Tagen noch immer nicht abgelegt hat, werden diese überreifen Eier resorbiert. Hieraus ist zu schließen, dass ein Weibchen seine Eier nicht jedes Jahr ablegen muß.

Als Behandlung kann man die Eier auch manuell ausdrücken, Hormone injizieren oder operieren, obwohl Geduld immer noch die beste Möglichkeit ist:
- Das manuelle Ausdrücken der Eier ist beim Koi nur dann möglich, wenn die Eier sich im letzten Entwicklungsstadium befinden.
- Die Ablage durch Injektionen mit Hypothalamus Hormonen künstlich zu fördern, hat nur dann Sinn, wenn die Reifungsperiode angefangen hat, also nicht wenn das Weibchen sich in der Ruheperiode befindet. Durch Aufsaugen einiger Eier mit einem Katheter entlang der Genitalöffnung, kann man untersuchen, ob die Eier sich

Nicht ansteckende Krankheiten

bereits in der Reifungsphase befinden. Mit einer ersten Injektion werden 10% der Hormone injiziert, zwölf Stunden später injiziert man den Rest. Wenn alles nach Wunsch verläuft, werden die Eier, im Schnitt zwölf Stunden später (bei 20°C), abgelegt.
- Eine Operation ist schließlich die letzte Möglichkeit, jedoch verläuft diese, genau wie bei den Tumoren, nicht immer ohne Risiko.

DEFORMATIONEN

Deformationen können auf einige Faktoren zurückzuführen sein:
- Erbliche genetische Abweichung. Mit diesen Fischen darf man nicht züchten.
- Gifte in der Umwelt.
- Nahrungsproblem, Vitaminmangel.
- Tumore.
- Von außen hineingetragene ansteckende Krankheiten,…

Nicht ansteckende Krankheiten

*Foto's vorige Seite:
Beispiele von Deformationen an Schwanz
und Mund*

Aus der Koi Praxis

Aus der Koi Praxis

6. AUS DER KOI PRAXIS

In den vorangegangenen Kapiteln wurden bereits viele Praxisfälle vorgestellt. In diesem Kapitel werden einige interessante Praxisfälle erläutert, die vielen Koi-Liebhabern sicher bekannt vorkommen und nützliche, zusätzliche Informationen liefern. Außerdem werden einige häufig auftretende Fragen beantwortet.

1. Hautverfärbung

Auf dem Goldfisch im Bild unten war stellenweise eine übermässige Färbung zu sehen. Dies ist die Folge einer Druckzunahme auf bestimmte Nervenenden, verursacht durch einen Tumor

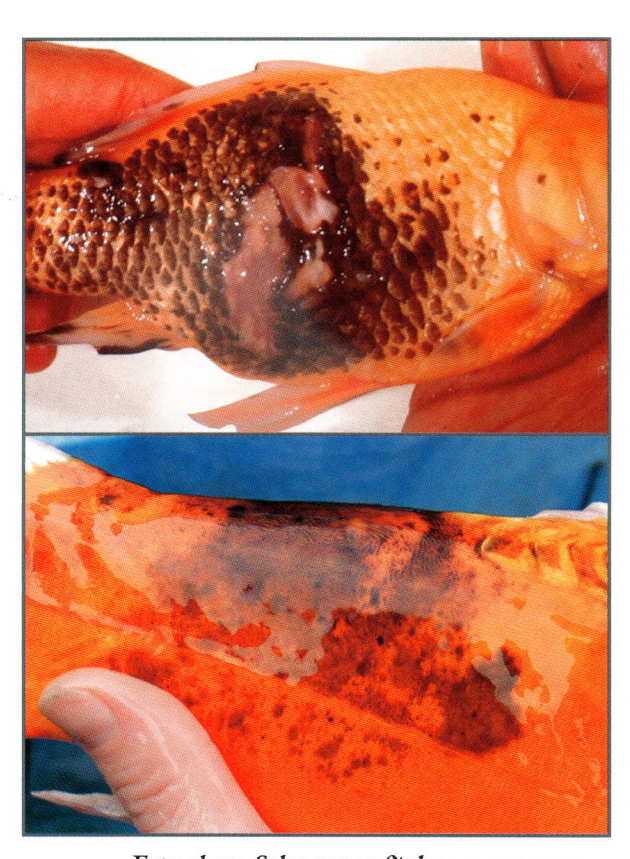

Foto oben: Schwarzverfärbung, zusammen mit einem Geschwür
Foto unten: Hautverfärbung eines Doitsu Koi

Aus der Koi Praxis

*Der Winter ist eine ruhige Zeit.
Es gibt wenige Bakterien und Parasiten.*

oder eine stellenweise Entzündung.
Dieser Druck ist der Auslöser für die Haut schwarzen Melanin-Farbstoff auszuschütten. Wenn die Ursache der Druckzunahme entfallen ist, verschwindet die schwarze Farbe nach einiger Zeit von selbst.
Bei einigen Koi-Varietäten wie Chagoi, Ochiba Shigure oder Soragoi entsteht die Schwarzfärbung, wenn Wunden oder Verletzungen heilen.

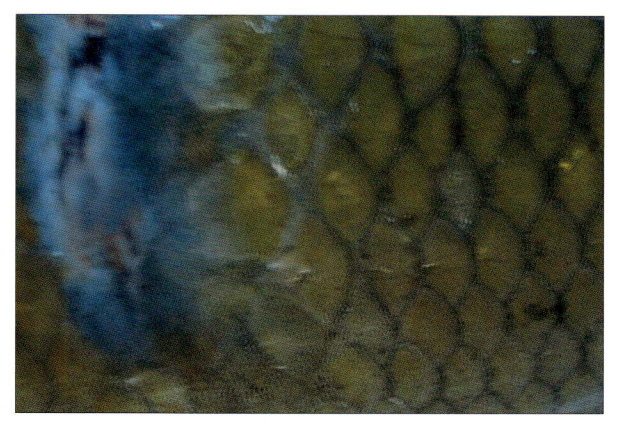

Leichte Schwarzverfärbung bei einer heilenden Wunde eines Chagoi

Diese Schwarzverfärbung darf man nicht mit den nachfolgenden Gründen von Farbveränderungen verwechseln:
- Schwarze Pünktchen infolge Befall durch den *Neascus* Wurm (4. Kapitel, Digenea). Hierbei erkennt man sehr viele kleine, ca. 0.5 mm große schwarze Pünktchen auf der Haut.
- Genetische Farbveränderung. Es ist normal daß ein Koi unter 2 Jahren seine Farbe noch verändert. Je älter der Koi, desto stabiler seine Farben. Teurere Koi haben zumeist eine genetisch stabiler angelegte Farbe. Es ist nicht ungewöhnlich, daß ein Kohaku einige Zeit nach seiner Ankunft aus Japan schwarze Pünktchen ("Shimi") oder Flecken entwickelt. Somit wird er ein Showa oder Sanke. Andere Varietäten wie Kumonryo stehen im Ruf drastisch ihre Farbe zu verändern. Dieser kann ein Jahr überwiegend weiß und im nächsten überwiegend schwarz aussehen.

Aus der Koi Praxis

Farbveränderung eines Sanke

- Die Wasserqualität hat auch einen wesentlichen Einfluß auf die Hautfärbung der Koi.
In weichem Wasser mit hohem pH-Wert wird die rote Farbe ("Hi") stärker hervortreten.
In hartem Wasser und einem niedrigen pH-Wert entwickelt sich das Schwarz ("Sumi") besser. Ästhetisch störende Shimi treten öfter bei hartem Wasser auf. Diese Shimi-Flecken kann man ohne grössere Probleme wegschaben, man geht aber das Risiko von Infektionen dabei ein.
- Das Futter beeinflußt ebenfalls die Farbe. Spirulina fördert die rote Farbe.
- Umwelteinflüsse spielen auch eine wichtige Rolle. Bei einem weißen Hintergrund z.B. entwickelt sich die schwarze Farbe nicht so intensiv wie bei einem schwarzen Hintergrund. Wenn die Fische im Haus gehalten werden, erhalten sie kein Sonnenlicht. Dies hat eine weniger intensive Färbung zur Folge als dies bei Koi in der Außenhälterung der Fall ist.
- Farbverlust, speziell rascher Verlust der Farbe kann ein Zeichen von

Shimi Pigmentfleckchen

Farbveränderung eines Kumonryu durch Krankheit

Aus der Koi Praxis

Erkrankungen sein.
- Farbveränderung nach einem Schock. Das Bild unten zeigt einen Goldfisch, welcher aus dem Teich gesprungen ist und dort einige Minuten auf dem Boden lag.

Goldfisch mit Weißverfärbung

Sanke mit einem geschwollenen Bauch

2. Sanke mit geschwollenem Bauch

Dieser Sanke wies einen auf der linken Seite geschwollenen Bauch auf. Die Schwellung zog sich über Monaten hin und wurde immer schlimmer, der Fisch hatte keinen Appetit. Die Wasserqualität war optimal und es waren keine Infektionen festzustellen. Ein geschwollener Bauch ist meistens auf eine der folgenden Ursachen zurückzuführen:
- Abszess an den Organen
- Tumor oder Zyste (Tumor in Eierstock oder Hoden, Lebertumor, Nierenzyste,...)
- Laichverhärtung (Ansammlung von Laich)
- Bauchwassersucht (siehe unter Nr.15)

Ein Abszess oder Tumor verursacht meistens eine einseitige Schwellung, während Bauchwassersucht und Laichverhärtung meistens zu einem gleichmässig geschwollenen Bauch führen. Dieser Sanke hatte einen gutartigen Lebertumor, welcher umgehend entfernt wurde. Keine Anzeichen deuteten auf eine bösartige Wucherung hin, so waren die Erfolgsaussichten gut.
Einige Wochen nach der Operation, fing der Sanke wieder zu fressen an und nach 3 Jahren ist er immer noch wohl auf.

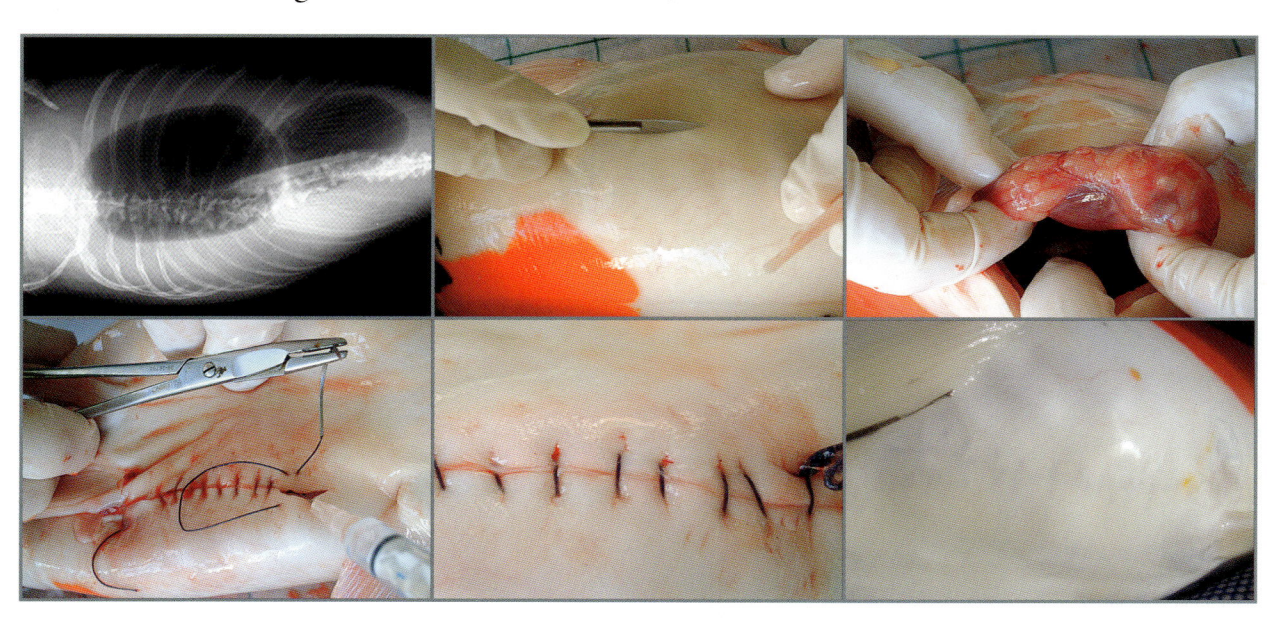

Aus der Koi Praxis

3. Alter und Größe beim Koi

Die Lebenserwartung des Koi beträgt unter optimalen Umständen 60-70 Jahre. Das Alter kann man anhand der Wachstumsringe in den Schuppen, in den Weber-Knöchelchen (Gehörknöchelchen) und den Kiemendeckeln bestimmen. Jeder Ring steht für eine Wachstumsperiode. Jedes Jahr entstehen zusätzliche Wachstumsringe. Dadurch ist es schwierig eine exakte Altersbestimmung durchzuführen. Aus Japan wird berichtet, daß der älteste Koi dort 215 Wachtumsringe aufgewiesen hat. Den Größenrekord hält ein Koi mit 1,53 m Länge und einem Gewicht von 45 Kilo. Größe und Wachstumsgeschwindigkeit des Koi hängen stark von den Genen und seinem Lebensraum ab. Ein europäischer Koi wächst im Durchschnitt während der ersten fünf Lebensjahre 10 cm pro Jahr. Koi in japanischen Naturteichen (mudponds) können in weniger als zwei Jahren eine Gesamtlänge von bis zu 55 cm erreichen. Nach den ersten fünf Jahren lässt das Wachstum nach, aber es hält in vermindertem Umfang bis zum Lebensende an. Um Jumbo-Koi zu züchten sind Faktoren wie die Wasserqualität, Temperatur, Futter und die Gene sehr wichtig. Koi sind Allesfresser (omnivor). Sie fressen alle Arten von Futter, angefangen von Würmern über Obst, Gemüse und Fleisch bis zu ihren eigenen Jungen. Da Koi keinen Magen haben, können sie die Nahrung nicht für längere Zeit in sich behalten. Darum ist es besser sie mehrmals täglich zu füttern.

4. Operation am Koimund

Entstellungen am Mund treten beim Koi häufiger auf. Es kann eine angeborene Abweichung sein oder die Folge eines Schocks, durch Vitaminmangel, bei Stoffwechselstörungen, usw.. Koi sind schon gestorben, weil sie darunter gelitten haben, dass es nicht möglich war Futter durch ihren deformierten und zusammgewachsen Mund aufzunehmen. Koi mit deformiertem Mund werden oft ihrem Schicksal überlassen oder, was noch schlimmer ist, beseitigt. Es ist jedoch möglich,

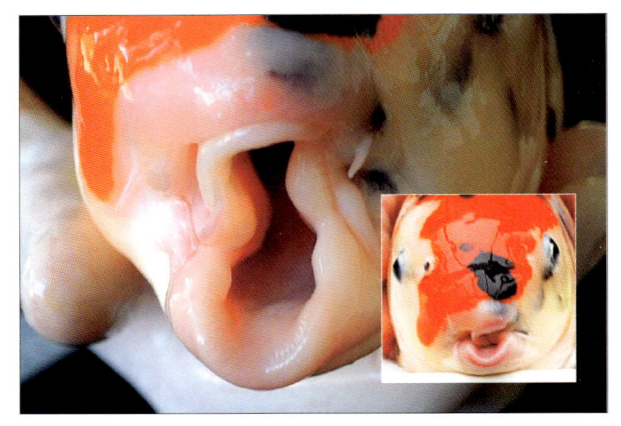

Showa vor der Operation

etwas gegen dieses Sterben zu tun. Hier möchte ich einige Praxisfälle von operativen Mundkorrekturen vorstellen.

- Dieser 65 cm große Showa hatte nach seiner Ankunft aus Japan bereits vier Monate nichts mehr gefressen. Der Grund war eine Deformation des Mundes, die er sich höchst wahrscheinlich während des Transports zugezogen hatte. Der Koi bettelte zwar um Futter, konnte es jedoch wegen seines ent-

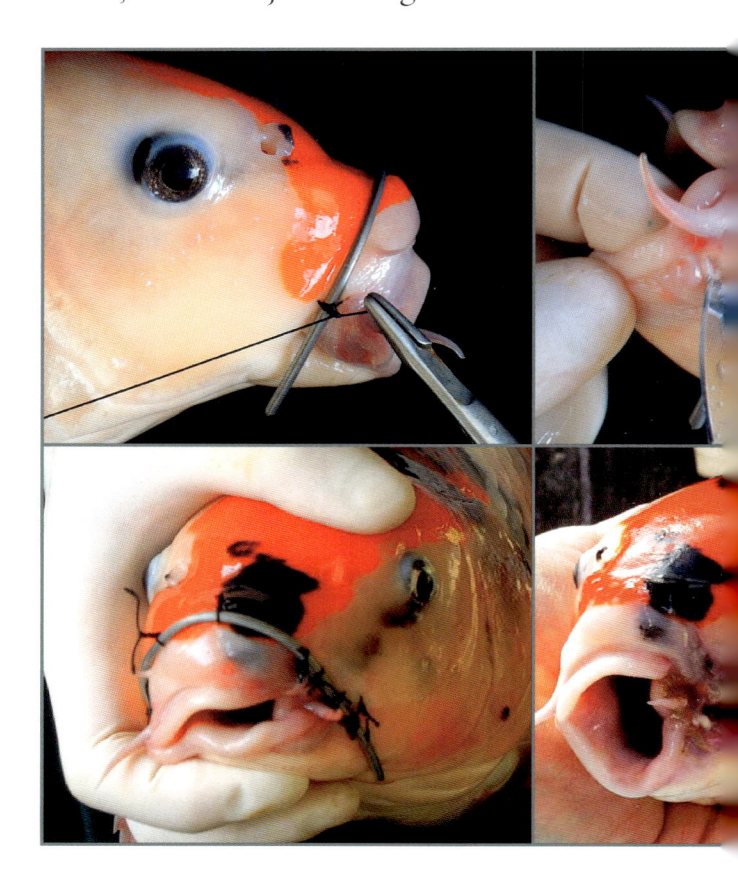

Aus der Koi Praxis

stellten Mundes nicht aufnehmen. Eine Operation war für diesen Showa die einzige Überlebungschance. Der Mundknorpel wurde an beiden Seiten aufgeschnitten und mit Hilfe einer Metallspange in die richtige Position gebracht. Die Spange wurde U-förmig angefertigt, damit der Koi den Mund noch öffnen und schließen konnte. Diese Spange blieb sechs Wochen lang angeheftet, sodaß der Mund in die richtige Position zurückwachsen konnte. Schon nach einigen Tagen begann der Showa wieder Nahrung zu sich zu nehmen. Nach einigen Wochen fraß er wieder völlig normal. Unglücklicherweise enstand durch den Schnitt in den Mundknorpel auf der linken Seite eine Wunde. Diese wurde zweimal pro Woche behandelt und war bereits nach wenigen Wochen völlig abgeheilt.

Verschiedene Phasen der Operation des Showa. Links oben zeigt den Showa vor der Operation. Das letzte Photo in der Übersicht zeigt den Showa einige Monaten nach der Operation.

- Dieser 60 cm große Showa hatte ebenfalls Probleme beim Fressen. Sein Mund klappte infolge eines Bruches im Bereich des linken Mundknorpels (siehe Foto) ständig zu. Um den Mund zu fixieren wurde für einige Wochen eine Spange angebracht.

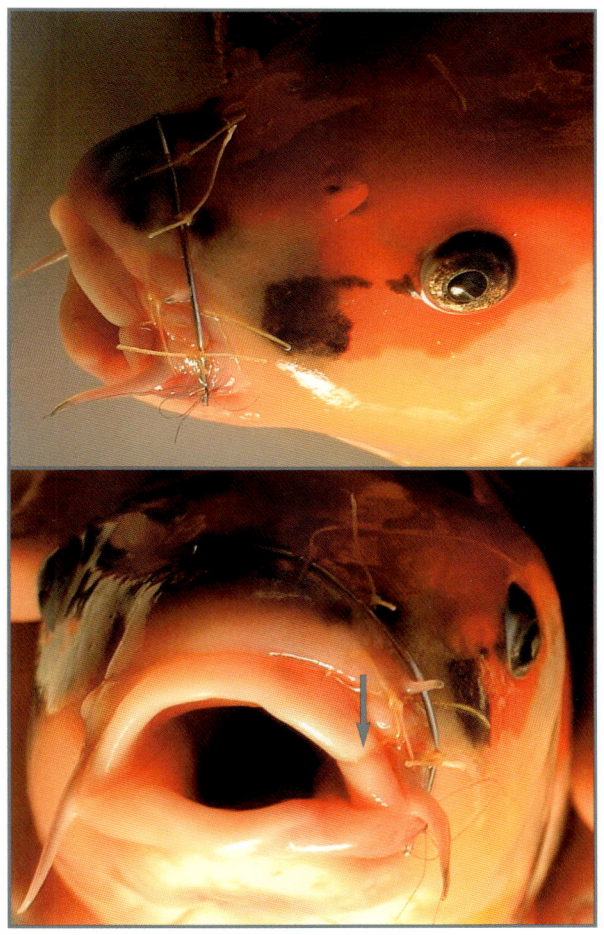

*Foto oben: die Spange ist sehr deutlich zu sehen
Foto unten: der Pfeil zeigt die Bruchlinie*

- Dieser Shusui oben konnte wegen wucherndem Narbengewebe als Folge einer Infektion seinen Mund nicht mehr öffen. Der Mund war zu 95% zugewachsen. Da der Koi somit unmöglich Nahrung zu sich nehmen konnte, wurde der Mund operativ korrigiert und mit einer Spange in die richtige Position gebracht. Nach einem Monat wurde die Spange entfernt. Die Wunde am Mund war so gut wie geheilt und der Koi konnte wieder normal fressen.

Aus der Koi Praxis

Shusui mit zugewachsenem Mund

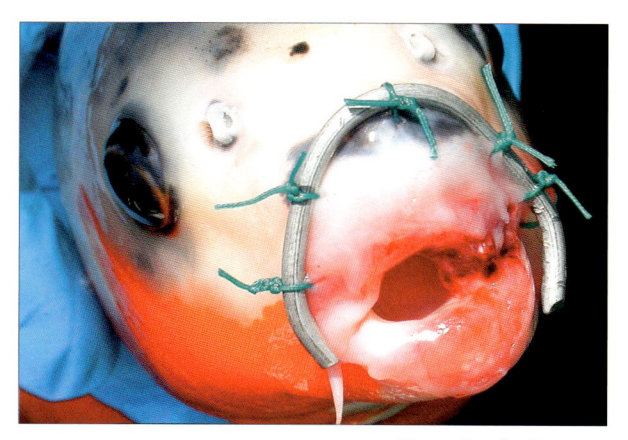

Shusui mit Spange

- Der letzte Fall zeigt, daß es wichtig ist in den Mund hineinzuschauen. Bei diesem Koi stand der Mund bereits zehn Tage weit auf und er weigerte sich trotzdem zu fressen. Nach einer Kontrolle stellte sich heraus, daß tief in der Rachenhöhle ein großer Stein feststeckte. Dieser Stein wurde unter Betäubung mit einer Pinzette entfernt. Sobald der Stein entfernt war, begann der Koi wieder normal zu fressen.

Aus der Koi Praxis

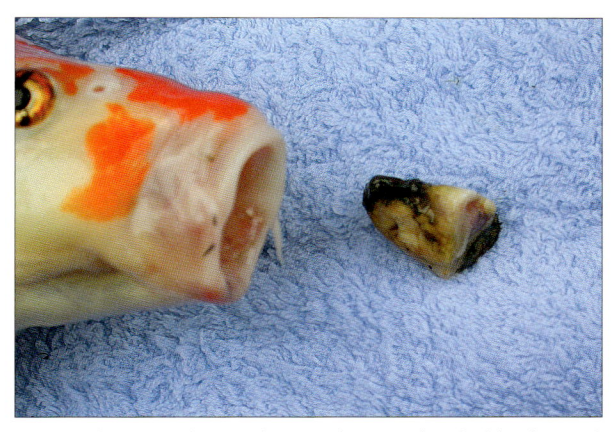

Dieser Stein steckte in der Rachenhöhle des Koi

5. Züchtung und Aufzucht von Koi

Das Züchten von Koi ist nicht so einfach. Der hauptsächliche Grund für schlechte Zuchtergebnisse ist eine schlechte Wasserqualität (Sauerstoffmangel, Gifte, Ammoniak, ,...). Es ist sehr schwer in Europa die Qualität der in Japan gezüchteten Koi zu erreichen. Ein Vorteil dagegen ist, daß in Europa gezüchtete Koi meistens eine höhere Widerstandskraft gegen Krankheiten besitzen als importierte japanische Koi.

Ab welchem Zeitpunkt kann man mit einem Koi beginnen zu züchten?

Die meisten Weibchen sind im Durchschnitt nach drei Jahren geschlechtsreif, während die Männchen dieses Stadium bereits nach zwei Jahren erreicht haben. Die Mindestgröße eines geschlechtsreifen Koi beträgt 25 cm. Die Hypophyse im Gehirn bildet die Hormone die dafür sorgen, daß die Eier und das Sperma reifen und abgesetzt werden.
Die Fortpflanzung des Koi beginnt ab einer Wassertemperatur von über 18°C und wenn die Tage länger werden. Das Ablegen von Eiern oder Sperma wird durch folgende Zusatzfaktoren ausgelöst:
- Plötzliche Schwankungen in der Wasserqualität (pH-Wert, Härte, Sauerstoff, Temperaturerhöhung) und/oder Wasserströmung z.B. nach starkem Regenfall oder Wasserwechsel.
- Teichform. Die Fische bevorzugen eine Flachwasserzone von ca. 30 cm Tiefe
- Trägermaterial um Eier und Sperma abzulegen (Bürsten, Pflanzen, etc. ...)
- Koi beiderlei Geschlechts. Es ist anzuraten die Koi ca. 15 Tage nach Geschlecht getrennt zu halten. Wenn sie zusammengebracht werden, erfolgt sofort die Ei- und Spermaablage. Wie bereits erwähnt bilden sich beim Männchen kleine Erhebungen an Brustflosse und

Hier paaren sich einige Spitzen-Kohakus

Kiemendeckeln, welche sie den Weibchen zur Stimulierung gegen den Bauch drücken.

Wie entwickeln sich die Eier?

In den Tagen vor und während der Laichablage ist es normal, daß die Weibchen nicht fressen.
Die Laichablage geschieht meistens früh am Morgen. Hierbei kommen im Durchschnitt zweihunderttausend Eier mit ungefähr einem Millimeter Größe zur Ablage. Charakteristisch für Karpfenlaich ist seine Klebrigkeit. Sie bleiben am Trägermaterial, dem Teichrand und den Pflanzen usw. hängen. Wenn man die Eier nicht sofort von den Elternfischen entfernt, werden sie aufgefressen.
Eine Quarantäne mit den gleichen Wasserwerten und viel Sauerstoff ist der

Aus der Koi Praxis

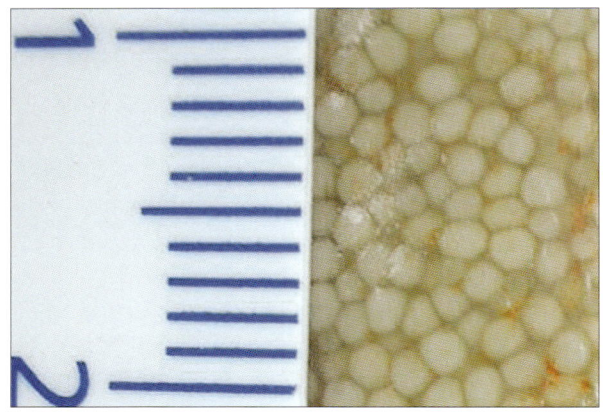

Koi-Laich

beste Platz für sie. Nach der Befruchtung schlüpfen die Jungfische nach vierzehn Tagen bei einer Wassertemperatur von 20°C – 24°C aus den Eiern. Das ist schneller als bei den meisten anderen Fischarten. Bei Salmoniden (Lachsartige) schlüpfen die Larven erst bis zu einem Monat nach der Befruchtung bei 10°C aus.
Außer dass die Eier von Goldfischen größer sind als Koi-Eier gibt es keine grossen Unterschiede. Theoretisch kann man Goldfische mit Koi kreuzen.
Die Nachkommen hierbei sind aber immer Weibchen. Befruchtete Eier sind klar und man kann zwei schwarze Pünktchen, die zukünftigen Augen, erkennen.
Unbefruchtete Eier dagegen werden weißlich und trübe. Die unbefruchteten Eier sind oft ein guter Nährboden für Pilze. Die Pilze greifen in einem späteren Stadium auch die befruchteten Eier an. Eine Behandlung mit Malachitgrün oder Methylenblau kann dieses Problem lösen.

Wie überleben die neugeborenen Koi?

Die ausgeschlüpften Larven hängen in den ersten drei Tagen senkrecht und ernähren sich von ihrem Dottersack (Nabelbläschen). Danach füllen sie ihre Schwimmblase mit Luft, damit sie an die Wasseroberfläche schwimmen können. Ab diesem Zeitpunkt ist es notwendig sie regelmässig zu füttern, mindestens fünf mal pro Tag.

Obwohl Fertigfutter immer besser wird, geht nichts über Lebendfutter wie z.B. *Artemia*. *Artemia* ist eine Planktonart und kann sehr leicht selbst zubereitet werden. Es ist eine ausgezeichnete Nahrungsquelle

Koi einige Stunden (oben) und Wochen (Links) alt

für die ersten Wochen und sorgt für ein gutes Wachstum. Der Vorteil von Lebendfutter ist daß es zahllose Verdauungsenzyme enthält, welche dem Koi in den ersten Wochen oft fehlen. Eine Alternative für *Artemia* ist gekochter Eidotter. Nach zwei Wochen ist es in Ordnung, wenn man bei der Fütterung der Jungkoi auf das normale Koi-Futter

Aus der Koi Praxis

übergeht. Wenn man nicht züchten möchte und alles seinen normalen Lauf nehmen lassen will, haben die Larven in grünem Wasser die beste Überlebenschance. Grünes Wasser enthält nämlich viel natürliches Plankton. In Japan werden die Koi in großen "Mudponds" aufgezogen, die auch grünes, nahrungsreiches Wasser enthalten. In diesen ist es möglich in vier bis fünf Jahren einen Jumbo Koi von 70 cm und größer heranzuziehen.

Nach welchen Verfahren werden Koi selektiert?

Nach einem Monat sind die Koi im Durchschnitt 1 cm groß. Koi haben große Abweichungen in Wachstumsgeschwindigkeit und Farbe, selbst wenn sie aus einer Aufzucht stammen.
Es kommt oft vor, daß ein Koi aus der gleichen Nachzucht doppelt so groß ist wie der andere. Zwei willkürlich miteinander verpaarte Koi können vom Asagi bis zum Ogon alle möglichen Farbvarianten hervorbringen.
Das Geheimnis der japanischen Züchter liegt in der jahrelangen Erfahrung bei der Auswahl der Elterntiere.
Einige Züchter z.B. verwenden Albinokoi (z.B. Akame Kigoi, ein gelber Koi mit roten Augen) als ein Elterntier.
Dieser Albino überträgt seine Farbeigenschaften nicht auf die Folgegeneration. Als Ergebnis erhält man als Jungkoi meistens die Farbvariation des zweiten Elterntieres.
Eine weitere Möglichkeit die Farbzucht zu beeinflussen ist die genetische Veränderung. Dies erreicht man durch Inaktivierung der männlichen Samenzellen mittels UV-Bestrahlung vor der Befruchtung. Theoretisch sollte dies zur Folge haben, daß die Nachzucht der gleichen Varietät angehören wie der Mutterfisch.

Nach diversen Selektionen bleiben in Japan 10% der Aufzucht übrig.
Aus einer Brut ergeben sich ca. 30.000 ausgeschlüpfte Fische. Hiervon bleiben schließlich nur 3000 übrig, von denen ungefähr 2500 sofort verkauft werden. Die besten 500 werden in den Mudponds weiter aufgezogen.
Die Spitzenkoi werden zuletzt verkauft und wachsen zu prächtigen, aber teuren und kostbaren Jumbo Koi heran.
Die erste Selektion findet bereits im ersten Monat nach dem Ausschlüpfen statt. Hierbei werden Koi mit minderwertiger Farbe, unerwünschter Zeichnung oder körperlichen Deformationen entfernt.
Auch die größten Koi werden entfernt, da diese oft ein minderwertiges Muster aufweisen und obendrein die kleineren Koi auffressen (Tobi=Kanibalen).

Wie funktioniert die künstliche Fortpflanzung?

Die Fortpflanzung kann auch mit einer wiederholten Injektion mit dem Hypophysenhormon der Karpfen künstlich stimuliert werden.
Der Vorteil dabei ist, daß man das ganze Jahr zu einem gewünschten Zeitpunkt züchten kann und Schädigungen der

kostbaren Elternfische verhindert werden.
Wenn man Koi bei einer Wassertemperatur über 20°C hält und für ca. 15 Stunden täglich dem Sonnlicht aussetzt, werden permanent Eier und Sperma produziert.
Tests haben ergeben, daß die Weibchen bei einer Wassertemperatur von 24°C jeden zweiten Monat Eier ablegen.
Eine Winterruhe scheint für die Fortpflanzung nicht nötig zu sein. Diese Versuche haben ebenfalls gezeigt, daß es hauptsächlich die großen Temperaturschwankungen sind, die die Entwicklung der Eier stören. Eine Woche vor dem Abstreifen von Eiern oder Sperma bekommen die Elterntiere ihre erste Hormoninjektion. Einen Tag vor dem Abstreifen, bekommt der Mutterfisch ein zehnfaches der Dosis verabreicht, während der Vater nur die normale Dosis erhält.
Im Gegensatz zu den Eiern, können die Spermazellen unter Betäubung einfacher ausgedrückt werden.
Das Sperma kann für einige Wochen bei 5°C oder sogar jahrelang in flüssigem

Sperma und Eier nach dem Abstreifen

Stickstoff (- 196°C) aufbewahrt werden.
Wenn die Spermien einmal ins Wasser gelangt sind, überleben sie nur für eine Minute. Wenn man das Sperma und die Eier gewonnen hat, sollte man beides eine Minute lang mischen damit die Befruchtung erfolgt. Einmal befruchtet, kann man die Eier in einem Brutschrank weiterzüchten, nachdem man die klebrige

Schicht mit einer Salzlösung (3 g/l) und Ureum (4 g/l) entfernt hat.
Wissenschaftliche Forschungen haben ergeben, daß man das Geschlecht bei jungen Koi beeinflussen kann.
Wenn man den Koi zwischen der sechsten und zwölften Woche nach der Befruchtung männliche Hormone (Methyltestosteron) verabreicht, entwickeln sie sich ausnahmslos zu Männchen.
Die Anwendung von Hormonen ist jedoch gesetzlich verboten.

Welche Nachteile hat das Ablaichen?

Um die Gesundheit zu erhalten, müssen Koi nicht ablaichen.
Währen des Laichvorgangs geht es häufig heftig zur Sache.
Man findet anschliessend überall klebrige Eier, selbst meterweit vom Teich entfernt.
Manchmal springen die ablaichenden Koi sogar aus dem Teich heraus.

Oftmals entstehen dabei Verletzungen wie:
- beschädigte Schuppen
- gespaltene Flossen
- Geschwüre auf der beschädigten Haut
- manchmal Veränderungen in Farbe und Muster

Aus diesen Gründen sind viele Koi-Liebhaber von der Zucht nicht so begeistert. Einige halten deshalb sogar nur weibliche Koi.

6. Die Verwendung von Ozon (O_3) im Koiteich

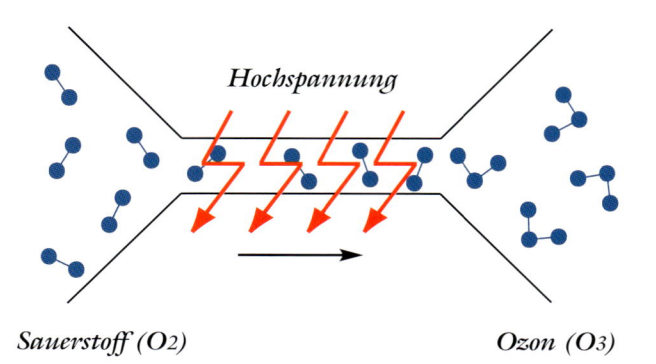

Sauerstoff (O_2)   *Hochspannung*   *Ozon (O_3)*

Was ist Ozon?

Ozon ist ein farbloses Gas, das aus drei Sauerstoffatomen besteht. Es entsteht, indem man Luft durch ein Hochspannungsfeld leitet. Der in der Luft vorhandene Sauerstoff (O_2) schmilzt und bildet Ozon (O_3). Ozon ist ein giftiges Gas, welches man bereits bei einer 50 mal geringeren, als der giftigen Dosis, am Geruch erkennen kann. Den frischen Geruch von Ozon kann man z.B. nach einem Gewitter wahrnehmen, wenn der Blitz ein Hochspannungsfeld aufgebaut hat.

Welche Wirkung hat Ozon?

Ozon kann nicht gespeichert werden. Ozon ist eine sehr instabile chemische Verbindung, das sich bereits nach wenigen Minuten wieder in das stabilere O_2 zurückbildet. Hängt sich das 3.Sauerstoffatom an eine Bakterie oder einen anderen Organismus an, wird dieser sofort oxidiert oder verbrannt. Ozon ist das beste Desinfektionsmittel, welches im Handel erhältlich ist. Es weitaus effektiver als Chlor und weniger schädlich für die Umwelt. Es hat keine gesundheitsschädlichen Nebeneffekte. Nach der Oxidation bleibt nur noch Sauerstoff (O_2) übrig. Es wird darum auch weltweit bei der Reinigung von Trinkwasser, zur Desinfektion von Schwimmbädern, in Krankenhäusern und in der Fischzucht eingesetzt.

Wie funktioniert eine Ozon-Anlage im Koiteich?

Durch den Einsatz eines Ozonreaktors kann Ozon ins Teichwasser eingebracht werden. Dieser sorgt dafür, daß das Ozon zu 100% vom Wasser aufgenommen wird.
Ein Redoxmeter ist für die Steuerung der Ozonerzeugung erforderlich. Es mißt und steuert genau die Ozonmenge, die dem Wasser zugeführt werden soll. Dieser Redoxwert gibt an, wie 'sauber' das Wasser ist. Je niedriger dieser Wert ist, desto verschmutzter ist das Wasser und umso weniger Sauerstoff enthält es.
Teiche haben einen durchschnittlichen Redoxwert von 300 Millivolt (mV).

Mit Hilfe der Ozon-Anlage kann man den Redoxwert nach Wunsch einstellen.
Im allgemeinen wird angenommen, daß ein Redoxwert zwischen 350 und 400 mV für Fische ideal ist.
Teichwasser mit einem Redoxwert über 450 mV kann für die Fische schädlich sein.
Wasser mit einem Redoxwert von mindestens 600 mV ist für den menschlichen Genuß geeignet.

Welche Vorteile hat der Einsatz von Ozon in einem Koiteich?

- Ozon sorgt auf umweltfreundliche Weise für eine Reduzierung der Krankheitserreger. In einem überbesetzten Koiteich oder bei schlechter Wasserqualität ist die Infektionsrate hoch.
Das Ozon verbrennt diese Krankheitserreger (z.B. Parasiten, Bakterien, Pilze, Viren). Der große Vorteil liegt darin, daß die Krankheitserreger keine Immunität gegen Ozon aufbauen können.
Dies bedeutet nicht, dass Ozon ein Heilmittel ist. Die Fische und die Krankheitserreger, die bereits in ihnen stecken, kommen nicht mit dem Ozon in Berührung. Durch den gesenkten Infektionsdruck im Wasser kann das Abwehrsystem der Koi sich wieder besser einstellen und die verbliebenen Erreger besser bekämpfen.

- Ozon regt den biologischen Filter an. Die Erhöhung des Sauerstoffs im Wasser ist nicht nur für die Fische nützlich, sondern auch für die Filterbakterien (*Nitrosomonas*, *Nitrobacter*). Da die Filterbakterien am Filtermaterial hängen, kommen sie nicht mit dem Ozonkreislauf in Berührung und werden darum auch nicht getötet. Bei der Zugabe von neuen Filterbakterien sollte die Ozon-Anlage immer einige Tage ausgeschaltet werden, um diesen die Möglichkeit zu geben sich an den Filtermedien festzusetzen.

- Ozon hilft auch bei der Umwandlung des giftigen Nitrit (NO2) zu Nitrat (NO3):

$$NO_2 + O_3 \rightarrow NO_3 + O_2$$

- Ozon hält das Wasser klar und rein, indem es Schwebealgen und sonstiges organisches Material reduziert. Darüber hinaus werden eventuelle Reste von Heilmitteln und färbenden Materialien verbrannt.

Welche Nachteile hat Ozon in einem Koiteich?

- Eine Ozon-Anlage ist nicht billig. Ein gepflegter Teich ohne Überbesetzung und guter Wasserqualität benötigt eigentlich kein Ozon.
- Man darf Ozon nie zusammen mit Heilmitteln anwenden. Diese verändern ihre Wirkung und möglicherweise können sich giftige Substanzen bilden. Ozon reagiert mit Chlorid und bildet Hypochlorit, was gefährlich wird, wenn das Teichwasser einen zu hohen Salzgehalt aufweist.
- Ozon ist ein Giftgas. Falls Ozon in die Luft entweicht, kann es gesundheitliche Risiken für den Menschen geben. Es ist nachgewiesen, dass eine Ozon-Konzentration von 1 mg/l Kopfschmerzen verursacht. In höheren Konzentrationen verursacht es bleibende Lungenschäden und ist sogar krebserregend. Aus diesen Gründen sollten nur erfahrene Spezialisten Ozonanlagen installieren.
- Wenn der Redoxwert über einen zu langen Zeitraum zu hoch liegt, erhält man eine zu sterile Umgebung. Hierdurch wird die Widerstandskraft der Fische geschwächt. Werden diese Fische in eine Umgebung mit mehr Krankheitserregern umgesetzt, sind sie anfälliger für Krankheiten.

7. UV-Lampe

Welchen Nutzen hat eine Ultraviolett Lampe?

Eine Ultraviolette Lampe (UV) besteht aus einem röhrenförmigen UV-Brenner, der von einem doppelten Glasmantel umgeben ist.

Einige der im Wasser vorkommenden Mikro-Organismen werden durch die UV-Strahlung (Typ C) getötet. Die UV-Strahlung desinfiziert nicht so gründlich wie eine Ozon-Anlage. Krankheitserreger wie Viren werden von

UV-Lampe

den UV-Strahlen nicht beeinträchtigt. Die UV-Lampen werden in Koiteichen hauptsächlich wegen ihrer Wirkung auf Schwebealgen verwendet. Bei Verwendung von 2 Watt pro 1000 Liter Wasser werden die meisten Schwebealgen bereits nach einigen Tagen vernichtet sein. Die DNA Struktur der Algen wird durch die UV-Strahlen aufgelöst. Der mechanische Filter kann die vernichteten Organismen dann einfach entfernen. Fadenalgen werden jedoch nicht vernichtet, da die UV-Strahlen sie nicht vollständig durchdringen können.

Wann verwendet man die UV-Lampe?

Außer im Winter bleibt die Lampe (24 Stunden) ständig in Betrieb. In der kälteren Jahreszeit wachsen wenig oder gar keine Algen, sodaß ihr Einsatz nutzlos ist. Während der Impfung des Filters mit neuen Bakterien oder während einer Wasserbehandlung muß man die UV-Lampe immer ausschalten, um die Wirkung dieser Maßnahmen nicht zu beeinträchtigen.

Welche Vorteile hat eine UV-Lampe?

- Für die Desinfektion des Wassers und die Bekämpfung der Schwebealgen, werden keine giftigen oder krebserregenden Chemikalien erzeugt.
Das von der UV-Lampe behandelte Wasser behält seine Farbe, den Geruch und die Reinheit. Nicht zuletzt ist der Einsatz der UV-Lampe nicht mit einem Sicherheitsrisiko verbunden, aus diesem Grund wird sie zur Trinkwasseraufbereitung verwendet.
- Eine UV-Lampe verbraucht wenig Energie und man kann sie leicht installieren.

Welche Nachteile hat eine UV-Lampe?

- Wenn das Wasser zu schnell durch die UV-Lampe fließt, wird sie nicht ausreichend genug Zeit haben, um die Krankheitserreger zu reduzieren.
- Stark verschmutztes Wasser kann von der UV-Strahlung nicht stark genug durchdrungen werden. Das Resultat ist eine schlechte Desinfektion.

- Die UV-Lampe wandelt Nitrat zu giftigem Nitrit um und greift Eisen an.
- Die UV-Lampe vernichtet zwar die Schwebealgen, beseitigt jedoch nicht deren Verursacher.
- Die Wirkung der UV-Lampe nimmt schnell ab, obwohl sie anscheinend noch hell scheint. Sie muß nach neun Monaten ersetzt werden.

8. Betäubung und Schmerzausschaltung

Kleinere Fische müssen vor der Behandlung nicht unbedingt betäubt werden. Die beste Methode einen kleinen Fisch zu halten, ist den Bauch des Fisches mit einer Hand zu stützen, wobei die Finger dieser Hand die Brustflossen festhalten. Die andere Hand hält die Schwanzwurzel fest. Die Augen des Fisches sollten am besten mit einem feuchten Tuch verdeckt werden.
Um einen größeren Koi gut auf eine Behandlung oder Operation vorzubereiten, muß man ihn betäuben. Einige Beruhigungs- oder Betäubungsmittel können Parasiten töten. Nehmen sie Proben vor der Anwendung dieser Mittel, ansonsten ist ihr Ergebnis verfälscht.
Um Erbrechen zu verhindern, sollte man den Fisch am besten 12 Stunden vor der Betäubung nicht mehr füttern. Der saure Rückfluss kann die Kiemen schädigen.

Betäubung eines Sanke

Aus der Koi Praxis

Wie wirkt sich die Betäubung auf den Fisch aus?

Zunächst (*Induktionsphase*) bekommt der Koi Gleichgewichtsstörungen und seine Kiemenbewegungen beschleunigen sich. Danach (*Sedierungsphase*) verliert der Fisch sein Gleichgewicht vollkommen und kippt auf den Rücken und bleibt mit dem Bauch nach oben liegen. Wenn sich der Fisch nicht mehr bewegt, aber noch atmet (*Betäubungsphase*), kann man ihn leicht behandeln.
Der betäubte Fisch wird auf ein feuchtes Tuch gelegt und seine Augen gegen Sonnenlicht abgeschirmt. Auf diese Weise können Fische bis zu 5 Minuten problemlos außerhalb des Wassers bleiben. Dies sollte für eine Wundbehandlung ausreichend sein.

Die Augen des Koi werden immer abgedeckt

Die Aufwachwanne sollte das gleiche Wasser wie die Betäubungswanne enthalten. Eine zusätzliche Belüftung sollte verwendet werden. Wenn man den Fisch im Wasser hin- und her bewegt, wird das Betäubungsmittel aus den Kiemen herausgespült und der Fisch kommt schneller wieder zu sich. Meistens ist er bereits nach ein oder zwei Minuten wieder fit. Manchmal kann es jedoch auch eine halbe Stunde dauern. Solange das Herz schlägt, ist es möglich den Fisch wiederzubeleben.

Kann man einen Koi länger als fünf Minuten betäuben?

Wenn man den Koi länger betäuben möchte, z.B. bei einer Operation, muss ein ständiges Zirkulationssytem angewendet werden.

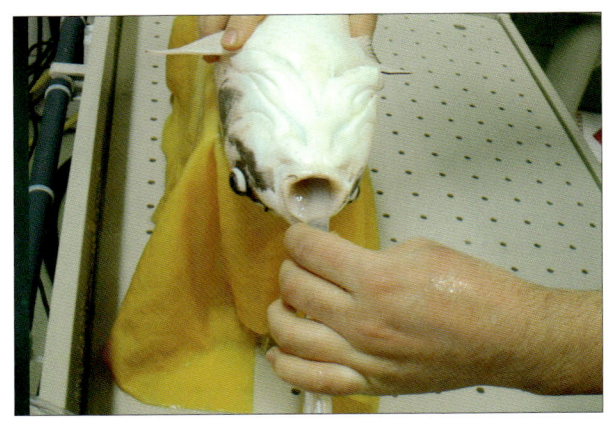

Rezirkulationssystem

Hierbei werden die Kiemen ständig feucht gehalten und zu bestimmten Zeitpunkten ein Betäubungsmittel zugefügt. Auf diese Weise kann man den Fisch mühelos einige Stunden betäuben.

Welche Betäubungsmittel stehen zur Verfügung?

Die drei am meisten im Wasser angewendeten Betäubungsmittel sind Benzocaine, MS-222 und Phenoxethol:
- Benzocaine (Ethyl-4-Aminobenzoat) ist ein weißes Puder, das zuerst in Äthanol oder Aceton aufgelöst werden muß (100 gr pro Liter). Die Stammlösung kann man in einer dunklen Flasche einige Jahre aufbewahren. In einer niedrigeren Dosis wirkt es beruhigend, in einer höheren Dosis wirkt es betäubend. In sehr hoher Dosis kann man den Fisch töten. Die durchschnittliche Dosis für die Betäubung von Fischen beträgt 1 ml Stammlösung auf einen Liter Wasser. Die benötigte Dosis variiert zwischen den verschiedenen Fischarten, sogar von Koi zu Koi. Außerdem wirkt Benzocaine rascher, je wärmer das Wasser ist. Darum muß man bei jeder Betäubung auf die Reaktion des Fisches achten und darauf eingehen. Der eine Fisch ist bereits nach einer halben Minute betäubt, während es bei dem anderen bei der gleichen

Aus der Koi Praxis

Dosierung zwei Minuten dauern kann bis er betäubt ist.

- MS 222 (Tricaine Methansulfonat) ist ein weißes Puder, das sich im Wasser auflöst und bei einer Dosis von 50 mg/l Wasser betäubend wirkt. Der Nachteil von MS 222 ist, daß es eine Senkung des pH-Wertes bewirkt und sehr teuer ist.

- Phenoxethol ist eine ölige Flüssigkeit, die antibakteriell wirkt und auch als Betäubungsmittel verwendet werden kann. Aus einer Stammlösung von 1% verwendet man 10 ml pro Liter Wasser. Phenoxethol ist preiswert, könnte jedoch giftig für Leber und Nieren sein. Dieses Mittel führt während der Induktionsphase teilweise zu aufgeregtem Verhalten.

Außer einem Kurzzeitbad, gibt es noch andere Methoden einen Koi zu betäuben. Mit einer Injektion mit Ketamine oder Pentobarbital ist die Betäubung auch möglich, wobei diese Möglichkeit nur selten benutzt wird. Eine andere Betäubungsmethode ist die Elektroanesthesie. Diese Methode wird vor allem dann angewendet, wenn man den Fischbestand ermitteln will. Diese Mittel sollten allesamt von einem Veterinär angewendet werden.

9. Übermässiger Algenwuchs

Während der Sommermonate sind Algen im Teich ein ständig anzutreffendes Problem. Es wird durch zu viel Sonnenlicht und durch einen Überfluss an Nährstoffen, wie Nitrat und Phosphat, vergrössert. Man unterscheidet zwischen Schwebe- und Fadenalgen.

Welche Vorteile haben die Algen im Teich?

Ein Koi wählt lieber einen Teich mit Algen, als einen Teich ohne Algen.
Um diese Algen herum nisten sich unzählige Planktonteilchen ein. Der Koi filtert dieses Plankton aus den Algen und frißt es. Die Mudponds in Japan enthalten auch viele Algen, welche das Wachstum anregen und die Farbentwicklung fördern.

Welche Nachteile haben Algen im Teich?

Außer dem ästhetischen Effekt verbrauchen Algen in der Nacht viel Sauerstoff.
Eine massive Algenbildung und warmes, gewittriges Wetter können zu Sauerstoffmangel führen und am Morgen

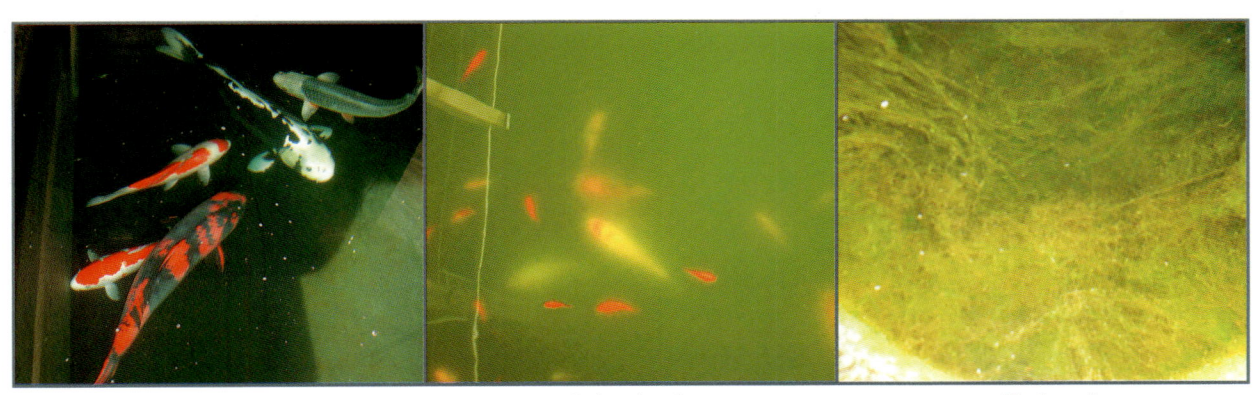

Klares Wasser   *Schwebealgen*   *Fadenalgen*

den plötzlichen Tod der Fischen zur Folge haben (siehe 2. Kapitel).
Ein zusätzlicher Nachteil von übermäßigem Algenwuchs ist, daß dieser zu großen pH-Wert-Schwankungen während des Tages führen kann.
Da die Algen tagsüber Kohlenstoffdioxyd aufnehmen, kann der pH-Wert tagsüber von 7 (Morgens) auf 9 (Abends) steigen.

Wie kann man diese Algen bekämpfen?

Die Behandlung dieses Problems ist sehr komplex. Es gibt dafür kein Wundermittel. Mögliche Lösungen möchte ich hier aufführen:
- Als erste Bedingung muss die Wasserqualität gut sein. Übermäßiges füttern muss vermieden werden, da es einen erhöhten Nitrat- und Phosphatgehalt verursacht. Auch heruntergefallene Blätter, Blumen oder andere organische Stoffe müssen regelmäßig entfernt werden, da diese sonst durch ihren natürlichen Zerfall als Nahrungsstoffe für die Algen zur Verfügung stehen.
- Das manuelle Entfernen der Fadenalgen ist eine Methode die häufig angewendet wird. Sie ist jedoch arbeitsaufwendig und oft frustrierend, da sie ständig wiederholt werden muss.
- Es stehen zahlreiche im Handel erhältliche algenbekämpfende Mittel zur Verfügung. Die meisten sind auf biologischer Basis aufgebaut und dementsprechend ungefährlich. Es handelt sich meistens um Enzyme und Bakterien, die Nitrat und Phosphat abbauen oder binden. Die Erfolgsrate dieser Produkte ist nur gering und die Behandlung ist leider oft zu wiederholen.

Die chemischen Produkte sind meistens auf Basis von Kupfersulfat, Zinkoxid oder Herbiziden. Diese sind gut wirksam, können aber bei falschem oder übermäßigem Gebrauch für Fische und Wasserpflanzen schädlich sein. Außerdem wirken sie nur für kurze Zeit, sodass auch diese Behandlung öfter wiederholt werden muss.

Obwohl Mittel wie Kaliumpermanganat oder Malachitgrün Algen vernichten, ist vom Gebrauch dieser antiparasitären Mittel abzuraten, da man mit diesen die Schleimhaut der Koi angreift.
- Die Förderung eines guten Pflanzenwuchses ist anzuraten, da Pflanzen mit den Algen in Nahrungskonkurrenz stehen. Dies ist der Grund, warum die Algen in einem Pflanzenteich oft erst im Sommer verschwinden, wenn die Pflanzen in vollem Wachstum stehen.
- Algenfressende Fische (Graskarpfen) können das Algenproblem nicht lösen.
- Den Teich gegen Sonneneinstrahlung abzuschirmen ist sehr wirkungsvoll im Kampf gegen die Algen. Die Position des Teiches ist entscheidend. Da das meiste Sonnenlicht in die oberen Wasserschichten dringt, wird man auch hier die meisten Schwebealgen finden.
Wenn man für eine gute Wasserbewegung sorgt, werden diese Schwebealgen weniger Licht bekommen und demzufolge nicht so kräftig wachsen.
- Die Anwendung von Gerstenstroh bremst für einige Monate den Algenwuchs im Teich. Einige Stoffe des sich zersetzenden Gerstenstrohs (z.B. Lignin) vernichten die Algen und verhindern die Produktion von neuen Algen. Eine sichere

Torumo, ein Mittel auf Basis von Kupfersulfat

und wirkungsvolle Dosis sind ca. 30 Gramm Gerstenstroh /m² Wasseroberfläche. Dies sollte alle zwei Monate wiederholt werden.
- Nachfolgend werden einige spezielle Instrumente erläutert, die dabei helfen das Teichwasser gegen Algen zu behandeln.
- UV-Lampen (siehe oben) können gegen Schwebealgen eingesetzt werden
- Ozon (siehe oben).
- Man kann ein elektromagnetisches Feld im Teich aufbauen, indem man kleine Elektromagneten installiert.
  Die magnetischen Felder schädigen die Algenzellen, wodurch sie sofort getötet werden oder sich nicht mehr vermehren können.
- Ein Nitratfilter ist bereits seit einigen Jahren im Handel, sowohl für Aquarien als auch für Teiche. In einem Nitratfilter wird die Sauerstoffanreicherung völlig verhindert, sodass sich anaerobe Bakterien entwickeln. Diese anaeroben Bakterien entziehen dem Nitrat ein Sauerstoffatom, sodass Stickstoff (N_2) gebildet wird, ein Gas, welches in die Luft entweicht.
- Es gibt im Handel auch einige Apparate, welche ständig Kupfer ans Wasser abgeben. Da sich Kupfer in den Organen einlagern kann, muss man dieses Instrument sehr vorsichtig und dosiert einsetzen.

10. Shiro mit geschwollenem Bauch

Shiro Utsuri mit geschwollenem Bauch

Diesen Shiro Utsuri präsentierte man mir mit einer Schwellung auf der linken Bauchseite, welche sich rasch vergrößerte. Die übrigen Fische im Teich waren gesund und die Wasserqualität war optimal. Dieser Shiro Utsuri hatte keine Parasiten und die bakterielle Untersuchung von Haut- und Kiemenproben ergab ein negatives Ergebnis.
Mit Hilfe von Röntgenstrahlen und Ultraschall wurde ein großer Tumor festgestellt.

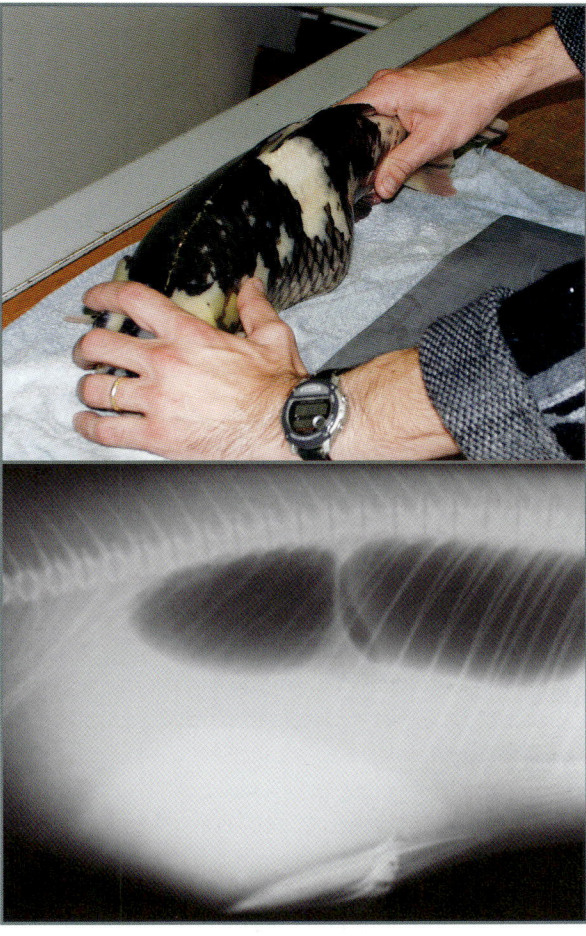

Röntgenaufnahme eines Shiro Utsuri

Auf obigem Röntgenfoto erkennt man ganz deutlich die weiße Masse, die die Schwellung verursacht hat. Um eine differenziertere Diagnose stellen zu können, war eine Ultraschalluntersuchung angezeigt. Eine vorläufige Diagnose wurde gestellt: Eierstocktumor.

Aus der Koi Praxis

Da solch ein schnell wachsender Tumor urplötzlich zum Tod des Fisches führen kann

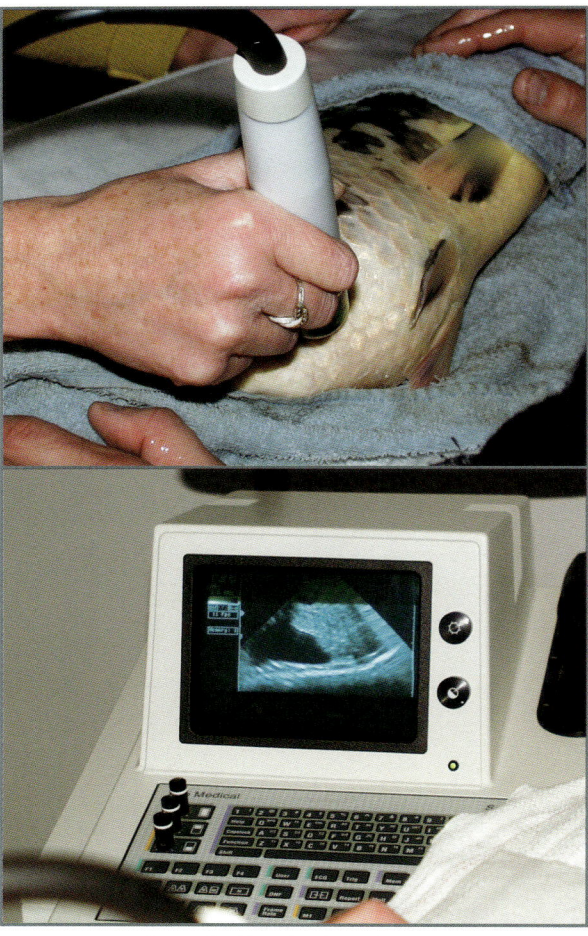

Ultraschallaufnahme beim Shiro Utsuri: ein Eierstocktumor scheint der Übeltäter zu sein.

war eine Operation die einzig mögliche Behandlung, um eine vollständige Genesung zu erreichen. Die Operation war kompliziert und dauerte sehr lange. Der Fisch wurde 75 Minuten lang betäubt und der Tumor, der bereits mit dem Darm verbunden war,

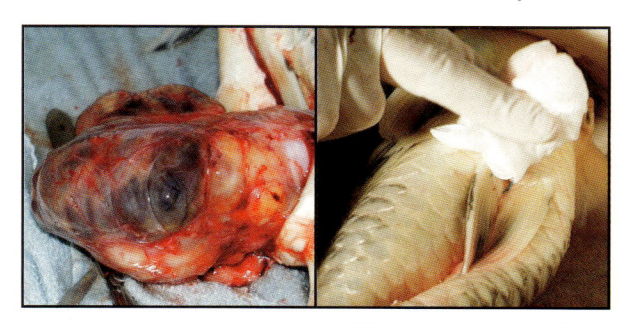

Tumor wurde entfernt

wurde entfernt. Der Tumor wog 340 Gramm und hatte einen Durchmesser von 11 cm. Während der Operation wurde eine Gewebeprobe vom Tumor genommen. Die histologische Untersuchung ergab, daß es sich um ein sehr bösartiges Karzinom mit großen Kernkörpern und Zellencelpleiomorfisme handelte. Das Risiko für einen Rückfall war sehr groß, sodass die Genesungsaussichten schlecht waren.
Der Shiro erholte sich sehr schnell wieder. Einige Minuten nach der Operation konnte

Shiro Utsuri nach der Operation

der Koi bereits wieder schwimmen. Nach einer Woche fing er wieder an zu fressen und alle lebenswichtigen Funktionen schienen wieder normal zu sein.
Nach einem Monat bekam der Koi jedoch wieder die ersten Anzeichen der Bauchwassersucht und dadurch löste sich die Wundnaht. Der Zustand wurde durch eine schlimme parasitäre Infektion noch schlechter. Das Immunsystem des Shiro Utsuri war dermaßen geschwächt, daß er kurz darauf starb.

11. Der Stör

Störe sind im allgemein große Fische. Die größten Störe können 9 Meter lang und 1.200 kg schwer werden. Nur den Sterlet (*Acipencer ruthenus*), den kleinsten aus der Störfamilie, kann man im Teich halten. Bei optimaler Haltung kann ein Sterlet einen Meter groß und ca. 70 Jahre alt werden.

Aus der Koi Praxis

kann, muss man ihn vom Bauch zum Mund hin massieren. In extremen Fällen muss der Darm aufgestochen werden. Ein Stör mit zuviel Luft im Bauch schwimmt sonst ständig im Kreis. Dies führt meist zum Tod. Bei einer Autopsie kann man häufig eine Ansammlung von Steinen im Darm des Störs erkennen. Da der Stör immer Futter vom Boden aufnimmt ist es normal, dass er von Zeit zu Zeit versehentlich auch kleine Steine frisst. Im Gegensatz zum Koi, ist der Stör kaum anfällig für Parasiten. Das liegt an seinem harten und dicken Hautpanzer, in dem die Parasiten sich nicht so schnell heimisch fühlen. Der Stör ist aber das erste Opfer, wenn der Sauerstoffgehalt des Wasser zurückgeht. Der Stör blüht richtig auf in sauerstoffreichem Wasser und einer starken Strömung.

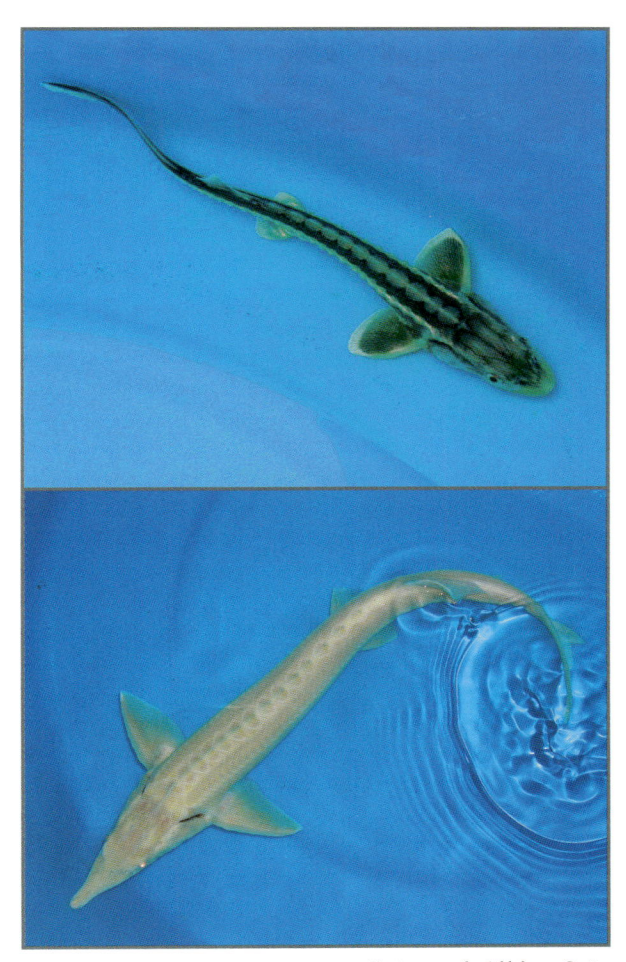

Stör und Albino Stör

Ein Stör ist so gut wie blind und hat vier Barteln, mit denen er auf dem Boden nach Futter sucht. Der Stör ist ein Fleischfresser und das für ihn entwickelte Sinkfutter ist sehr eiweißreich. Das Problem, dem wir immer wieder begegnen ist, daß andere Fische das Futter bereits aufgefressen haben, bevor der Stör es gefunden hat. Wenn ein Koi dieses Futter über längere Zeit frisst, wird er zu fett. Ein Stör kann sehr leicht handzahm gemacht werden. Er frisst zu jeder Jahreszeit und selbst bei niedrigen Temperaturen. Wenn ein Stör zuviel Futter frisst, das an der Wasseroberfläche schwimmt, kann es passieren, daß er zuviel Luft aufnimmt. Der Stör bekommt dann einen dicken Bauch und kann dann nur noch mühsam tauchen. Wenn der Stör sich nicht selbstständig von der Luft befreien

Dieser Stör war einige Tage in einem Nylondraht eingeklemmt.

Aus der Koi Praxis

Stör mit einem Tumor auf der Innenseite des Kiemendeckels.

Wenn man den Teich mit Medikamenten behandelt, die den Sauerstoffgehalt senken (z.B. Kaliumpermanganat), gibt man den Stör am besten für die ersten Stunden in ein Quarantänebecken.
Diese friedlichen Fische können nicht rückwärts schwimmen.
Als Konsequenz daraus laufen sie Gefahr in Fadenalgen hängen zu bleiben.
Wenn man sie nicht rechtzeitig daraus befreit, können sie in diesen Algen ersticken.
Die Kiemen eines Stör müssen, um effektiv atmen zu können permanent in Bewegung sein.
Störe werden oft wegen ihrer Eier (Kaviar) in kommerziellen Fischbetrieben gezüchtet.
In Gefangenschaft ist der Stör nur schwer zu züchten.
Die Fortpflanzung wird künstlich durch Hormonspritzen eingeleitet.
Die Eier kann man nicht wie beim Koi einfach herausdrücken.
Eine Operation ist notwendig, um den Kaviar zu ernten.
Danach wird die Bauchwunde wieder zugenäht.

12. Die Goldorfe

Die Goldorfe (*Leuciscus idus*) ist ein sehr temperamentvoller Fisch, der eine Länge bis 60 cm und ein Gewicht bis 4 kg erreichen kann. Die Goldorfe hat eine Lebenserwartung von 25 Jahren.
Sie schwimmen in Gruppen und sollten daher mindestens zu fünft gehalten werden. Eine solche Gruppe von Goldorfen schwimmt beständig in den oberen Wasserschichten. Sie ernähren sich von Insekten und kleinen Krebsen. Um ihre Beute zu fangen springen sie bis zu 30 cm

Goldorfe

aus dem Wasser. Dies geschieht hauptsächlich abends und nachts. Die Goldorfe entwickelt sich am besten in sauerstoffreichem, fließendem Wasser, passt sich jedoch auch anderen Gegebenheiten an.
Sie kommt gut durch den Winter.
Ein Nachteil bei den Goldorfen ist, daß sie die meisten Medikamente nicht vertragen und durch allerlei Heilmittel einen krummen Rücken bekommen können. Außerdem erhöht sich bei ihnen dadurch das Risiko einen Tumor zu bekommen.

Aus der Koi Praxis

13. Die Schleie

Außer Koi, Goldfisch, Goldorfe und Stör ist die Schleie der am meisten vorkommende Fisch im Gartenteich.
Die Schleie unterscheidet sich vom Karpfen durch ihre stark abgerundeten Flossen.
Die Männchen sind durch die größeren und mit einem spitzen Stachel versehenen Bauchflossen von den Weibchen zu unterscheiden.
Ihre Farbe variiert von oliv bis kupfergrün.

Schleie und Goldschleie

Die Goldschleie wird im Gartenteich bevorzugt gehalten.
Die Schleie ist ein ruhiger und friedlicher Fisch, sie wird im Durchschnitt 30 cm groß und bis zu 30 Jahre alt.
Ähnlich wie der Störe ist die Schleie auch ein Grundfisch.
Außer Lebendfutter frisst sie auch faulende Pflanzenteilchen und sonstiges organisches Material.
Darum wird sie oft als Teichreiniger bezeichnet, der den Teich sauber hält.
Von Natur aus ist die Schleie nachtaktiv. Durch Fütterung währen des Tages kann man sie jedoch auch tagsüber aktivieren.
Mit etwas Geduld wird sie sogar handzahm.
Im Gegensatz zum Stör, verträgt die Schleie nur einen niedrigen Sauerstoffgehalt.
Die Schleie bevorzugt darum auch stilles oder nur leicht fließendes Wasser.
Sie wird auch als 'Doktorfisch' bezeichnet.
Obwohl es noch nicht wissenschaftlich bewiesen wurde, soll ihre Schleimhaut Stoffe enthalten, die kranke Fische heilen kann.
Es ist jedoch sicher, dass die Schleie zahlreiche Parasiten, wie Karpfenläuse und Ankerwürmer frisst.

14. Fangen und transportieren von Koi

Das Netz, das man dazu benutzt die Fische aus dem Wasser zu schöpfen, muß weich sein, um die Haut und die Schuppen nicht zu beschädigen. Versuchen sie den Koi so vorsichtig wie möglich zu fangen, stellen sie sicher, dass er mit dem Kopf voraus ins Netz schwimmt. Koi sind schlau und schwimmen unter dem Netz durch. Halten sie daher das Netz soweit als möglich gegen den Teichboden.

Vermeiden sie es unter allen Umständen den entkommenden Koi von hinten zu fangen. Dabei besteht die Gefahr ihn am Schwanz zu verletzten. Der gefangene Koi wird danach in ein Schwimmbecken umgesetzt. Den Fisch kann man mit nassen Händen oder einem Umsetznetz aus dem Wasser holen. Er darf nie mit trockenen Händen festgehalten werden, da seine Schleimhaut beschädigt werden kann. Man hält das Netz etwas nach unten, damit der Koi ins Umsetznetz schwimmt. So kann sich der Koi dann nicht mehr befreien.

Schwimmbehälter und Strumpf

Nachdem der Koi gefangen ist wird er in eine doppelte Plastiktüte gesetzt, welche mit Sauerstoff angereichertes Wasser enthält. Die Tüte wird danach in einen Karton gelegt, damit der Fisch in einer dunklen, ruhigen Umgebung und ohne Temperaturschwankungen transportiert werden kann. Um Transportschäden an Mund und Schwanz (plötzliches Bremsen usw.) zu verhindern, stellt man den Karton mit der langen Seite quer zur Fahrtrichtung. Koi geben manchmal beim Fangen oder beim Transport etwas Blut aus den Kiemen ab. Dies tritt hauptsächlich beim Tancho und Shiro Utsuri auf. Obwohl dies unschädlich ist, sollte man am besten das Wasser erneuern. Von Japan nach Europa zu transportierende Koi, werden zwei Wochen lang zuvor ausgehungert um den Darm zu entleeren. Dies ist notwendig um eine Verunreinigung des Transportwassers zu verhindern. Außerdem kühlt man das Wasser in vier Tagen von ca. 18°C bis auf 10°C ab. Das verlangsamt den Stoffwechsel, wodurch die Koi weniger Schadstoffe produzieren und während des langen Fluges, der 30 Stunden dauern kann, viel ruhiger sind.

Das Einsetzen der Koi in einen neuen Teich muss schrittweise geschehen. Um die Temperatur anzugleichen, lässt man die Tüte erst eine halbe Stunde in einem schattigen Bereich auf dem Wasser treiben. Damit auch der Übergang zu den anderen Wasserwerten nicht zu drastisch erfolgt, gibt man das Wasser der Transporttüte und den Koi in eine Wanne und setzt langsam Teichwasser zu. Nach einer Weile wird der Fisch schließlich aus der Wanne geholt und in den Teich oder in ein Quarantänebecken gesetzt.

Um Krankheitsrisiken zu vermeiden, schüttet man das Transportwasser weg. Einige Parasiten, wie die Karpfenlaus, lösen sich während des Transports vom Fisch und schwimmen im Transportwasser.

15. Koi mit Bauchwassersucht

Bauchwassersucht, auch Dropsy oder Ascites genannt, ist eine häufige Todesursache bei Koi. Ungefähr zehn Prozent unserer Koi sterben infolge von Bauchwassersucht.

Wie erkennen wir einen Koi mit Bauchwassersucht?

Die Bauchwassersucht lässt den Bauch dramatisch anschwellen. Grosse Mengen

Transportkarton

Aus der Koi Praxis

von Flüssigkeit sammeln sich in der Bauchhöhle. Ab einem bestimmten Zeitpunkt kann man diese durch den enormen Druck zwischen den Schuppen sehen. Der Koi schwillt symmetrisch an und die Schuppen über dem gesamten Körper stehen in einem Tannenzapfenmuster ab. Typisch für die Bauchwassersucht ist, daß die Schwellung hinter den Kiemen am auffälligsten ist.
Oft tritt Dropsy in Verbindung mit hervorquellenden Augen ("Exoftalmie") auf. Dies kommt, weil die Blutgefäße hinter den Augen ebenfalls anschwellen ("Ödem").

Dieser großartige Ginrin Showa ist an einer akuten Form der Bauchwassersucht erkrankt. Man sieht die Schwellung gleich hinter den Kiemen und das wachsende 'Tannenzapfenmuster'. Das Bild links zeigt den gleiche Showa einige Wochen später.

Wie entsteht Bauchwassersucht?

Meist ist Bauchwassersucht nicht ansteckend und durch eine organische Fehlfunktion verursacht. Haut, Kiemen, Darm und Nieren sind die wichtigsten für den osmotischen Druckausgleich zuständigen Organe. Das bedeutet, daß diese Organe das überschüssigeWasser aus dem Fisch entfernen helfen. Wenn die Funktion eines dieser Organe gestört ist, sammelt sich das Wasser in der Bauchhöhle an, was sich an einem geschwollenen Bauch zeigt. Die nicht ansteckende Form betrifft zu einem bestimmten Zeitpunkt nur einen Fisch. Die ansteckende, hauptsächlich durch Bakterien verursachte, Form der Bauchwassersucht kommt nicht so häufig vor. Hier sind immer gleich mehrere Koi betroffen.

Wie behandelt man Bauchwassersucht?

Die Heilungsaussicht bei Bauchwassersucht ist immer schlecht. Betroffene Fische sind unter Quarantäne zu behandeln.
Diese Behandlung wird empfohlen:
- optimale Wasserqualität.
- ein hoher Salzgehalt von 7 kg/1000 Liter Wasser über zehn Tage entzieht dem Fisch das Wasser und kann so Linderung bieten.
- Eine Injektion in die Bauchdecke mit Antibiotika ist empfehlenswert.
- Bei extremer Schwellung drückt man die Flüssigkeiten zwischen den Schuppen heraus.
Dies muss mehrfach wiederholt werden und geschieht am besten unter Betäubung.
- Einsatz von Medikamenten zur Anregung des osmotischen Druckausgleichs.
- Behandlung der primären Ursache.

16. Quarantäne

Das Einsetzen eines neuen Fisches in den Teich geschieht nie ohne Risiko. Der neue Fisch hat eventuell eine Abwehr gegen eine bestimmte Krankheit aufgebaut, gibt aber die Krankheitserreger in den Teich ab. Oder der vorhandene Fischbestand hat diese Abwehr und die Erreger im Teichwasser gehen an den neuen Fisch. Einige Krankheiten äußern sich erst nach einer gewissen Inkubationszeit (=Zeitraum zwischen Infektion und Entwicklung von Krankheitssymptomen). Eine Quarantäne ist die beste Methode ruhende Infektionen zu erkennen.

Wie lange muß man die Fische in Quarantäne halten?

Neue Fische sollten minimal einen Monat in Quarantäne gehalten werden, bevor man sie in den Teich einsetzt. Es ist besser sicher zu gehen, als es hinterher zu bedauern: Ich rate Koi-Liebhabern immer neue Fische über mehrere Monate in Quarantäne zu halten.

Welche Anforderung sind an ein gutes Quarantänebecken zu stellen?

Die Wasserqualität im Quarantänebecken muss optimal sein. Um dies zu erreichen, sollte man die Fische nur wenig füttern und die Futtergabe allmählich steigern. Auf diese Weise verhindert man die zu starke Beanspruchung des Filters. Man benötigt einen getrennten, gut gereiften Filter. Dazu kann man am besten einige kleinere Fische permanent im Quarantänebecken schwimmen lassen. Es ist wichtig, daß das Quarantänebecken groß genug ist. Ein Koi von 40 cm benötigt mindestens 1000 Liter Wasser. Quarantänebecken sollten in einer ruhigen und dunklen Umgebung aufgestellt werden. Wenn man das Becken mit einem Netz abdeckt, verhindert man das Herausspringen der Fische. Man sollte für eine Heizmöglichkeit sorgen. Durch Erwärmung kann man einige Krankheiten in den Griff bekommen (z.B. *Koi Herpes Virus*). 20°C sind eine optimale Wassertemperatur für ein Quarantänebecken. Wenn der Koi nach der Quarantänezeit bei guter Gesundheit ist, ist das Risiko eine Krankheit in den Teich einzuschleppen gering. Wenn die Wasserqualität im Quarantänebecken schlecht ist, werden die Fische dadurch geschwächt. In diesem Falle ist keine Quarantäne durchzuführen besser, als eine Quarantäne in verschmutztem

Auch ein kleiner Naturteich kann ausgezeichnet als Quarantänebecken dienen.

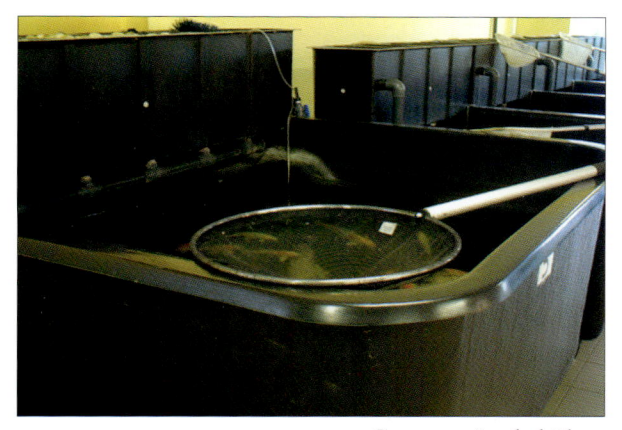

Quarantänebehälter

Wasser. Wenn für die Wasserqualität im Quarantänebecken keine Garantie übernommen werden kann, sollten die Fische sofort in den Teich gesetzt werden, jedoch nicht ohne vorherige Untersuchung. Hat man auf einem Abstrich keine Krankheitskeime gefunden, ist davon abzuraten, die Fische vorbeugend zu behandeln bevor man sie in den Teich gibt.

Was versteht man unter einem Kreuzungstest?

Bei einem Kreuzungstest wird außer dem neuen Koi auch ein ruhiger Koi aus dem Teich in das Quarantänebecken gegeben. Auf diese Weise kann man die Auswirkung, die der neue Koi auf den bestehenden Koibestand hat, in kleinerem Rahmen testen. Diese Methode hat sich in den letzten Jahren bewährt, da immer mehr Koi den *Koi Herpes Virus* in sich tragen. Wenn diese Krankheit im Teich ausbricht sind die Folgen grundsätzlich verheerend. Ein weiterer Vorteil dieses Kreuzungstests ist der beruhigende und sozialisierende Effekt. Koi sind soziale Tiere und sollten nie zu lange isoliert von anderen Koi gehalten werden.

Kann man das Quarantänebecken auch als Krankenbecken benutzen?

Quarantänebecken können grundsätzlich auch als Krankenbecken benutzt werden. Die Behandlung in einem vom Teich getrennten Becken hat viele Vorteile. Die Medikamente können niedriger dosiert werden und der eingelaufene Teichfilter wird nicht zerstört. Auch das biologische Gleichgewicht im Teich wird erhalten. Da keine Behandlung im Teich stattfindet, können die dort befindlichen Erreger auch keine Resistenz gegen die Medikamente aufbauen.

17. Teichgestaltung

Bei der Einrichtung des Teiches sollten folgende Punkte berücksichtigt werden:
- Es ist ratsam, den Teich an einer teilweise schattigen Stelle anzulegen, um etwas Schutz vor der direkten Sonneneinstrahlung zu haben.
Ein Sonnenbrand kann beim Koi ernsthafte Wunden verursachen, was dann zu sekundären Infektionen führen kann.

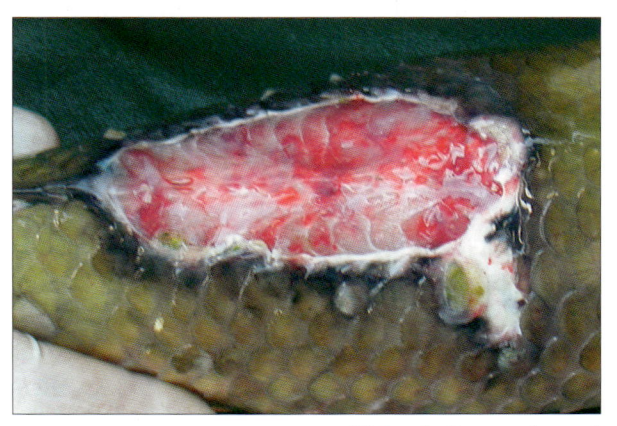

Koi mit Sonnenbrand

Dieser Schutz kann außerdem auch den übermäßigen Algenwuchs eindämmen.
- Um eine Verunreinigung zu verhindern, sollte der Teich nicht unter überhängenden Bäumen gebaut werden.
- Ein guter Koi Teich ist minimal 1,5 Meter tief. Je größer das Wasservolumen, desto weniger Schwankungen treten bei den Wasserwerten auf.
- Die Teichform ist so zu wählen, daß eine gute Wasserzirkulation stattfinden kann. In stehenden Bereichen sammeln sich Abfallstoffe (H_2S,..) und führen zur Entwicklung von giftigen, anaeroben Bakterien. Diese Bakterien entstehen auch in den Falten der Folie.

Andere Teile, die zu einer Schlammansammlung am Boden führen, haben dort nichts verloren. Aus diesem Grund sollte man steile Wände und Bodenabläufe einplanen.
- Die Besatzdichte im Teich hängt vom eingesetzten Filtersystem ab. Für einen 40 cm langen Koi benötigt man mindestens 1000 Liter Wasser.

18. Fischräuber

Ein Koi-Teich muss oft gegen Fischräuber, wie z.B. Katzen oder Reiher geschützt werden.
Die bunten Koi wirken auf den Reiher sehr anziehend. Reiher jagen immer in der Flachwasserzone und hauptsächlich am frühen Morgen. Ein Reiher kann leicht Fische bis 30 cm auffressen und größeren gefährliche Wunden zufügen. Es gibt mehrere Möglichkeiten gegen den Reiher vorzugehen. Eine Möglichkeit ist es den Teich mit einem Gitter oder Netz abzudecken, was jedoch nicht sehr ästhetisch aussieht. Alternativ kann man einen Zaun aus Elektrodrähtchen um den Teich anbringen oder einen elektronischen Bewegungsmelder, der bei Annäherung einen Wasserstrahl auf den Räuber abschießt. Einige Leute glauben, dass ein künstlicher Reiher den echten Reihern Angst einflößt.
Neben der Katze und dem Reiher können auch Insekten (Wasserkäfer, Libellenlarven, ...) dem Koi Schaden zufügen. Männliche Frösche und Kröten können sich schließlich während der Paarungszeit krampfartig am Koi festklammern.

Reiher erstickt an einer zu großen Beute

19. Koifutter

Eine ausgeglichene Nahrung ist für eine gute Gesundheit dringend erforderlich.
Ein Koi nimmt im Durchschnitt täglich 2% seines Körpergewichts auf. Da Koi keinen Magen haben, ist es sinnvoll das Futter in kleinen Mengen und öfter zu verabreichen. Für eine bessere Verdauung kann man das Futter vorher etwas einweichen. Bei kälteren Temperaturen gibt man leicht verdauliches Futter, während man bei wärmeren Temperaturen zusätzlich Eiweiß, Probiotika und Farbverstärker ins Futter geben kann. Den Koi zu viel Futter zu geben ist gefährlicher als zu wenig. Wenn man verreist, richtet man am besten Tagesrationen Futter, die ein Freund während der Abwesenheit einfach verfüttern kann. Falls dies nicht möglich ist, kann man die Fische ruhig einige Wochen fasten lassen.
Achten sie auf das Verfallsdatum und lagern sie das Futter an einem kühlen, trockenen und dunklen Ort. Lassen sie das Futter niemals in der Sonne liegen. Man kann von Zeit zu Zeit Vitaminpräparate in den Teich geben. Achten sie darauf keine Überdosis von Vitamin A, D, E und K zu verwenden, da diese sonst gefährlich werden können. Viele Koi-Liebhaber geben regelmäßig Vitamin C ins Wasser um die Immun-

abwehr der Koi zu stärken. Die empfohlene Menge ist alle zwei Wochen ein Esslöffel stabilisiertes Vitamin C auf 10.000 Liter Wasser. Alle ein bis zwei Wochen kann man Nahrungsergänzungen wie z.B. Salat, Orangenstücke, Garnelen oder Honig

Hygiene ist wichtig

zufüttern. Lebendfutter zu verwenden, birgt das Risiko Parasiten oder deren Eier (Nematoden) in den Teich einzubringen. In letzter Zeit wird auch immer öfter Propolis ins Futter gegeben, um die allgemeine Immunabwehr zu stärken.

20. Blutuntersuchung eines Sanke

Der Patient, ein 65 cm langer Sanke, verhielt sich bereits seit Monaten sehr passiv. Wie auf dem Foto unten zu erkennen ist, litt er unter Hautentzündungen im Bereich des Bauches.

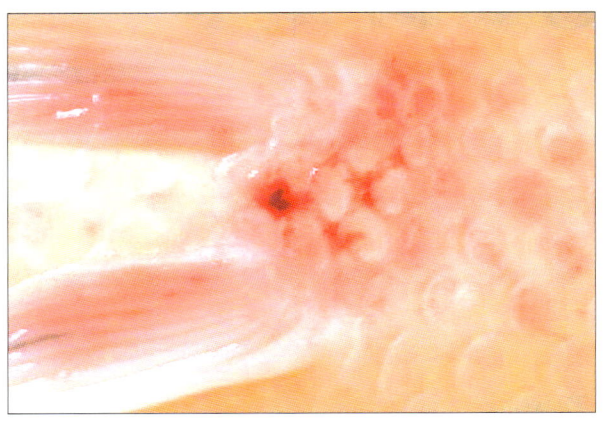

Liegewunden im Bauchbereich

Man könnte dies damit erklären, daß er ständig auf dem Boden des Teiches lag.
Außerdem zeigte er ein abnormales Schwimmverhalten, am ganzen Körper standen die Schuppen ab und hatte eine sich ständig verschlimmernde Bauchwassersucht.

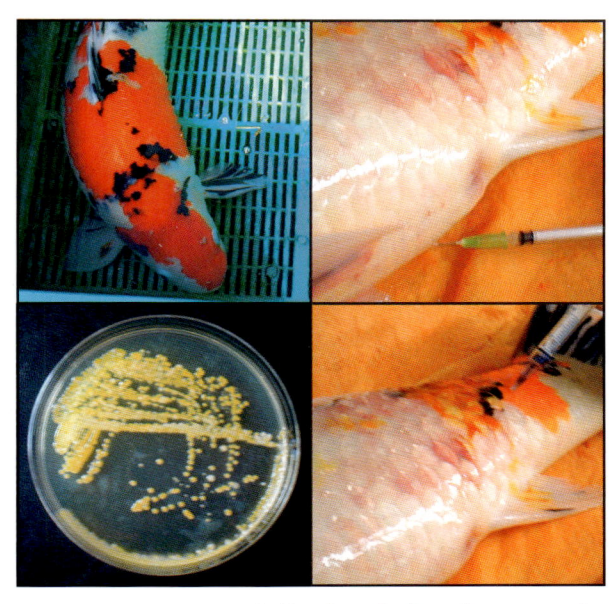

1. Sanke mit Bauchwassersucht
2. Blutabnahme der Bauchflüssigkeit
3. Bakterienkultur der Bauchflüssigkeit
4. Blutabnahme beim Sanke

Die übrigen Teichfische schienen bei bester Gesundheit zu sein.
Die Wasserwerte waren normal.
Die mikroskopische Untersuchung erbrachte ein negatives Ergebnis.
Äußerlich konnten keine gefährlichen Parasiten, Bakterien oder Pilze festgestellt werden. Bei der bakteriologischen Untersuchung der Bauchflüssigkeit wurde die Bakterie *Aëromonas hydrophyla* festgestellt.
Das Antibiogramm ergab, dass Florfenicol das geeignetste Antibiotikum ist.
Danach wurde entschieden dem Sanke Blut abzunehmen, um eine letzte Diagnose stellen zu können.
Aus dem Blutbild war zu erkennen, daß eine bakterielle Nierenentzündung vorlag.

Aus der Koi Praxis

	WERT SANKE	NORMALWERT für KOI (Groff and Zinkl, 1999)
Hematocrit (HCT) ▼	**24%**	30-35%
Anzahl rote Blutzellen ▼	**1.1.10⁶/ml**	1.6-1.8.10⁶/ml
Hämoglobin ▼	**71 g/l**	78-86 g/l
Weisse Blutzellen	40.000/ml	35.000-40.000/ml
% Heterofilen ▲	**10%**	0-2%
% Eosinofilen	1%	0-1%
% Basofilen	2%	0-2%
% Monocyten	2%	0-2%
% Bandzellen	4%	3-5%
% Lymfocyten ▼	**81%**	90-94%
Gesamte Plasma Eiweiß ▼	**18 g/l**	25-35 g/l
Serum Glucose (Zucker)	1.7 mmol/l	1.7-2.6 mmol/l
Serum Ureum-Stickstoff ▲	**13 mg/dl**	6-9 mg/dl
AST	929 U/l	870-930 U/l
ALT	83 U/l	80 -130 U/l
Creatin ▲	**3.5 mg/dl**	2-3 mg/dl
Calcium	10 mg/dl	9-11 mg/dl
Natrium	129 mEq/l	128-132 mEq/l
Chlorid	124 mEq/l	123-127 mEq/l

Erläuterung der Blutuntersuchung:
- Typisch für eine bakterielle Infektion ist ein Anstieg der Heterophilen, zusammen mit einer Senkung der Lymphocyten und einer Senkung des gesamten Plasma-Eiweißgehaltes. Außerdem sind die verminderte Anzahl an roten Blutkörperchen, Hematocrit- und Hämoglobingehalt, ein Anzeichen für eine bakterielle Infektion.
- Der Anstieg des Creatin- und Ureum-Stickstoffgehalts deuten auf eine Nierenerkrankung hin.
- Der niedrige Zuckergehalt ist darauf zurückzuführen, daß der Sanke bereits seit einigen Monaten nichts mehr gefressen hatte (Winterruhe).

Der Sanke wurde in einem Quarantänebecken mit 1.200 Liter Wasser behandelt. Die Temperatur wurde langsam auf 20°C erhöht und das Antibiotikum Florfenicol wurde zweimal in die Bauchdecke gespritzt. Zusätzlich wurden Salz (4g/l) und Mittel zur Anregung des osmotischen Druckausgleichs ins Wasser gegeben. Nach einigen

Die Bauchwassersucht verschwand nach einigen Tagen

Aus der Koi Praxis

21. Sanke mit geschwollenem Bauch

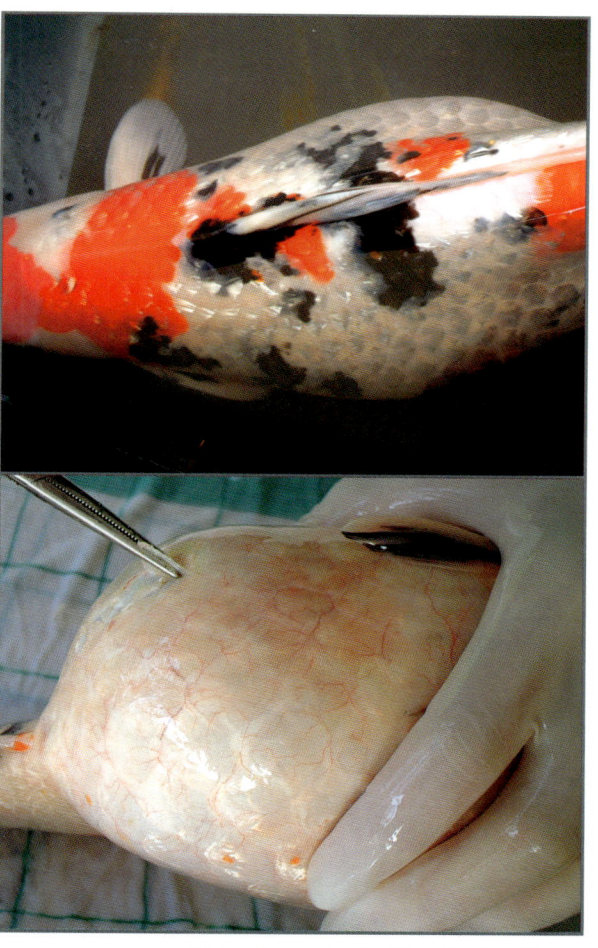

Foto oben: starke Bauchschwellung

Tagen legten sich die abstehen Schuppen wieder an. Der Sanke verhielt sich in der ersten Woche noch immer sehr passiv. Er machte abnormale Schwimmbewegungen und verweigerte das Fressen. Nach zehn Tagen wurde er langsam wieder aktiver und einige Tage später, fing er wieder an zu fressen. Diese Besserung war jedoch nur von kurzer Dauer. Die innere Schädigung war bereits soweit fortgeschritten, daß sie unheilbar war und mit dem Tod des Fisches einige Wochen später endete.

Dieser Sanke wurde mir mit einer sehr starken Bauchschwellung gebracht. Nach einer Röntgen- und Ultraschalluntersuchung hat sich herausgestellt, daß der Koi unter einem Tumor mit verschiedenen Zysten im Bauchraum litt. Im ersten Schritt offenbarte sich ein enormer Eierstocktumor. Die Zysten waren mit über einem Liter Flüssigkeit gefüllt. Dieser Tumor befand sich vermutlich bereits seit mehr als einem Jahr im Bauchraum. Der Druck, der von diesem Tumor auf die Bauchdecke ausgeübt wurde, führte zum Muskelschwund. Dieser Sanke war einmal der dickste Koi im Teich, nach Entfernung des Tumors jedoch der Schlankeste. Einen Monat nach der Operation kehrte der Sanke nach Hause zurück. Zwei Jahre danach ist er immer noch bei bester Gesundheit.

Aus der Koi Praxis

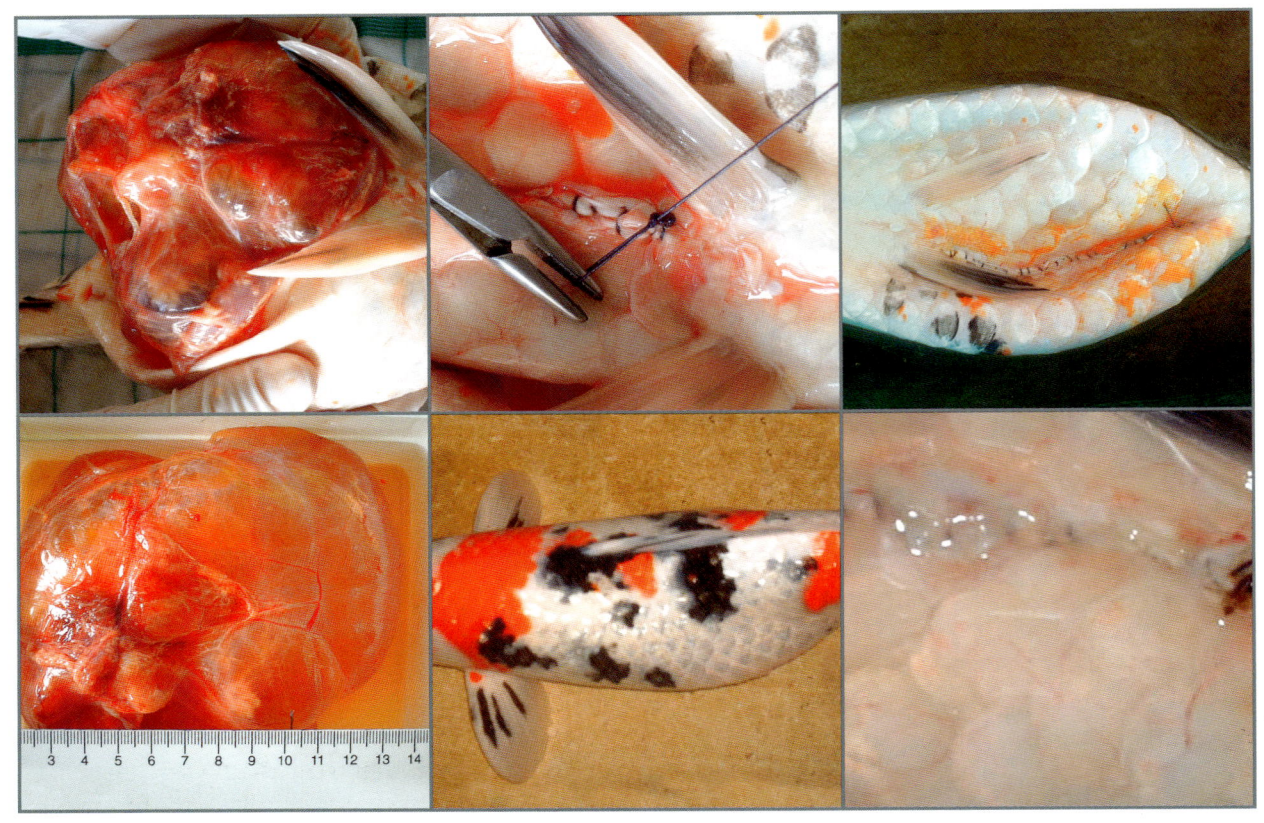

1. Geschwür bei einem Ginrin Sanke
2. Nähen der Wunde
3. Eingefallener Bauch nach der Operation
4. Das Geschwür hatte einen Durchmesser von 13 cm
5. Der Sanke nach der Operation stark abgemagert
6. Hautwunde nach einem Monat

22. Was ist ein Japanischer Mudpond?

Die japanischen Mudponds wurden ursprünglich als Wasserreservoire für die Bewässerung der Reisfelder geplant. Durch die ständige Zufuhr von frischem Gebirgswasser, erhielt man eine gute Strömung zu den Reisfeldern. Kaum ein Mudpond hatte darum eine Filteranlage. Die Mudponds wurden ausgegraben und mit einem nahrungsreichen Lehmboden ausgelegt. Jedes Jahr werden sie etwas tiefer ausgegraben. In einem guten Mudpond ist grünes Wasser. Die Schwebealgen treten immer zusammen mit Plankton auf. Dieses ist eine ideale Nahrung und sorgt für gutes Wachstum und brillant gefärbte Koi. Außerdem sind die Koi in diesem grünen Wasser für Fischräuber (Reiher..,) schlechter zu sehen. Um grünes Wasser zu erhalten, düngt man den Mudpond jährlich mit Hühnerkot. Hierdurch erhöht man den Nitratgehalt im Wasser. Ein weiterer Faktor für das bemerkenswerte Algenwachstum ist, dass die Mudponds den ganzen Tag der Sonne ausgesetzt sind.

Koi aus einer guten Zuchtlinie können in diesen Mudponds unter der Voraussetzung, dass kein Überbesatz vorliegt, extrem groß werden. Mit einer strengen Auslese, bietet man nur den Fischen mit dem größten Potential die Möglichkeit, sich unter den idealen Bedingungen der Mudponds vollständig zu entwickeln.

Im Niigata Gebirge, der Wiege der japanischen Koi, schwimmen die Fische nicht das ganze Jahr im Mudpond. In langen und strengen Wintern werden die Fische drinnen gehalten. Drei oder vier Mal im Jahr werden die Koi gefangen und verkauft. Nach ein paar Jahren wird ein Mudpond trocken gelegt und eine neue Lehmschicht aufgebracht. Fadenalgen werden regelmäßig aus den Teichen entfernt, da diese am Kopf Striemen verursachen können, wenn die Koi ständig durch diese Algen schwimmen.

23. Zoonose

Wenn eine Krankheit vom Tier zum Menschen übertragen werden kann, bezeichnet man dies als Zoonose. Glücklicherweise gibt es davon bei Fischen nur wenige:
- Die am meisten bekannte Zoonose ist *Mycobacterium* oder Fischtuberkulose (siehe Kapitel 4). Weist ein Symptom auf *Mycobacterium* hin ist es anzuraten, Handschuhe zu benutzen. Andere Bakterien wie z.B. *Aëromonas hydrophyla* können theoretisch beim Menschen eine lokale Wundinfektion hervorrufen, mir sind aber bisher keine solchen Fälle bekannt.
- Der Heringswurm *Anisakis* sorgt für Probleme in der Fischindustrie. Dieser Wurm tritt beim Hering auf, aber nicht bei Teichfischen. Der Mensch wird nach dem Verzehr eines rohen Herings infiziert. Der Wurm verursacht eine Darminfektion, die sich durch Erbrechen und Durchfall äußert.

24. Hikui

Hikui Krankheit

Hikui ist eine Krankheit, die blasse Stellen auf der roten Farbe ("Hi") des Koi hervorruft. Die angegriffene Haut verfärbt sich orange und kann etwas abstehen. Es ist noch unbekannt, ob es von einem Virus herrührt oder die Folge eines Leberleidens oder einer Stoffwechselstörung ist. Die Behandlung geschieht durch das Abschaben der betroffenen Haut und dem anschließenden Bedecken mit einem Vitaminpräparat oder Propolis.

Aus der Koi Praxis

Die begründete Angst eines jeden Koi-Hobbyisten: Die schlimmste Form von Hikui. Die rote Farbe des Koi, in diesem Fall ein Kindai Showa, wird so stark angegriffen, dass sie innerhalb weniger Monate völlig verschwunden ist. Ein schöner Showa kann sich auf diese Weise in einen etwas weniger attraktiven Showa oder Shiro Utsuri verwandeln. Für die Zweifler....obige Bilder zeigen ein und denselben Koi!

25. Flüssigkeiten in der Schwimmblase

1. Dieser Kohaku sank stets auf den Boden. Er kam nur zum Fressen an die Wasseroberfläche. Die Röntgenuntersuchung hat ergeben, daß die Schwimmblase mit Flüssigkeit und nicht mit Luft gefüllt war.

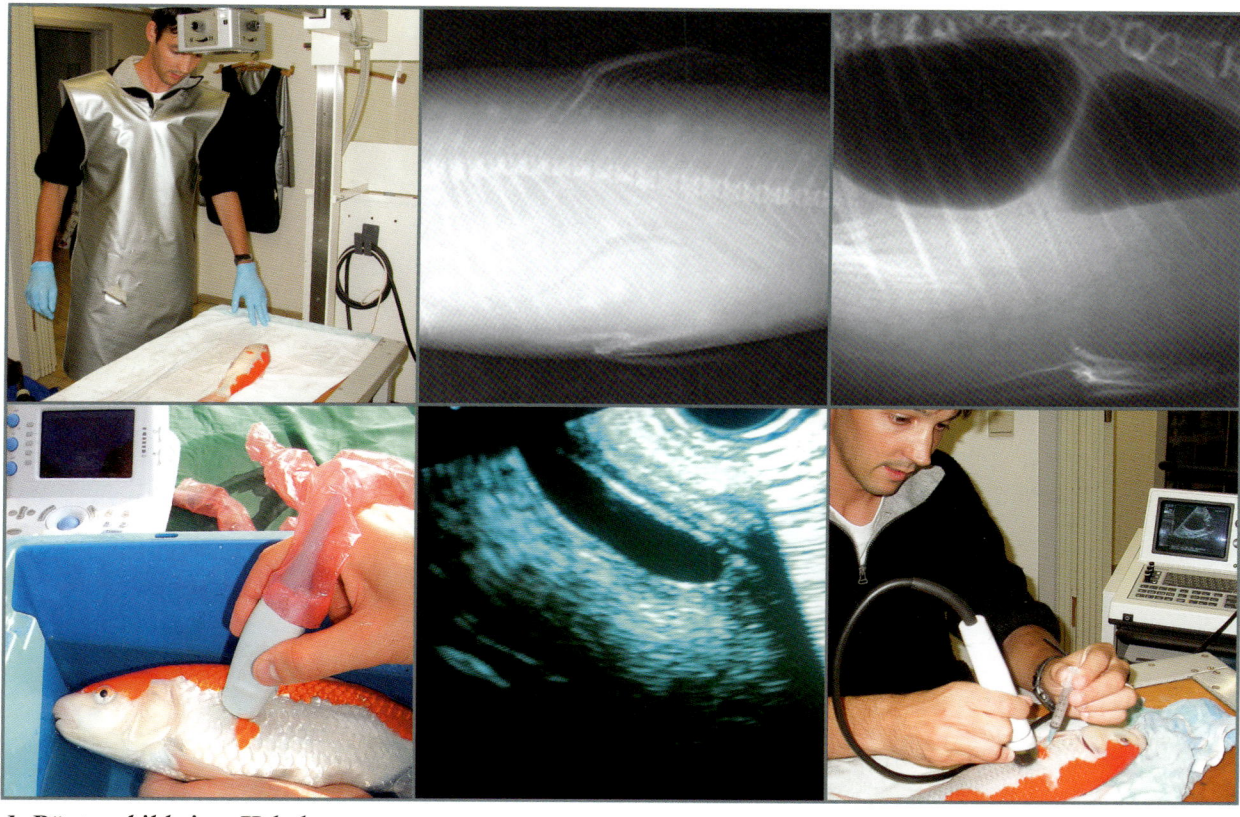

1. Röntgenbild eines Kohaku
2. Schwimmblase mit Flüssigkeit gefüllt
3. Normale Schwimmblase
4. Ultraschallaufnahme
5. Der schwarze ovale Fleck deutet auf angesammelte Flüssigkeit in der Schwimmblase hin
6. Herausziehen der Flüssigkeit aus der Schwimmblase unterstützt durch Ultraschall

Diese Belastung führt bei Koi zu Gleichgewichtsproblemen.
Eine zusätzlich Ultraschalluntersuchung bestätigte das Ergebnis.
Die Flüssigkeit wurde, unter zu Hilfenahme von Ultraschall, mit einer Injektion mit Antibiotika und Kortison in die Schwimmblase entzogen.
Diese Behandlung wurde einige Male wiederholt, aber die Schwimmblase füllte sich ständig erneut mit Flüssigkeit. Außer der Tatsache, daß er immer auf dem Boden schwamm, hatte der Kohaku durch die Schwimmblasenstörung keine Probleme. Sein Appetit war sehr gut und er hatte keine Wachstumsprobleme.

2. Dieser Kumonryu lag ständig auf dem Boden und hatte bereits seit Monaten am Stück nichts mehr gefressen.
Eine Röntgenuntersuchung ergab, daß die Schwimmblase mit Flüssigkeit gefüllt war. Unter zu Hilfenahme von Ultraschall wurden 300 ml Flüssigkeit aus der Schwimmblase gezogen. Bei einer erneuten Röntgenuntersuchung war etwas Luft in der Schwimmblase. Der Koi schwamm wieder normal im Wasser und fing auch wieder an normal zu fressen. Die Flüssigkeit aus der Schwimmblase war mit der Bakterie *Aëromonas salmonicida* infiziert, sodass ein Antibiotikum direkt in die Schwimmblase injiziert wurde.

Aus der Koi Praxis

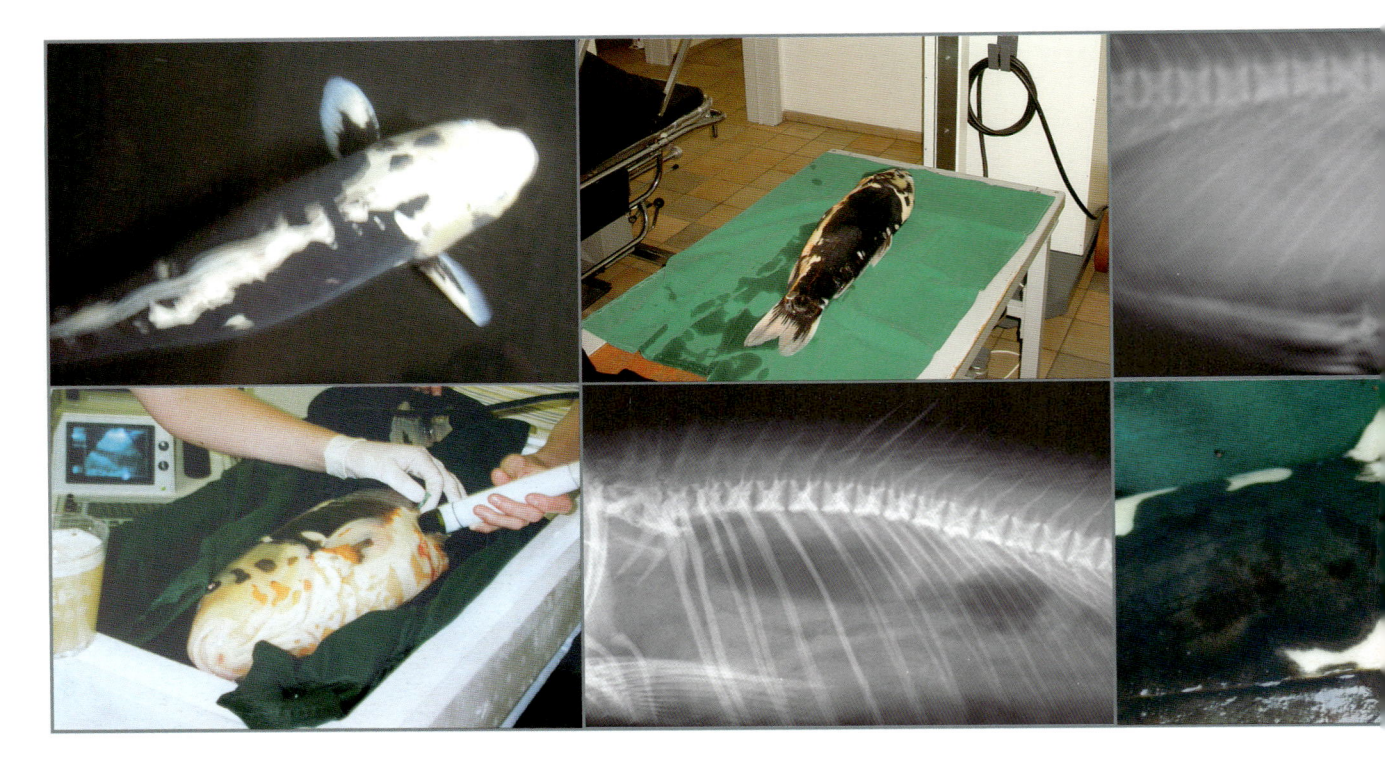

1. Kranker Kumonryu
2. Röntgen
3. Schwimmblase, mit Flüssigkeit gefüllt
4. Absaugen der Flüssigkeit unterstützt durch Ultraschall
5. Ultraschall
6. Die schwarzen Gebiete deuten auf Luft in der Schwimmblase hin
7. Direkte Antibiotikum Injektion eines Antibiotikums direkt in die Schwimmblase des Kumonryu
8. Entzündete Schwimmblase

Die Besserung war leider nur kurzfristig. Nach einigen Monaten sank der Koi erneut auf den Boden ab. Nach jedem absaugen kam die Flüssigkeit schneller zurück. Bei einer Autopsie hat sich herausgestellt, daß die Schwimmblase entzündet und vermutlich aus diesem Grund gerissen war.

26. Koi mit verformter Wirbelsäule

Ein krummer Rücken ("Scoliose") kann durch mehrere Faktoren verursacht werden:
- Bestimmte Medikamente, vor allem Organophosphate wie z.B. Trichlorfon, Fenthion, etc., überspannen die Muskeln, bis dies zu einem gekrümmten Rücken führt,
- Die Bakterie *Mycobacterium* (Tuberkulose, 4. Kapitel) führt häufig zu Rückendeformationen,

Tancho mit krummem Rücken

Aus der Koi Praxis

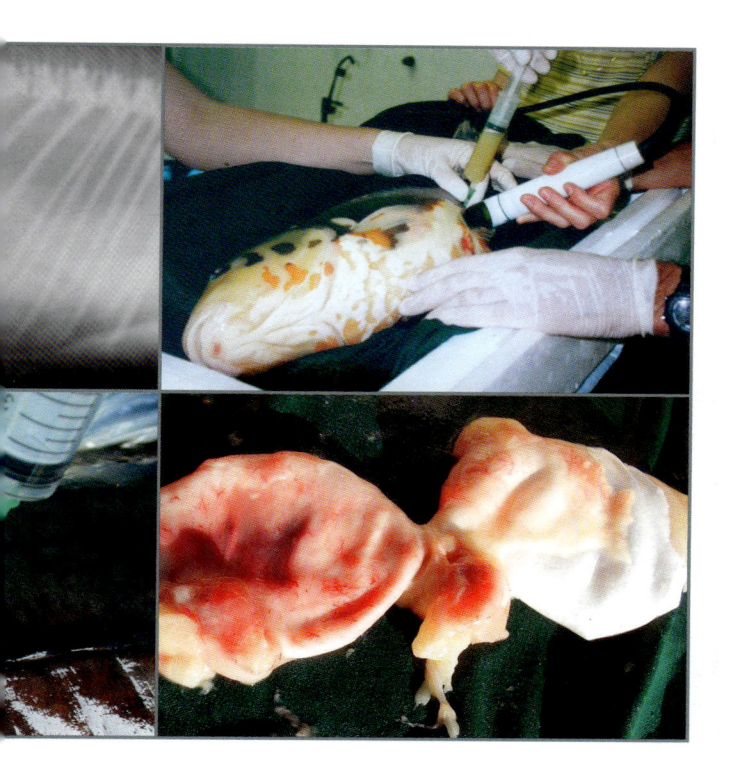

- Nahrungsstörungen, vor allem Vitamin C- oder Tryptofanmangel,
- Bruch oder Schädigung der Wirbelsäule,
- Durch einen Tumor verursachter Druck auf die Wirbelsäule.

27. Abgemagerter Koi

Ein Koi frisst pro Tag, abhängig von der Wassertemperatur, im Durchschnitt 1% bis 2% seines Körpergewichtes. Es gibt zahlreiche Gründe, warum ein Koi weniger oder gar nichts mehr frisst.
Hier die wichtigsten:
- Mechanische Probleme (Verwachsungen am Mund, Steine in Darm oder Rachen usw..) behindern die Nahrungsaufnahme. (siehe Kapitel 4)
- Stoffwechselstörungen. Diese Gruppe ist sehr groß. Sie umfasst alle Störungen der Organe (Leber, Darm, Bauchspeicheldrüse, Galle,...), die bei der Aufnahme und Verarbeitung der Nahrung und bei der Ausscheidung von Abfallstoffen eine Rolle spielen. Auf diese Weise kann eine Störung in den Verdauungsenzymen (Trypsin, Pepsinogen,...) oder Gallensäuren zu einer reduzierten Nahrungsaufnahme führen. Auch Tumore können zum Abmagern führen. Ein Tumor benötigt für sein Wachstum viel Energie, was beim Fisch zum Gewichtsverlust führt.
- Ansteckende Krankheiten. Zahlreiche Parasiten, Pilze, Bakterien oder Viren können zum Gewichtsverlust führen. Eine Infektion mit dem Bandwurm oder *Hexamita* z.B. bringt die Darmfunktionen durcheinander. Abmagerung kann auch ein Anzeichen für den Befall mit dem *Mycobacterium* sein.

Abgemagerter Asagi

- Umgebungsfaktoren. Eine schlechte Wasserqualität sorgt für eine verringerte Nahrungsaufnahme. Möglicherweise füttert der Besitzer die Fische nicht ausreichend. Dieses geschieht mit Absicht für den Transport aus Japan, da das Transportwasser nicht verunreinigt werden darf. Nach zweiwöchigem Aushungern zehren die Koi von ihren Reserven. Wenn sie dann auch noch Stress haben und einem schnellen Temperaturanstieg ausgesetzt sind, läuft ihr Stoffwechsel deutlich schneller ab. Dies hat zur Folge, dass sie einen deutlichen Gewichtsverlust erleiden und abmagern.

28. Beschädigte Flossen

Die Flossen des Koi sind leicht verletzbar. Es passiert oft, daß ein Koi seine Flossen

Aus der Koi Praxis

1. Gerissener erster harter Flossenstrahl
2. Tiefe Beschädigung der Rückenflosse
3. Gerissene Brustflosse
4. Nähen der Brustflosse

während des Transports oder während des Ablaichens beschädigt.
Die Regenerationsfähigkeit der Flossen des Koi ist jedoch sehr erstaunlich.
Der weiche Teil der Flosse wächst schnell wieder zu.
Eine Beschädigung wird nicht dauerhaft sein. Wenn die knorpeligen Flossenstrahlen angegriffen wurden, ist die Beschädigung dauerhaft.
Oftmals kommt es vor, dass der erste Strahl der Rückenflosse angebrochen ist.
Die einzige Möglichkeit ist es, diesen abzuschneiden.

Wenn der weiche Teil der Flossen eingerissen ist, kann man ihn in den meisten Fällen durch zusammennähen reparieren.

29. Koi mit Granulom

Bei der Autopsie dieses Koi wurden in den inneren Organen etliche Knötchen (Granuloma) entdeckt. Diese Granuloma können durch verschiedene Organismen verursacht werden:

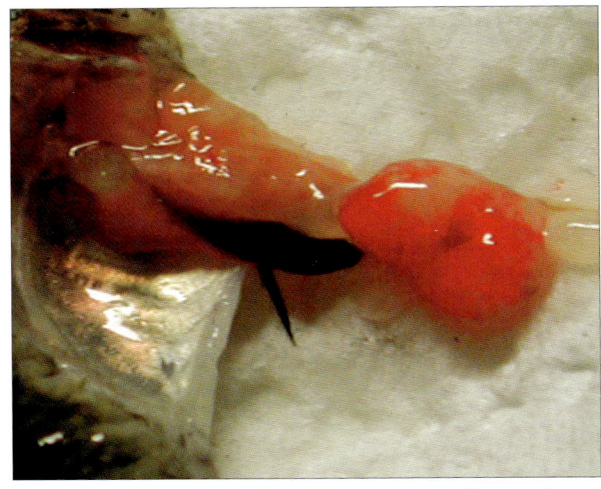

Granuloma

Aus der Koi Praxis

- Fischtuberkulose, verursacht durch *Mycobacterium fortuitum*, nachzuweisen mit der Ziehl Nielsen Färbung
- *Ichthyophonus*. Diesen Parasiten kann man nach einer PAS- Färbung als rot verfärbte Hyphen erkennen. Die Haut eines befallenen Koi fühlt sich wie Schleifpapier an.
- *Nocardia*. Diese Bakterie wächst im Gegensatz zu *Mycobacterium fortuitum* bei 37°C. *Nocardia* verzweigt zu Hyphen, die sich in runde und stäbchenförmige Bakterien teilen.

Wenn diese Granuloma auf der Haut auftreten, kann man sie mit *Lymfocystis* oder eingekapselten 'Weisse Pünktchen' Parasiten verwechseln.
Eine Ziehl-Nielsen-Färbung ergab, daß dieser Koi an Fischtuberkulose gestorben war.

30. Allergische Reaktionen

Koi erleiden ab und zu allergische Reaktionen durch bestimmte Substanzen. Dies äußert sich meist in Blutungen und Schwellungen.

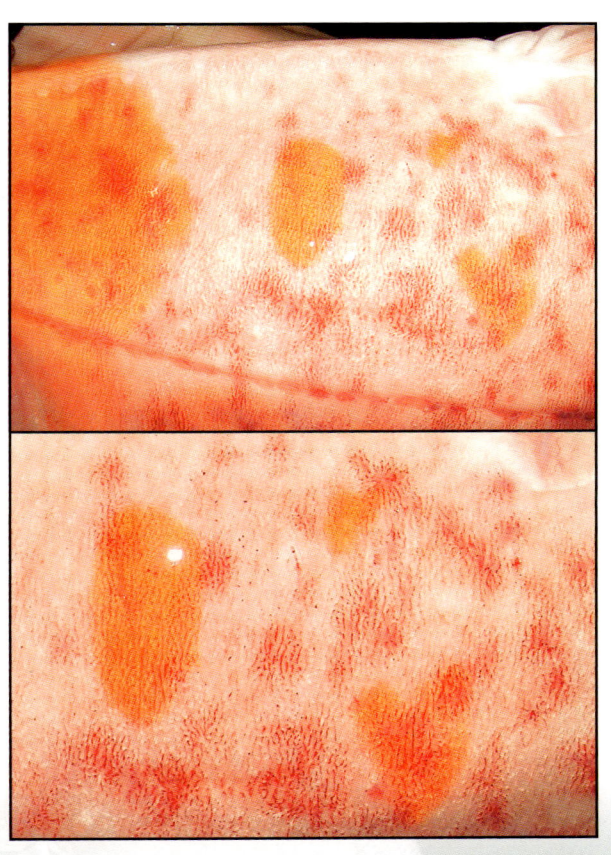

Allergische Reaktion beim Koi

Therapeutik

Therapeutik

7. THERAPEUTIK

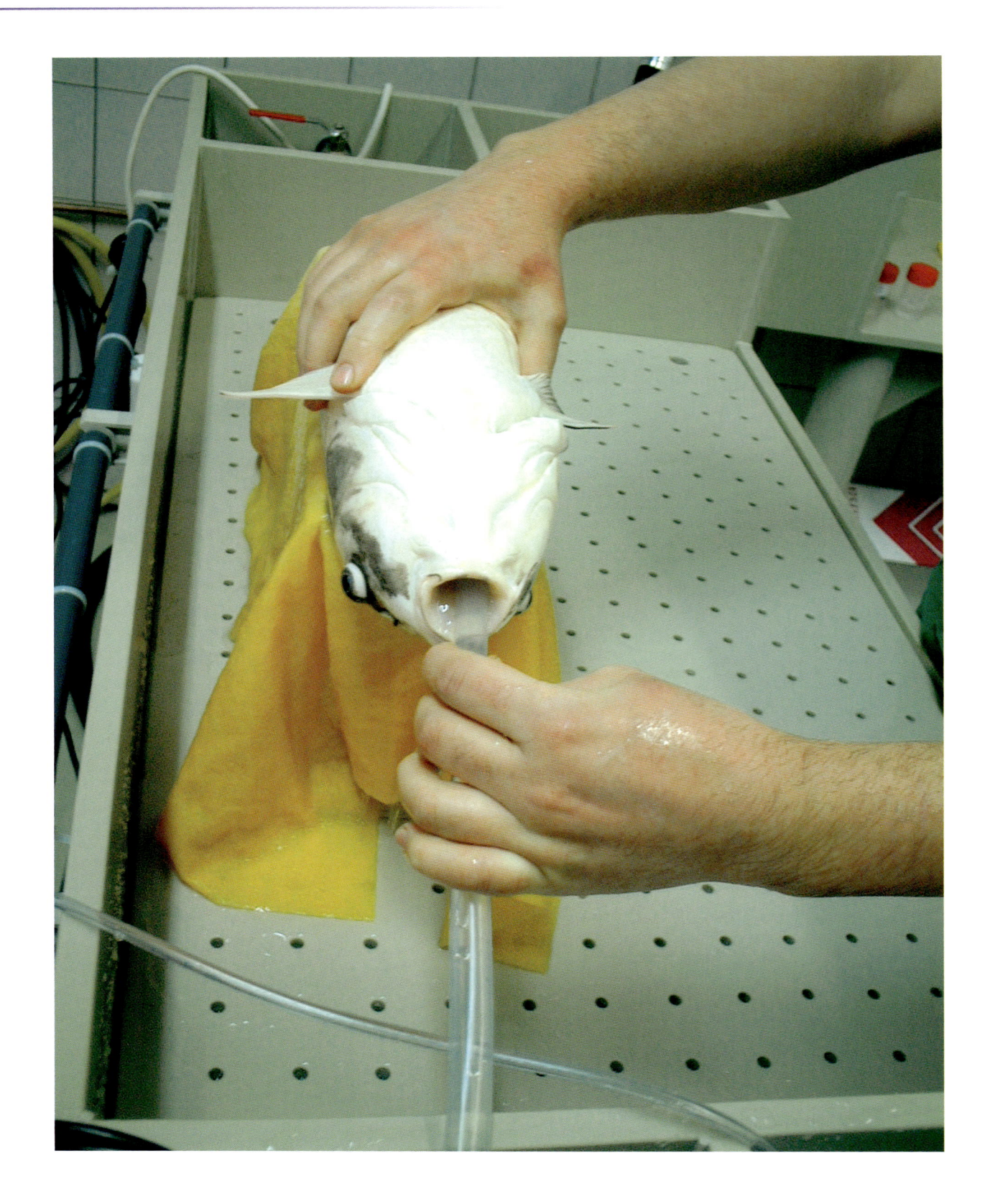

Therapeutik

Es ist wesentlich die richtige Diagnose zu stellen bevor man eine Behandlung in Angriff nimmt. Wahlloser Umgang mit Medikamenten ist ein weit verbreitetes Problem. Die Nachteile dieses Handelns sind vielfältig:
- Gewöhnlich wird die Schleimhaut angegriffen, was den Fisch erst recht empfänglich für Krankheitserreger macht.
- Wahlloser Umgang mit Medikamenten erhöht die Immunität der Parasieten gegen diese. Viele dieser Medikamente haben dadurch ihre Wirkung bereits verloren.
- Übermäßiger Einsatz unpassender Medikamente vermindert die Wasserqualität. Als Folge davon dauert der Heilungsprozess länger. Eine gute Wasserqualität ist die Basis der guten Gesundheit.
- Viele Therapeutika sind für Fische und Menschen krebserregend. Aus diesem Grund ist es wichtig, dass ein spezialisierter Tierarzt die richtige Diagnose stellt.

1. VORGEHENSWEISE BEI DER BEHANDLUNG

Behandlung im Wasser

Dies Vorgehensweise ist am geeignetsten zur Bekämpfung von äußeren Parasiten und Pilzinfektionen. Einige Mittel fügen den nützlichen Filterbakterien Schaden zu. Während einer Wasserbehandlung muß man immer für zusätzliche Belüftung sorgen und die UV-Lampe sowie das Ozon ausschalten. Man hat die Auswahl zwischen einem Kurzzeit- und einem Langzeitbad.
- Bei einem Kurzzeitbad verabreicht man einige Minuten lang eine stark erhöhte Dosis des Medikatments. Dies geschieht in einem Behandlungsbecken. Der Vorteil hierbei ist, daß die Wasserqualität im Teich nicht verschlechtert wird. Das ist besonders wichtig wenn man zur Behandlung ein Antibiotikum gewählt hat. Der Nachteil dabei ist, daß die ständige Umsetzung beim Fisch Stress verursacht. Darüber hinaus verbleiben die Krankheitserreger immer noch im Teich. Darum wendet man das Kurzzeitbad nur an, wenn ein oder zwei Fische an Paraisten oder Viren erkrankt.
- Bei einem Langzeitbad verabreicht man über einige Tage hinweg eine niedrigere Dosis des Medikaments. Der Nachteil dabei ist, daß durch einige therapeutische Mittel die Wasserqualität kaputt gemacht wird. Der Vorteil ist, daß der Stress für die Fische reduziert wird und auch die im Teich befindlichen Erreger vernichtet werden. Da sich diese Krankheitserreger auch im Filter befinden, wird bei den meisten therapeutischen Mitteln empfohlen, den Filter während der Behandlung weiterlaufen zu lassen. Falls sich im Filter Aktivkohle oder Zeolith befinden, müssen diese entfernt werden. Eine ander Möglichkeit ist, das Filtersystem vom Teich abzutrennen und für sich weiterlaufen zu lassen. Falls man das nicht tut, sterben die meisten für die Filter nützlichen Bakterien, wie z.B. die nitrifizierenden Bakterien an Sauerstoffmangel.

Behandlung durch Futterbeigaben

Solange die Fische noch normal fressen ist dies eine gute Möglichkeit die am wenigsten Stress verursacht und die besten Heilungschancen bietet. Oft ist dies auch aus finanziellen Gründen bei sehr großen Fischbeständen wie z.B. in der Fischwirtschaft eine realistische Behandlungsmethode. Um die Futterannahme zu verbessern, ist es ratsam die Fische einige Tage hungern zu lassen,

Behandlung über Futterzugaben geht einfach und ist gezielt anzuwenden

Therapeutik

bevor man ihnen das mit Medikamenten angereicherte Futter anbietet. Die Dauer einer Futterbehandlung beträgt im Durchschnitt 10-20 Tage. Diese Methode wird vorwiegend bei bakteriellen Problemen oder bei inneren Parasiten, wie z.B. Hexamita oder inneren Würmern angewendet. Es gibt zahlreiches bereits mit Medikamenten versetztes Futter im Handel zu kaufen. Medizinisches Futter kann auch selbst hergestellt werden indem man geeignete Heilmittel in etwas Lebertran, Fischöl oder Gelatine aufzulöst und danach mit dem Futter vermischt. Die Dosis des Heilmittels errechnet sich aus dem Gewicht des Fisches und wieviel Futter man ihm verabreicht. Der Nachteil ist, daß man nicht genau bestimmen kann, welche Menge jeder Fisch vom Heilmittel eingenommen hat.

Gewicht eines Koi:

Länge	durchschnittliches Gewicht
10 cm	60 g
15 cm	80 g
20 cm	150 g
25 cm	300 g
30 cm	500 g
40 cm	1 kg
50 cm	2 kg
60 cm	4 kg
70 cm	7 kg
80 cm	10 kg

Zwangsfütterung

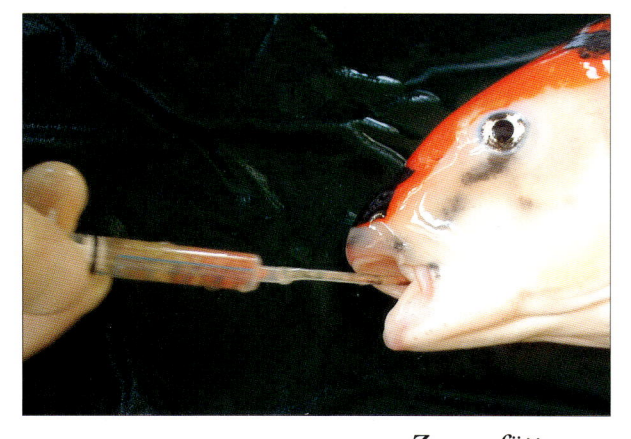

Zwangsfütterung

Diese Methode wird nur selten angewendet. Man wendet sie nur an, wenn der Fisch bereits längere Zeit nichts gefressen hat oder wenn er mit Medikamenten versetztes Futter nicht annimmt. Zwangsfütterung ist eine sehr stressige Methode. Der Fisch muss betäubt werden bevor man einen langen Schlauch bis zum Anfang des Darms einführt. Der Vorteil hierbei ist, daß man genau weiß wieviel des Medikamentes vom Fisch aufgenommen wurde.

Injektion

Diese Methode erlaubt uns eine genaue Dosis des Heilmittels anzuwenden. Die meisten antibakteriellen Arzneimittel werden auf diese weise verabreicht. Ein Nachteil ist, daß man den Fisch jedes Mal fangen und herausnehmen muss was jedes Mal auch wieder Stress verursacht. Abhängig von der Krankheit muss das

Injektion in den Rückenmuskel   *Injektion*

Medikament drei mal oder öfter gespritzt werden. Injektionen sind tiermedizinische Behandlungen und dürfen nur von befugten Personen vorgenommen werden.
Es gibt zwei Arten die Injektion vorzunehmen:
- Intramuskuläre (IM) Injektionen werden beim Fischen am meisten angewendet. Um eine optimale Aufnahme der Medizin zu erreichen, werden IM-Injektionen an Stellen mit guter Muskeldurchblutung gesetzt. Die besten Injektionsstellen befinden sich seitlich der Rückenflosse oder am Ansatz der Brustflosse.

Therapeutik

- Bauchfellinjektionen (IP = Intraperitoneale Injektion) werden mit einer kurzen Nadel in die Seite des Fisches gesetzt. Sobald man die Bauchdecke spürt, zieht man die Nadel zurück und die Substanz wird eingespritzt.

Offene Wundbehandlung

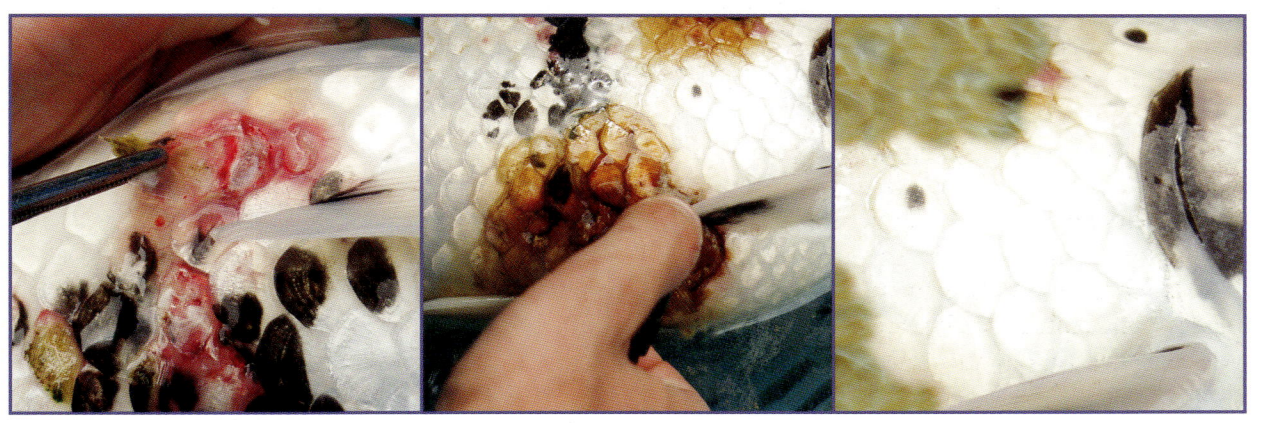

Wundbehandlung: Entfernen von Schuppen und Verabreichung von Spray oder Salbe

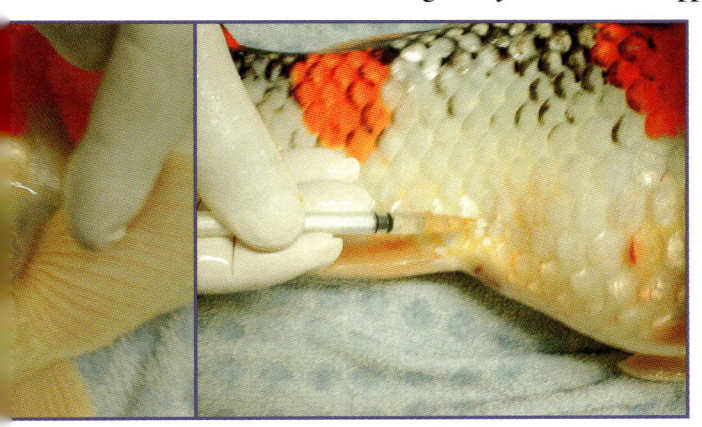

stmuskeln   IP-Injektion (Bauchfell)

Eine offene Wundbehandlung wird oft bei Koi durchgeführt und kann am besten unter Betäubung erfolgen. Zuerst reinigt man die Wunde und entfernt infizierte Schuppen. Danach trocknet man die Wunde sorgfältig ab, damit die Salbe oder das Spray besser haften bleibt.

Es gibt zahlreiche Produkte im Handel die gut auf der Fischhaut haften bleiben. Nahezu alle enthalten Propolis ein Heilmittel, das die Abwehr gegen Infektionen stärkt und noch weiter Vorteile bietet.

2. ARZNEIMITTEL

Die Wahl des richtigen Heilmittels und dessen Dosierung hängt von verschiedenen Faktoren ab, wie der Umgebung, der Ursache der Krankheit und dem allgemeinen Gesundheitszustand des Koi. Bei bestimmten Stresssituationen empfiehlt sich ein sicheres, aber vielleicht nicht so wirkungsvolles Heilmittel zu verabreichen oder die Behandlung auf einen längeren Zeitraum anzulegen anstatt einmal intensiv zu behandeln. **Der Autor kann nicht für Probleme verantwortlich gemacht werden, die sich aus der Anwendungen der unten angegebenen Heilmittel und ihrer Dosierung ergeben. Der erfolgreiche Ausgang ist unmöglich zu garantieren ohne dass man selbst eine Diagnose erstellt hat. Das Fehlen einer korrekten Diagnose ist der wichtigste Grund für falschen Medikamenteneinsatz. Die Mischung der Arznei im richtigen Verhältnis sollte nur von einem Apotheker vorgenommen werden. Die nachfolgend aufgeführten Therapeutika betrachtet man als die derzeit wirkungsvollsten für Koi und andere Teichfische verfügbaren Arzneimittel. Dies bedeutet jedoch nicht, dass hier nicht aufgeführte Therapeutika nicht wirksam wären. Außerdem ist es so, daß bestimmte Erreger in Laufe der Zeit resistent gegen hier genannte Heilmittel werden können, was zu einem Behandlungsfehler führt. Ziehen Sie darum immer fachkundige Hilfe zu Rate bevor Sie diese Heilmittel verabreichen.**

Therapeutik

1. Acriflavine

Acriflavin verwendet man bei äußerlichen, einzelligen (= protozoenen) Parasiten, Bakterien und Pilzen. Während der Behandlung färbt sich das Wasser gelb. Die Dosis einer längeren Wasserbehandlung beträgt 5-10 Gramm / 1.000 Liter Wasser. Das Wasser sollte alle zwei Tage erneuert werden. Es gibt in Handel einige Mixturen aus Malachitengrün und Acriflavin. Ihre Anwendung führt dazu, dass das Wasser eine grüne, fluorezierende Farbe erhält.

2. Antibiotika

Das richtige Antibiotikum wird anhand eines Antibiogrammes gewählt (Kapitel 3). Vor einer vorbeugenden Anwendung von Antibiotika wird dringend abgeraten um die Entwicklung von resistenten Bakterien zu verhindern. Die zwanzig wichtigsten Antibiotika für Teichfische werden hier erläutert. Das Buch verfolgt nicht die Absicht, die ganze Pharmakokinetik jedes einzelnen Antibiotikums wiederzugeben. In der Anwendung wird beschrieben auf welche Weise das Antibiotikum verabreicht wird.

Hier nochmals die Begriffssdefinition der zwei Injektionsarten, damit im folgenden nur noch per Kürzel daruf Bezug genommen werden kann:
IM = Intramuskuläre Injektion
IP = Intraperitoneale Injektion (Bauchfellinjektionen)

Die nachfolgenden Angaben zur Futterzugabe je kg Körpergewicht beziehen sich auf einen Tag. Wenn zwei Angaben zur Futterzugabe aufgeführt sind können diese alternativ angewendet werden. Die eine ist bezogen auf das Körpergewicht der Koi, die andere auf 1 kg der Futtermenge.

Amikacin (Amukin®)
Anwendung:
- 5 mg/kg Körpergewicht, alle drei Tage eine IM-Injektion.

Info:
Dieses Antibiotikum wurde in den letzten Jahren oft erfolgreich angewendet.

Amoxycillin (Vetremox®)
Anwendung:
- 50 mg/kg Körpergewicht, zwei Wochen lang ins Futter geben,
- 12 mg/kg Körpergewicht, IM, einmalige Anwendung mit langwirkendem Präparat.

Info:
Dieses Antibiotikum wird selten verwendet, da es nur gegen Gram-Positive Bakterien wirkt. Außerdem können allergische Reaktionen auftreten.

Aztreonam (Azactam®)
Anwendung:
- 100 mg/kg Körpergewicht, alle drei Tage eine IM oder IP-Injektion.

Info:
Häufig verwendetes Antibiotikum bei Koi-Liebhabern in den USA.

Chloramphenicol (Globenicol®)
Anwendung:
- 40 mg/kg Körpergewicht, IM oder IP Injektion, nach einer Woche wiederholen,
- 75 mg/kg Körpergewicht, zwei Wochen lang ins Futter geben,
- 1 g/kg Futter, zwei Wochen lang füttern,
- Langzeitbad : fünf Tage lang 10 g/1000 Liter Wasser

Info:
In manchen Ländern ist der Einsatz an Tieren die der Lebensmittelgewinnung dienen verboten. Es kann beim Menschen Annemie verursachen. Es ist ein wirkungsvolles Antibiotikum mit einem breiten Anwendungsspektrum.

Doxycyclin (Vibramycine®)
Anwendung:
- 2 mg/kg Körpergewicht, zwei Wochen lang ins Futter geben,
- 1 g/kg Futter, zwei Wochen lang füttern.

Info:
Gut wirksames aber kostspieliges Antibiotikum.

Enrofloxacin (Baytril®)
Anwendung:
- 10 mg/kg Körpergewicht, alle drei Tage IM oder IP,
- 5 mg/kg Körpergewicht, zwei Wochen lang ins Futter geben,
- Langzeitbad : 1 g/1000 Liter Wasser, fünf Tage lang,
- Kurzzeitbad : 3 g/1000 Liter Wasser, eine Woche lang täglich 3 Stunden baden.

Info:
Sehr oft angewendetes Antibiotikum, hauptsächlich gegen die *Aeromonas salmonicida* Bakterie.

Erythromycin (Erythro®)
Anwendung:
- 30 mg/kg Körpergewicht, alle drei Tage eine IP,
- 100 mg/kg Körpergewicht, zwei Wochen lang ins Futter geben.

Info:
Wird vor allem zur Behandlung einer bakteriellen Niereninfektion verwendet. Sehr schädlich für biologische Filter.

Florfenicol (Nuflor®)
Anwendung:
- 40 mg/kg Körpergewicht, alle drei Tage eine IM oder IP,
- 10 mg/kg Körpergewicht, zwei Wochen lang ins Futter geben.

Info:
Geliches Anwendungspektrum wie Chloramphenicol, häufig angewendet bei Bauchwassersucht.

Flumequin (Flumix®)
Anwendung:
- 30 mg/kg Körpergewicht, alle drei Tage ein IP,
- 50 mg/kg Körpergewicht, zwei Wochen lang ins Futter geben.

Info:
Gleiches Anwendungsspektrum wie Enrofloxacin. Die Wirkung lässt bei hartem Wasser und hohem Säuregrad rasch nach.

Furazolidon (Furox-50)
Anwendung:
- 75 mg/kg Körpergewicht, zwei Wochen lang ins Futter geben,
- 0,5g/kg Futter, zwei Wochen lang füttern
- Langzeitbad : 5 g/1000 l, zwei Tage lang.

Info:
Gleiches Anwendungsspektrum wie Nifurpirinol (siehe dort)

Gentamycin (Gentaject®)
Anwendung:
- 5 mg/kg Körpergewicht, alle drei Tage eine IM,
- 3 mg/kg Körpergewicht, zwei Wochen lang ins Futter geben.

Info:
Führt zu Nierenschäden.

Kanamycin (Kanamycine® 10%)
Anwendung:
- 50 mg/kg Körpergewicht, zwei Wochen lang ins Futter geben,
- 20 mg/kg Körpergewicht, alle drei Tage eine IP,
- 2 g/kg Futter, zwei Wochen lang füttern,
- Langzeitbad : zwei Tage lang 50 g/ 1000 Liter Wasser,
- Kurzzeitbad : zwei Stunden lang 750 mg/l.

Info:
Kostspieliges Antibiotikum, hauptsächlich zur Behandlung von *Mycobacterium* (Fischtuberkolose)

Lincomycin (Lincocin®)
Anwendung:
- 5 mg/kg Körpergewicht, alle drei Tage eine IM oder IP,
- 0,2 mg/kg Futter, zwei Wochen lang
- Langzeitbad : zwei Tage lang 6 g/1000 Liter Wasser.

Info:
Wirksames Antibiotikum für die Behandlung bei äußerlichen bakteriellen Infektionen.

Marbofloxacin (Marbocyl®)
Anwendung:
- 2 mg/kg Körpergewicht, alle 3 Tage eine IM,
- Langzeitbad : zwei Tage lang 0.5 g/ 1000 Liter Wasser.

Info:
Gleiches Anwendungsspektrum wie Enrofloxacin, beliebtes Antibiotikum.

Neomycinsulfat (Biosol®)
Anwendung:
- Langzeitbad : zwei Tage lang 10 g/ 1000 Liter Wasser.

Info:
Gut wirksam, aber schädlich für den biologischen Filter.

Nifurpirinol (Aquafuran®, Aquamor-1, Furanace®)
Anwendung:
- 10 mg/kg Futter, zwei Wochen lang füttern,
- Langzeitbad : drei Tage lang 0.1 g/ 1000 Liter Wasser,
- Kurzzeitbad : 15 Minuten lang 2 g/1.000 Liter Wasser, täglich für 1 Woche.

Info:
Gut wirksames, synthetisches Antibiotikum das bedauerlicher Weise krebserregend ist. Ist bei Sonnenlicht weniger wirksam.

Therapeutik

Nitrofurazon (Furacin®)
Anwendung:
- Langzeitbad : drei Tage lang 4 g/1000 Liter Wasser,
- Kurzzeitbad : 15 Minuten lang 100 g/1.000 Liter Wasser, Wiederholung zweimal die Woche.

Info:
Gleiches Anwendungsspektrum wie Nifurpirinol.

Oxolinesäure (Oxolium®)
Anwendung:
- 10 mg/kg Körpergewicht, zwei Wochen lang ins Futter geben,
- 1g/kg Futter, zwei Wochen lang
- Langzeitbad : zwei Tage lang 1 g/1000 Liter Wasser,
- Kurzzeitbad : 15 Minuten lang 25g/1.000 Liter Wasser, täglich 1 Woche lang.

Info:
Häufig verwendetes Antibiotikum, nicht so wirksam in hartem Wasser.

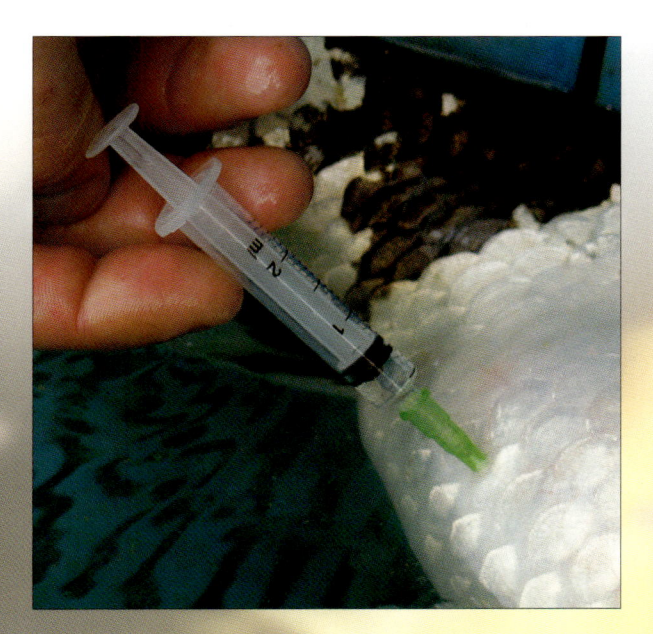

Oxytetracyclin (Terramycine®)
Anwendung:
- 60 mg/kg Körpergewicht, zwei Wochen lang ins Futter geben,
- 3g/kg Futter, zwei Wochen lang
- 25 mg/kg Körpergewicht, alle drei Tage eine IM oder IP,
- Langzeitbad : zwei Tage lang 50 g/1000 Liter Wasser,
- Kurzzeitbad : ein Stunde lang 100 mg/l täglich eine Woche lang.

Info:
Gegen dieses Antibiotikum sind bereits viele Bakterien immun. Die Wirkung in hartem Wasser ist stark herabgesetzt. Verliert an Wirksamkeit bei Sonnenlicht.

Sulfadiazin –Trimetoprim (Tribrissen®)
Anwendung:
- 60 mg/kg Körpergewicht, zwei Wochen lang ins Futter geben,
- 4g/kg Futter, zwei Wochen lang
- 50 mg/kg Körpergewicht, alle drei Tage eine IP,
- Kurzzeitbad : 12 Stunden lang 20 g/1.000 Liter Wasser.

Info:
Gegen dieses Antibiotikum sind bereits viele Bakterien immun.

3. Chloramin T (Halamid®)

Chloramin T ist ein hoch wirksames Desinfektionsmittel gegen einzellige Außenparasiten, Pilze und bakterielle Infektionen.
Es kann benutzt werden um Sekundärinfektionen zu bekämpfen die im Gefolge von viralen Infektionen auftreten. Chloramin T wird für Langzeitbäder eingesetzt und kann einige Male wiederholt werden.
Die Dosierung ist vom pH-wert und der Wasserhärte abhängig:

pH	Weiches Wasser	Hartes Wasser
6	2.5 g/1000 l	7 g/1000 l
6.5	5 g/1000 l	10 g/1000 l
7	10 g/1000 l	15 g/1000 l
7.5	18 g/1000 l	18 g/1000 l
8	20 g/1000 l	20 g/1000 l

Tabel : Dosierung von Chloramin T

Daraus ergibt sich, dass Chloramin T bei einem niedrigen pH-Wert und weichem Wasser giftiger ist.
Ein hohe Dosierung kann für Mensch und Koi giftig sein. Bringen sie das Mittel nicht in Kontakt mit ihrer Haut oder ihren Augen. Mischen sie es nicht mit Formalin oder Benzalkonium und bringen sie es nicht in direkten Kontakt mit Metallen.
Chloramin T sollte an einem dunklen und kühlen Ort gelagert werden.
Direktes Sonnenlicht macht es unwirksam. Wenn Chloramin T benutzt wird ist es wichtig zu durchlüften.
Mit Chloramin T kann man Materialen desinfizieren. Reinigen sie diese danach um alle Rückstände zu entfernen.

4. Corticosteroiden (Dexamethason®)

Corticoiden werden selten verwendet. Es kann für Fische verschrieben werden die unter Schock stehen.

5. Diflubenzuron (Dimilin®)

Diflubenzuron verhindert die Chitin Synthese. Es ist hoch wirksam gegen die Karpfenlaus (Argulus), den Ankerwurm (Lernea), den Blutegel (Piscicola) und andere Krebstiere welche Chitin auf Haut haben. Da das Mittel die Parasiten in allen ihren Entwicklungsstadien bekämpft reicht eine einmalige Anwendung aus. Diflubenzuron hat eine lange Wirkungsdauer. Nach einer Woche sind noch immer 75% des eingesetzten Mittels wirksam. Für ein Langzeitbad verwendet man 20mg Diflubenzuron / 1.000 Liter Wasser.

6. Fenbendazol (Panacur®) und Flubendazol (Flubenol® 5%)

Fenbendazol und Flubendazol können bei der Behandlung von Haut- und Kiemenwürmern und bei nicht verkapselten Nematoden angewendet werden. Die Dosis für ein Langzeitbad mit Fenbendazol oder Flubendazol beträgt 1 g /1.000 Liter Wasser. Ein Koi verträgt dieses Medikament gut. Bei der Behandlung von Goldfischen muss man die Dosierung veringern. Bei der Bekämpfung von Kiemenwürmern muß man die Behandlung zwei- bis dreimal wiederholen. Fenbendazol und Flubendazol können auch als Futterzugabe verwendet werden. Mischen sie 50 mg eines der Mittel / kg Körpergewicht der Fische mit dem Futter und verabreichen sie dies über einen Zeitraum von zwei Wochen.

7. Formalin (= 40%-ge Lösung von Formaldehyd)

Formalin ist eine wässrige Lösung aus 35- oder 40-prozentigem Formaldehydgas. Formalin verflüchtigt sich und ist sehr giftig. Es reizt Haut und Augen, führt zu Allergien und ist für Menschen krebserregend. Man sollte es nur an der frischen Luft oder in gut gelüfteten Räumen verwenden. Formalin ist kühl und dunkel aufzubewahren. Wenn bereits eine weiße Ausflockung sichtbar ist (Paraformaldehyd) kann man die Flasche nicht mehr verwenden. Es ist ein wirksames Desinfizierungsmittel und auch algenhemmend. Es wirkt gegen Pilze und einzelligen Außenparasiten (z.B. *Costia*). Eine Reihe von Parasiten haben bereits eine Immunität gegen Formalin aufgebaut. Die Dosis für ein Langzeitbad beträgt 20ml/1.000 Liter Wasser. Die Dosis für ein Kurzzeitbad beträgt 150 ml/1.000 Liter Wasser und wird 30 Minuten angewendet. Formalin ist giftiger in weichem saurem Wasser und bei höheren Temperaturen. Unter 8° C verliert es seine Wirkung. Da Formalin den im Wasser gelösten Sauerstoff verringert muß man während der Behandlung dem Teich zusätzlichen Sauerstoff zuführen. Beim Einsatz von 25ml Formalin / 1.000 Liter Teichwasser werden die nitrifizierenden Bakterien zerstört. Bei Verwendung einer niedrigeren Dosis muß der Filter während der Behandlung nicht abgeschaltet werden. Nur die UV-Lampe und/oder das Ozon sollte ausgeschaltet werden. Falls vorhanden sollten Aktivkohle und Zeolith entfernt werden. Formalin sollte man nicht zusammen mit Kaliumpermanganat oder Salz anwenden, da diese Mischung zu schlimmen Haut- und Kiemenverbrennungen führt.

8. Formalin/Malachitgrün

Man kann diese beiden Mittel im Verhältnis von 1 Liter Formalin zu 5 Gramm Malachitgrün mischen. Früher gab es noch eine dritte Komponente, nämlich Methylenblau was zu FMC führte. Nachdem in den letzten Jahren die meisten Parasiten gegen Methylenblau immun sind und es überdies äußerst gefährlich für die nitrifizierenden Filterbakterien ist, sollte man dieses Mittel nicht mehr einsetzen. Das kombinierte Mittel Formalin/Malachitgrün wirkt gegen Pilze und die meisten ektoparasitären (Außenparasiten) Einzeller, z.B. Weiße Pünktchen. Die Dosis für ein Langzeitbad beträgt 20 ml der Mischung / 1.000 Liter Wasser. Für ein Kurzzeitbad benötigt man davon 150ml / 1.000 Liter Wasser für einen Zeitraum von 30 Minuten.

9. Jod (Betadine®)

Jod kann zur Desinfizierung von Hautwunden verwendet werden. Dafür muss es 2-3 Mal in der Woche aufgetragen werden. Falls nötig kann man Antibiothika beimischen. Es sollte jedoch nichts davon in die Kiemen gelangen.

10. Kaliumpermanganat ($KMnO_4$)

Dieses Mittel ist wirksam gegen ektoparasitäre Einzeller (z.B. *Trichodina*), einige Pilze und einige bakterielle Infektionen. Dies geschieht durch Oxidation der Zellmembran. Viele Parasiten (z.B. Weiße Pünktchen) haben bereits eine Resistenz gegen $KMnO_4$ aufgebaut. Die Dosis für ein Langzeitbad beträgt 2 g $KMnO_4$ / 1.000 Liter Wasser. Für ein Kurzzeitbad benötigt man davon 10g / 1.000 Liter Wasser für einen Zeitraum von 15 Minuten.
Am ersten Tag färbt sich das Wasser violett. Am nächsten Tag wird das Wasser braun und an der Wasseroberfläche ist etwas Schaum zu sehen. Nach zwei bis drei Tagen wird das Waser wieder normal im Aussehen oder sogar klarer als zuvor. Dies ist ein Folge davon, dass das Mittel Algen und organisches Material abbaut. Aus diesem Grund sollte man $KMnO_4$ in einer höheren Dosierung anwenden wenn organisches Material im Teich überhand nimmt. Je niedriger der pH-Wert desto wirksamer jedoch auch giftiger wird es. In höherer Dosierung greift es jedoch die Kiemen an. Speziell der Stör ist sehr empfindlich gegen eine $KMnO_4$ - Behandlung. Um zu verhindern dass diese

ersticken sollten Störe während der Behandlung mit erhöhter Dosierung aus dem Teich genommen werden. Kaliumpermanganat ist sehr effizient in leeren Teichen und um Materialien zu desinfizieren. Benutzen sie zu diesem Zweck die 20-fache Menge und spülen sie zum Schluß alles gründlich ab. $KMnO_4$ sollte nicht mit anderen Therapeutika zusammen angewendet werden. Die Kombination von Kaliumpermanganat und Formalin führt zur Bildung von Formaldehydgas. Dieses Produkt ist giftig und krebserregend. Bei extremer Hitze, oder wenn es in geschlossenen Räumen in Kontakt mit Säuren kommt kann es zu einer Explosion führen.

11. Kupfersulfat

Kupfersulfat kann für die Behandlung von bakteriellen Infektionen (z.B. *Flavobacterium*), Pilzen (z.B. *Saprolegnia*) und einzelligen Außenparasiten (z.B. *Oodinium*) verwendet werden. Außerdem auch zur Bekämpfung von Algen und wirbellosen Tieren (z.B. Schnecken). Dieses Mittel muß man ganz exakt dosieren. Eine geringe Überdosis ist bereits giftig und beeinträchtigt das Immunssytem. Die Löslichkeit von Kupfer hängt von der Wasserqualität ab. Die Wirksamkeit des Kupfers sinkt bei steigendem pH-Wert. Kupfer wird auch von organischem Material gebunden und damit inaktiviert. Die Dosis für ein Langzeitbad beträgt 0,2 g Kupfer / 1.000 Liter Wasser. Für ein Kurzzeitbad benötigt man davon 50g / 1.000 Liter Wasser für einen Zeitraum von 15 Minuten.

12. Levamisol (Concurat®)

Levamisol wird zur Behandlung von nicht verkapselten Würmern, *Capillaria* und anderen Wurminfektionen verwendet. Ausserdem erweist es sich als effektiv gegen einige Arten von Wurmeiern. Die Dosis für ein Langzeitbad beträgt 5 g Levamisol / 1.000 Liter Wasser. Das sollte nach 2 Wochen wiederholt werden. Die Dosis für eine Futterzugabe beträgt 5 mg Levamisol / kg Körpergewicht je Tag über einen Zeitraum von zwei Wochen. Die Dosis für eine IM-Injektion ist 10 mg / kg Körpergewicht, welche nach einer Woche zu wiederholen ist.

13. Lufenuron (Program®)

Das Katzen oral zu verabreichende Mittel kann dazu benutzt werden Karpfenlaus (*Argulus*), Ankerwurm (*Lernea*), Blutegel (*Piscicola*) und andere Krebstiere welche Chitin auf Haut haben zu bekämpfen. Es handelt sich dabei um ein Pestizid welches eine lang anhaltende Wirkung hat. Die Dosierung für ein Langzeitbad sind 90 mg Levamisol / 1.000 Liter Wasser.

14. Malachitgrün

Dieses dunkelgrüne Puder (zinkfrei) kann dazu benutzt werden Pilze und einzellige Außenparasiten zu behandeln. Bei der Fischzucht wird es zur Desinfizierung des Laiches verwendet. Meistens wird es zusammen mit Formalin angewendet. Malachitgrün ist ein krebserregendes (carcinogen) und zu Missbildungen beim Nachwuchs führendes (teratogen) Atemgift. Es hält sich lange Zeit im Gewebe und wiederholte Anwendungen führen zur Anhäufung dieses Giftes. Tragen sie immer Handschuhe! Malachitgrün verfärbt alles womit es in Berührung kommt. Die Wirksamkeit dieses Stoffes ist erheblich von der Temperatur und dem pH-Wert abhängig. Es ist wirksamer bei hohen Temperaturen und niederen pH-Werten. Mit Aktivkohle kann man Malachitgrün neutralisieren. Es sollte an einem dunklen und kühlen Ort aufbewahrt werden. Die Dosis für ein Langzeitbad beträgt 150 mg Malachitgrün / 1.000 Liter Wasser. Die Dosis für ein Kurzzeitbad beträgt 60 g Malachitgrün / 1.000 Liter Wasser für einen

Therapeutik

Zeitraum von 30 Sekunden was zweimal die Woche wiederholt werden sollte. Um den Laich pilzfrei zu halten verwendet man 10 g Malachitgrün / 1.000 Liter für einen Zeitraum von 10 Minuten.

15. Mebendazol (Telmin®)

Mebendazol ist ein Entwurmungsmittel das hauptsächlich bei Haut-, Kiemenwürmern und Darmwürmern (*Cestoda*) verabreicht wird. Die Dosis für ein Langzeitbad beträgt 1 g/ 1.000 Liter Wasser. Man kann 2 g/ kg ins Futter geben und die Fische eine Woche lang damit füttern.

16. Methylenblau

Methylenblau wurde früher oft gegen Parasiten benutzt, die Anwendungshäufigkeit hat in den letzten Jahre abgenommen. Man ist bereits bei diesem Mittel auf viel Widerstand gestoßen und es ist außerdem sehr schädlich für den biologischen Filter. Die Wirkung von Methylenblau geschieht durch das Eindringen des Farbstoffes in die Zellen, wodurch diese ersticken. Methylenblau wird auch noch manchmal zur Desinfizierung der Eier benutzt und zwar in einer Dosis von 2 g/ 1.000 Liter Wasser bis die Eier ausgeschlüpft sind. Man verwendet Methylenblau auch für bestimmte Färbungen um Bakterien identifizieren zu können.

17. Metronidazol (Flagyl®)

Metronidazol ist das beste Heilmittel zur Behandlung der Darmflagellate *Hexamita* und *Spironucleus*. Da es die Flagellen abbaut, wirkt es auch gegen andere Flagellate, wie z.B. *Costia*. Außerdem wirkt es auch gegen anaerobe Bakterien.
Während der Zugabe ins Wasser oder ins Futter, muß man dafür sorgen, daß es sich gut aufgelöst hat. Die Dosis für ein Langzeitbad beträgt 6 g/ 1.000 Liter Wasser. Nach einer Wasserbehandlung muß man es ständig erneuern, da Metronidazol schädlich ist für die Nieren. Es wird 10 g/ kg ins Futter gegeben, womit die Fische eine Woche lang gefüttert werden. Die Dosis auf Basis des Körpergewichtes der Fische beträgt für fünf Tage 50 mg/ kg. Falls eine Immunität gegen Metronidazol auftritt, kann man das verwandte Dimetridazol mittels eines Langzeitbades (4 g/ 1.000 Liter Wasser) oder mit dem Futter (2 g/ kg Futter) verabreichen.

18. Niclosamid (Yomesan®)

Niclosamid wird gegen Nematode (Schlauchwürmer), Zestoden (Bandwürmer) oder gegen digenetische Trematoden (Saugwürmer) verwendet. Es wirkt gegen die erwachsenen Würmer und Larven, jedoch nicht gegen die Eier. Darum muß man die Behandlung wiederholen. Niclosamid kann man am besten über das Futter verabreichen. Die Dosis beträgt 10 g/ kg pro Futter.

19. Phenoxetol

Phenoxetol ist eine ölige Flüssigkeit, die als Betäubungsmittel (Kapitel 6, Nr.8) und als antibakterielles Mittel benutzt wird.
Es wirkt hauptsächlich bei *Pseudomonas* Infektionen.
Die Dosis bei einer Langzeitbehandlung beträgt 100 ml/ 1.000 Liter Wasser.

20. Praziquantel (Droncit®)

Praziquantel wird bei Trematoden und Zestoden verabreicht. Es wird auch regelmäßig bei Haut- und Kiemenwürmern, die gegen andere Entwurmungsmittel immun sind, angewendet. Die Dosis für ein Langzeitbad beträgt 3-5 g/ 1.000 Liter Wasser. Man verabreicht 3 g/ kg im Futter, womit man die Fische eine Woche lang füttert. Man kann schließlich auch eine Bauchfellinjektion (IP) mit einer Dosis von 6mg/kg körpergewicht anwenden.

Therapeutik

21. Trichlorfon (Lurectron®, Masoten®)

Trichlorfon ist eine organische Phosphatverbindung die gegen Blutsauger, Ankerwürmern, Karpfenlaus und andere krebsartige Parasiten benutzt wird. Auch gegen Haut- und Kiemenwürmer ist es sehr wirksam. Das Mittel war früher unter dem Namen Neguvon® oder Tugon® erhältlich, aber diese Mittel wurden aus dem Handel genommen und durch Lurectron® ersetzt. Trichlorfon ist giftig und möglicherweise krebserregend für Mensch und Tier. Das Puder wird auch von der Haut aufgenommen, sodaß man bei der Benutzung immer Handschuhe tragen muß. Bei einer Überdosis können wir bei den Fischen eine Nervenstörung (Krampf,...) erkennen, die u.a. einen krummen Rücken verursachen. Je weicher und niedriger der Säuregrad des Wassers ist, desto giftiger wird Trichlorfon. Die Dosis für ein Langzeitbad beträgt 1 g/ 1500 l. Da dieses Mittel für die Goldorfe, die Schleie, die Plötze und die Brachse sehr giftig ist, muß man bei diesen Fischen die Dosis halbieren.

22. Vitamine

Vitaminpräparate werden Fischen verabreicht, die bereits mehrere Wochen nichts mehr gefressen haben und die Wassertemperatur über 10°C beträgt.

23. Wasserstoffperoxyd (H_2O_2)

Wasserstoffperoxyd (H_2O_2) ist als 3%ige Lösung erhältlich. Es kann bei Sauerstoffmangel oder nach einer Behandlung mit z.B. Kaliumpermanganat in einer Dosis von 50 ml 3%-tige Lösung/ 1.000 Liter Wasser verabreicht werden.

Bei einer Behandlung gegen einzellige Parasiten gibt man in ein zehnminütiges Kurzzeitbad 10 ml 3%-tige Lösung/ l.

24. Salz

Jodfreies Salz kann in verschiedenen Formen verabreicht werden. Sowohl Küchensalz, Landbausalz, Seesalz oder kommerzielle Produkte genügen. Die Dosis hängt vom erwünschten Wirkungseffekt ab.
- Es darf immer eine Langzeitdosis von 1-3 kg/ 1.000 Liter Wasser vorhanden sein. Oft wird diese niedrige Salzkonzentration als Vorbeugung für den Winter an den Teich zugefügt. Das hat eine Menge Vorteile:
    - Es stimuliert den Fisch zur Schleimproduktion,
    - Es erhöht den osmotischen Druck des Wassers, sodaß der Fisch weniger Energie aufbringen muß um das Wasser außerhalb seines Körpers zu halten, (siehe Kapitel 2)

Therapeutik

- Es wirkt gegen Pilze und gegen einige Parasiten (z.B. *Chilodonella*)
- Bei einer Nitritvergiftung geht es gegen die Aufnahme von Nitrit an,
- Das Wasser wird im Winter nicht so schnell einfrieren.

Ein Nachteil ist, daß einige andere Parasiten (z.B. *Trichodina*, *Costia*) durch diese niedrige Salzkonzentration stimuliert werden könnten.

- Bei Bauchwassersucht wird eine Dosis von 7 kg/ 1000 Liter Wasser über einige Tage hinweg verabreicht.
- Ein zehnminütiges Kurzzeitbad von 15 g/ l tötet einzellige Parasiten, während die übrigen Parasiten (Karpfenlaus, Ankerwurm, Blutsauger,...) geschwächt werden, wodurch sie leichter entfernt werden können. Diese Konzentration ist auch gegen Pilze und einige andere Bakterien wirksam.

Wenn die Salzkonzentration mehr als 2 kg/ 1.000 Liter Wasser beträgt, darf man sie nie zusammen mit Formol, Kaliumpermanganat, Malachitgrün oder Benzocaine verabreichen. Falls sich Zeolith im Filter befindet, muß es entfernt werden. Ansonsten wird das gebundene Ammoniak durch Salz ersetzt und es wird ins Wasser gelangen.

3. ALTERNATIVE BEHANDLUNGSMETHODEN

Da die Zugabe von Chemikalien ins Wasser mit sehr vielen Nachteilen verbunden ist, werden hier kurz einige alternative Behandlungsmethoden erläutert. In der Praxis wird man oft eine Kombination dieser alternativen und der traditionellen Behandlungsmethden verwenden.

1. Das Immunsystem anregende Mittel

Immunostimulanzen sind Mittel die nicht spezifisch bei einer Krankheit wirken, sondern die allgemeine Abwehr des Fisches stimulieren. Beta-Glucanen und Propolis sind Mittel die häufig beim Koi verwendet werden. Propolis wird von Bienen produziert. Außer Fetten, Eiweissen und Zucker, enthält Propolis u.a. Vitamine, Spurenelemente, Öle und Flavonoiden. Vor allem diese Flavonoiden scheinen sehr günstige Eigenschaften zu besitzen. Sie stoppen die Infektion, stimulieren die Bildung von Antistoffen und haben einen günstigen Einfluss auf die roten Blutzellen. Propolis kann als Salbe oder Spray zur Versorgung der Wunde verabreicht, oder ins Futter gegeben werden.

2. Manuelle Entfernung von Parasiten

Bei einer mäßigen Infektion mit Ankerwurm, Karpfenlaus oder Blutsauger, kann man den Fisch am besten betäuben und den Parasit mit einer Pinzette entfernen. Danach wird die Wunde und eventuell auch der Teich desinfiziert.

Therapeutik

3. Veränderung des Umfeldes

Diese kann man z.B. bei einer Infektion mit Weisse Pünktchen anwenden. Der erwachsene Parasit teilt sich in tausende frei schwimmende Tocherzellen. Wenn man den Fisch jede Woche in einen anderen Quarantänebehälter verlegt, finden diese umherschwimmenden Tochterzellen keinen Wirt und sterben von selbst ab. Auf diese Weise vermeiden wird eine neue Infektion. Diese Methode ist arbeitsintensiv und verursacht gehörigen Stress.

4. Temperaturveränderung

Eine Erhöhung der Temperatur tötet bestimmte Krankheitskeime ab. So kann man Weisse Pünktchen bekämpfen, indem man die Temperatur zehn Tage lang auf 30°C hält. Für *Costia* und das *Koi Herpes Virus* muß man die Temperatur ungefähr fünf Tage um die 32°C halten. Bei dieser Temperatur muß man immer zusätzlich belüften.

5. UV-Lampe und Ozon

UV-Lampe und Ozon wurde bereits im Kapitel 6 besprochen. Einige freischwimmende Parasiten und Bakterien die hiermit in Berührung kommen, werden hierdurch getötet.

6. Kenntnis und Beseitigung der Zwischenwirte von Krankheiten

Einige Parasiten brauchen einen Wirt um ihren Lebenszyclus zu vollenden. Die meist vorkommenden Zwischenwirte sind Vögel, Schnecken und die Süßwassermuschel. Indem man versucht die Vögel auf Abstand zu halten und so viel wie möglich Schnecken entfernt, wird der Zyklus auf diese Weise durchbrochen.

7. Pflanzen und Kräuter

Feingemalenen Lauch kann man zur Bekämpfung von Darmnematoden verwenden. Die Dosis beträgt 1 g/ kg Futter. Auch bestimmte Pflanzen, wie z.B. Tannenzapfennadeln, scheinen eine anti parasitäre Wirkung zu besitzen.

8. Probiotika

Probiotika wurden in den letzten Jahren regelmäßig bei Teichfischen angewendet. Probiotika kommt aus dem griechischen und bedeutet buchstäblich "Für das Leben". Auf eine biologische Weise, oft durch Nahrungskonkurrenz, kann man hiermit viele Krankheiten bekämpfen. Mittlerweile sind verschiedene kommerzielle Probiotika auf dem Markt erhältlich die gegen *Aëromonas* und *Pseudomonas* wirken, zwei Bakterien, die Bruchkrankheit verursachen können. In diesem Fall bestehen die Probiotika aus gutartigen Bakterien, die dieselbe Nahrung zu sich nehmen wie die bösartige *Aëromonas* und *Pseudomonas* Bakterie. Wenn man reichlich von diesen gutartigen Bakterien umfangreich ins Wasser gibt, bleibt für die gefährlichen Bakterien noch wenig Futter übrig.

kleinen Löchern in den Teich legt. Die Blutsauger werden durch das Fleisch angezogen und dadurch regelmäßig abgefangen.

12. Den Teich austrocknen

Eine radikale Arbeitsmethode ist, den Teich zu leeren und einige Wochen austrocknen zu lassen. Die Fische werden in der Zwischenzeit in Quarantäne behandelt. Wenn man diese Methode anwendet, muß man ganz von vorne anfangen.

4. BEHANDLUNG UND VORBEUGUNG VOR KRANKHEITEN

1. Impfung

In der Aquakultur (lachsartige,..) gibt es zahlreiche Impfstoffe gegen verschiedene bakterielle und virale Krankheiten. Für Koi sind jedoch wenig Impfstoffe kommerzialisiert. Man kann den Koi mit Hilfe einer Injektion mit einem Impfstoff gegen *Aëromonas salmonicida* (Furogen®) immunisieren.

2. Quarantäne (Kapitel 6, Nr 16)

3. Hygiene

Eine gute Hygiene ist sehr wichtig, vor allem wenn man mehrere Fische besitzt. Man kann am besten die Behälter mit separaten Netzen versehen. Bevor man zu den verschiedenen Behältern geht, muß man erst die Hände desinfizieren um eine Krankheitsübertragung zu vermeiden.

4. Wasserqualität, Diät und Umfeld

Man muß regelmäßig die Wasserqualität kontrollieren und den Fischen ein hochwertiges Futter geben. Einige Male pro Jahr kann man vorbeugend eine mikroskopische Untersuchung durchführen (lassen) und wenn nötig behandeln.

9. Parasitenfressende Fische

Einige Fische, wie z.B. der Sonnenbarsch oder die Schleie, werden oft als "Doktorfisch" bezeichnet, da sie bestimmte makroskopische Parasiten (Karpfenlaus,...) auffressen. Die Wirkung wird oft übertrieben. Nur ein kleiner Teil dieser Parasiten wird aufgefressen.

10. Mechanische Filterung

Manche mechanische Filtersiebe holen sehr kleine Teilchen bis 20 μm aus dem Wasser. Auf diese Weise werden schwimmende Parasiten mechanisch entfernt.

11. Blutegel fangen

Es ist möglich einige Blutsauger im Teich zu reduzieren, indem man ein rohes Stück Fleisch in einem Behälter mit verschiedenen

Credits

Credits

Der Autor

Maarten Lammens (geboren am 26.12.74) ist eine Autorität als Koidoktor. Er verfügt über jahrelange Praxiserfahrung und gewissenhaftes theoretisches Wissen über das Verhalten und die Pflege dieser außergewöhnlichen Fische.

Nachdem er mit Auszeichnung zunächst zum Bachelor (1995, RUCA, Antwerpen) und ebenfalls mit Auszeichnung als Master der Veterinärmedizin promoviert hatte (1998, RUG, Gent), spezialisierte er sich zwei Jahre lang auf Fischkrankheiten am Dezernat für Bakteriologie an der Universität für Tierheilkunde in Gent. Während dieser Zeit war er einer der Leiter der Fischklinik. Danach bildete er sich durch den Besuch von Vorlesungen und akademischen Vorträgen über Fischkrankheiten und Wasserwirtschaft an der Universität Gent weiter. Seine Kenntnisse der theoretischen Aspekte der Fischwirtschaft und deren praktische Anwendung erlaubten es dem Autor, regelmäßig in der anerkannten nationalen und internationalen Fachpresse wissenschaftliche Artikel zu publizieren.

Maarten Lammens ist ein sehr gefragter Gastsprecher. Er hält Vorträge auf nationalen und internationalen Kongressen, Koi-Shows, bei verschiedenen Koi-Züchtern und Gruppen von Veterinären.

Neben seiner akademischen Laufbahn hat Maarten Lammens praktische Erfahrung mit Fischen. Zwei Jahre lang, von 2000 bis 2002, war der Autor der Hausveterinär eines Großhandels für Japanische Koi. Im Jahr 2002 ließ er sich als selbstständiger Veterinär mit dem Spezialgebiet Fische in Opglabbeek, danach in Vorselaar, Belgien nieder. In 2004 gründete er zusammen mit seiner Frau Natalie die 'Dierenartsenpraktijk ALPHA' (bvba).

In den zwölf Jahren, in denen Maarten Lammens alles über Fische studiert und diese behandelt hat, hat er ein großes Wissen über KOI gesammelt. All dieses Wissen und seine Erfahrung hat er zusammengetragen und in diesem Buch verarbeitet.

Durch seine tagtägliche Erfahrung, ist Maarten Lammens ein eindeutiger Befürworter von Hausbesuchen. Ein große Anzahl von Fischkrankheiten ist die Folge von schlechten Teich- oder Auqariums-Bedingungen, welche man nur vor Ort feststellen kann. Darüber hinaus verursacht der Transport zum Veterinär unnötigen Stress für Koi und Koi-Halter. Aus diesen Gründen versucht der Autor stets die Haltungsbedingungen der Koi vor Ort zu untersuchen.

Maarten Lammens praktiziert in Belgien, den Niederlanden und in Deutschland (Ruhrgebiet). In seiner Praxis hat er die Möglichkeit kranke Fische zu Hältern. Er verfügt dort über ein Labor, ein Ultraschallgerät, ein Röntgengerät und einen Operationssaal.

Die Fotografen

Fish Invest: 135(2),136,137.
Gerald Bassleer: 75,85,97,102(2),152.
Guido Geurts: 23.
Jasper Kuijper: 28(2),29,68,71,72,74,77,83,84
Johan Leurs: 3,13,14,17(2),18,19,24,27,29,30,31,33,34,
  35,37,47,49,63,67,98,103,115,116,118(2),139(2),140,144,
  148(3),157,160,162,163,173.
Kindai-Archief: 27,123,124(2),125,129,131,132,137,147,150,
  151,168,170,171.
Lydia Neijens: 112(2),116.
Maarten Lammens: 15(2),18,19(2),20(2),22(2),23,
  34,38(2),40(2),41(3),42(3),43(3),44(5),45,50(2),
  51(3),52(4),53(5),54(3),55(2),56,57(2),58(3),59(9),
  60(5),61(5),65,66(2),67,69,70(2),71,73,74,75(2),
  76(2),77,78,79(2),80(2),81(2),82,84(2),85,86(12),
  87(2),88(2),89(4),90(6),91(3),92(4),93(2),94,
  95(2),96(5),97(2),99(4),100(2),103,105,106(3),107(2),
  108(4),109(3),110(2),111,112,116,117,118(2),119(6),
  120(4),121(6),122(2),123,124,128,130(2),131(3),135(2),
  136,138,141(2),143(6),144,145,146(6),149(6),150(6),
  152(4),153(3),155,156,158(3),159(4).
Martin Kammerer: 28.
Martin Plows: 1,64.
Rob Heijmans: 142,147.
Saiko: 133(3),134(3).
Theo Van Bladel: 126.

Gestaltung, Litho, Satz & Aufbau

KINDAI Art & D-sign hat dieses Buch gestaltet. In nur wenigen Jahren hat diese Firma auf dem Pre-Press und Multimedia-Markt auf sich aufmerksam gemacht. KINDAI ist stark im Bereich Nishikigoi-Publikationen engagiert: Beide, das niederländischen Magazin KOI und das englische Magazin KOI KEEPERS gehören zu seinen Kunden. Weitere Informationen erhalten sie unter der Telefonnummer 0032-(0)89-858646.
"DER KOI DOKTOR" ist übrigens das erste Buch das von A-PUBLISHING entwickelt wurde, einem neuen Geschäftszweig von KINDAI. A-PUBLISHING arbeitet bereits daran weitere NISHIKIGOI-Publikationen herauszugeben. Besuchen sie uns auf unserer homepage **www.kindai.be**, oder schicken sie uns ein eMail an **info@kindai.be** für weitere Informationen.

Konzept DER KOI DOKTOR: Johan Leurs
Digitale Illustrationen: Lydia Neijens en Johan Leurs
Schlusskorrektur: Maarten Lammens und Peter Kirchknopf
©2004: Maarten Lammens & Kindai bvba

© Nichts aus dieser Ausgabe darf auf welche Weise auch immer mit Hilfe von Ausdrucken, Fotokopien, Mikrofilm, Tonband oder elektronisch vervielfältigt und/oder veröffentlicht werden, und ebenso wenig ohne vorhergehende schriftliche Erlaubnis der Herausgeber / Autoren in einem Datensystem gespeichert werden. Obwohl dieses Buch sehr sorgfältig zusammengestellt wurde, tragen weder Autoren, noch Gestalter und Herausgeber die Verantwortung für irgendeinen Schaden, der durch eventuelle Fehler und/oder Unvollständigkeiten in dieser Ausgabe entstanden ist.

Ursprünglicher Titel:
DE KOI DOKTER - *Leidraad voor een gezonde Koi*
© Maarten Lammens
© A-Publishing/KINDAI bvba

Text: Maarten Lammens
Bilder: Maarten Lammens, Fish Invest,
Gerald Bassleer, Theo Van Bladel,
Martin Plows, Guido Geurts, Saiko,
Martin Kammerer, Kindai Archives,
Rob Heijmans, Jasper Kuijper
Lydia Neijens & Johan Leurs.

Übersetzungen:
Deutsche Ausgabe: Peter Kirchknopf (www.kiko-koi-farm.de) und Christiane Bugert
Englische Ausgabe: Emmanuel Lammens
Lektorat: Deutsche Ausgabe: Peter Kirchknopf

Vertrieb: UNIQUE KOI

Gedruckt in Belgien von Drukkerij Paesen
ISBN: 9080856622